北京高等教育精品教材

新编21世纪高等职业教育精品教材 ◆ 物流类

仓储与配送管理实务

CANGCHU YU PEISONG GUANLI SHIWU

主　编　卢桂芬　石　岩

副主编　李忠国　甄　卞

参　编　熊　兰　王海兰　胡军珠　李　萍

中国人民大学出版社

·北京·

图书在版编目（CIP）数据

仓储与配送管理实务 / 卢桂芬，石岩主编 . -- 北京：中国人民大学出版社，2025. 1. --（新编 21 世纪高等职业教育精品教材）. -- ISBN 978-7-300-33462-2

Ⅰ. F253；F252. 14

中国国家版本馆 CIP 数据核字第 2025GY2588 号

北京高等教育精品教材

新编 21 世纪高等职业教育精品教材 · 物流类

仓储与配送管理实务

主　编　卢桂芬　石　岩

副主编　李忠国　甄　卞

参　编　熊　兰　王海兰　胡军珠　李　萍

Cangchu yu Peisong Guanli Shiwu

出版发行	中国人民大学出版社		
社　　址	北京中关村大街 31 号	**邮政编码**	100080
电　　话	010－62511242（总编室）		010－62511770（质管部）
	010－82501766（邮购部）		010－62514148（门市部）
	010－62515195（发行公司）		010－62515275（盗版举报）
网　　址	http://www.crup.com.cn		
经　　销	新华书店		
印　　刷	中煤（北京）印务有限公司		
开　　本	787 mm×1092 mm　1/16	**版　　次**	2025 年 1 月第 1 版
印　　张	17.5	**印　　次**	2025 年 1 月第 1 次印刷
字　　数	388 000	**定　　价**	48.00 元

前　言

党的二十大报告明确指出，“办好人民满意的教育。”“培养什么人、怎样培养人、为谁培养人是教育的根本问题。育人的根本在于立德。全面贯彻党的教育方针，落实立德树人根本任务，培养德智体美劳全面发展的社会主义建设者和接班人。坚持以人民为中心发展教育，加快建设高质量教育体系，发展素质教育，促进教育公平。”“坚持高中阶段学校多样化发展，完善覆盖全学段学生资助体系。统筹职业教育、高等教育、继续教育协同创新，推进职普融通、产教融合、科教融汇，优化职业教育类型定位。”“深化教育领域综合改革，加强教材建设和管理，完善学校管理和教育评价体系，健全学校家庭社会育人机制。”“推进教育数字化，建设全民终身学习的学习型社会、学习型大国。”自 2019 年 2 月，中共中央、国务院先后印发《中国教育现代化 2035》《加快推进教育现代化实施方案（2018—2022）》；2019 年 1 月，国务院印发《国家职业教育改革实施方案》，提出了“教师、教材、教法”的“三教改革”，进一步强化了职业教育的特点，突出了产教融合、校企合作，实现了工学结合、知行合一，推进了职业教育体系的完善。加大课程建设与改革的力度，增强学生的职业能力。课程建设与改革是提高教学质量的核心。改革教学方法和手段，融“教、学、做”为一体。大力推行工学结合，突出实践能力培养，改革人才培养模式。在实际教学中推行与生产劳动和社会实践相结合的学习模式，把工学结合作为高等职业教育人才培养模式改革的重要切入点，带动专业调整与建设，引导课程设置、教学内容和教学方法改革。如今，传统的物流教材已经无法满足国家职业技能标准所要求的新知识和新技能。因此，结合岗位工作任务和职业技能需求开发建设活页式教材成了必然趋势。

本书重组课程结构，更新传统教学内容。通过实际调研和专家委员会论证，根据物流企业相关物流岗位群对专业技能的要求，编者将课程内容分解为八个项目：仓储与仓储管理认知、仓储经营管理、仓库选址布局规划、仓储库内作业、库存控制、仓储成本管理、仓库货物配送组织、特殊货物仓储与配送。同时，编者还吸收了 1+X 认证培训的相关内容、仓储与配送操作标准相关内容，增添了特种货物仓储与配送等内容。

本书遵循“以工作过程为导向”的课程设计理念，并结合高等职业院校的特点，体现了以下特色：

1. **基于工作过程的课程开发导向。**本书突出体现“以典型工作任务为核心，以业务流程为主线，围绕岗位职业能力构建课程体系的课程开发思想”。

2. **突出实践教学。**本书根据仓储企业的岗位群所需的专业能力来设计和组织实践教学，突出实践能力的培养，可为企业培养即聘即用的人才。

3. **突出以学生为中心。**在新型活页式教材开发中，在教材内容设计上，本书从简单到复杂，这样才能在循序渐进中对学生能力进行提升，遵循“螺旋上升”规律。

4. **注重学生自主学习能力、创新能力的培养。**新型活页式教材在内容上考虑了与学生认知水平相适应，在设计上体现了学生自主学习空间，以培养学生的创新能力。

5. **案例的关联性。**本书中引用了大量的案例，这些案例与项目内容有很强的关联性。

6. **实训项目的设计。**每个任务结束，编者都根据任务的内容设计了实训任务，融“教、学、做”为一体。实训任务有助于学生由传统的被动接受知识转变为主动获取知识，巩固了理论知识的应用，培养了学生发现问题、解决问题的能力。

在呈现形式上，本书按照活页式教材形式，每个任务都设置了任务导入、任务分析、课前预习、相关知识、任务实施、任务小结等板块。

本书由北京农业职业学院卢桂芬、石岩担任主编；由北京农业职业学院李忠国、北京中农富通园艺有限公司甄卞担任副主编；北京五环顺通供应链管理有限公司熊兰，北京农业职业学院胡军珠、李萍，陆军军事交通学院王海兰参与了教材的编写。全书由卢桂芬提出教材编写计划和编写大纲，并进行统稿。具体分工：陆军军事交通学院王海兰编写项目一；北京五环顺通供应链管理有限公司熊兰、北京农业职业学院卢桂芬共同编写项目二、项目四、项目八；北京农业职业学院李忠国编写项目三；北京农业职业学院石岩编写项目五；北京农业职业学院李萍编写项目六；北京农业职业学院胡军珠、北京中农富通园艺有限公司甄卞编写项目七。在编写本书过程中，编者受到同行众多教材的启发，得到了北京五环顺通供应链管理有限公司、北京中农富通园艺有限公司的大力支持，在此一并表示感谢。

本书是物流管理、运输管理、工商管理等专业“仓储与配送管理实务”课程的教学用书，同时还可作为物流企业从业人员岗前培训用书。

在编写本书过程中，编者参考了大量的物流文献资料，引用了一些专家、学者的研究成果，编者尽可能地在参考文献中列出，在此对这些文献的作者表示诚挚的谢意。由于编者水平有限，书中疏漏之处在所难免，恳请物流界的学者、专家给予批评指正，多提宝贵意见。

编者

目　录

项目一
仓储与仓储管理认知

学习目标

※ **知识目标**

1. 掌握仓储的概念、性质、功能、种类
2. 掌握仓储的功能
3. 掌握仓储管理的目标、必要性、任务、基本原则
4. 了解仓储在物流管理中的作用

※ **能力目标**

1. 能够分析现代仓储与传统仓储的区别
2. 能够正确划分仓储的类别
3. 能够设计组织结构图

※ **素养目标**

1. 培养沟通能力、团队合作意识
2. 培养思维能力、创新能力
3. 培养分析问题和解决问题的能力
4. 培养爱岗敬业、吃苦耐劳、诚实守信的品质

学习导图

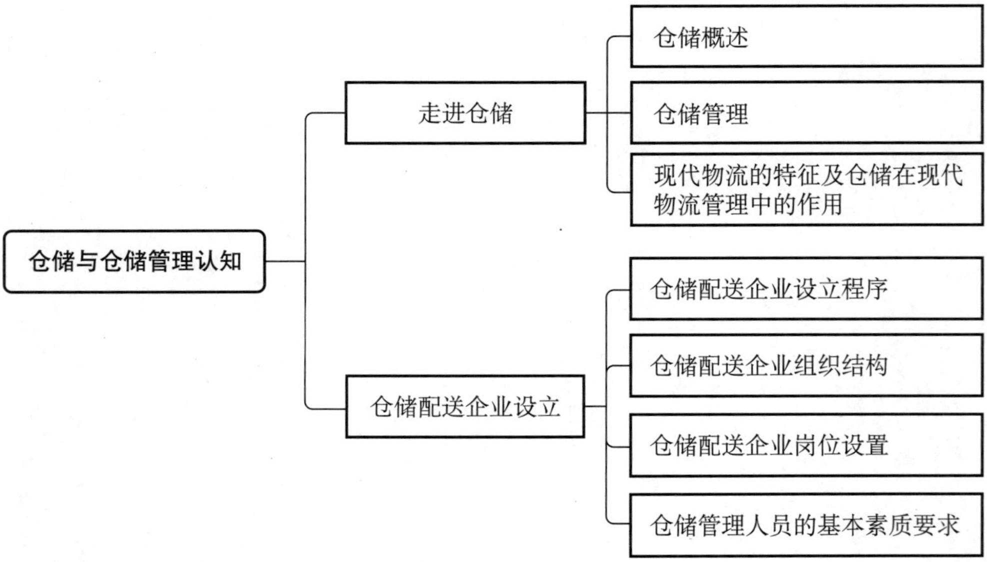

任务一
走进仓储

任务导入

目前，肯德基（KFC）在北京门店数量超440家。各家门店需要的主要原材料，如黄瓜条、生菜、鸡腿、鸡翅、面包坯、奶油等都是由公司集中采购，每天集中配送。仓库规模确定为多大？建什么类型的仓库？具有哪些功能？如何设计其组织结构？设置哪些岗位？

任务分析

肯德基门店分布在北京人口密集区域，各店的需求量基本上是均衡的，仓储配送中心不仅要根据储存需要建设保鲜库和冷冻库，而且要根据客户业务量的大小、经营规模来确定设备设施、组织结构和岗位设置及人员配备。

课前预习

1. 什么是仓？什么是储？什么是仓储？

____

____

2. 仓储具有哪些作用？

____

____

3. 仓储具有哪些功能？

____

____

4. 仓储管理的原则包括哪些？

____

____

相关知识

一、仓储概述

（一）仓储的概念及性质

1. 仓储的概念

仓储的概念有广义和狭义之分。狭义的仓储是指通过仓库对物料进行储存和保管。“仓”也称仓库，是存放、保管、储存物品的建筑物或场所的总称，可以是房屋建筑、大型容器、洞穴或其他特定的场地，具有存放和保护物品的功能；“储”表示收存以备使用，具有收存、保管、交付使用的意思。广义的仓储是指在原产地、消费地，或者在这两地之间存储包括原材料、在制品、成品等物品，并且向管理者提供有关存储物品的状态、条件和处理情况等信息，是企业物流系统的一部分。

微课

仓储管理的认知

仓储活动随着物资储存的产生而产生，又随着生产力的发展而发展。仓储是商品流通的重要环节之一，也是物流活动的重要支柱。

现代仓储是指仓储企业主动为客户进行库存管理和库存控制，并提供流通领域内的加工、包装、商品配送、信息分析等增值服务。它不仅克服了商品产销在时间上、地点上的隔离，保证了商品流通的连续性，而且克服了商品产销方式的不同及商品产销量的不平衡。现代仓储已经形成了围绕商品的由存储空间、储存设施设备、人员和作业及管理系统组成的仓储系统，功能也延伸到包括运输、仓储、包装、配送、流通加工和信息等一整套的物流环节。

2. 仓储的性质

（1）仓储是物品生产过程的持续。这是因为仓储活动是社会再生产过程中不可缺少的环节，仓储总是出现在物流各环节的接合部，如采购与生产之间、生产的初加工与精加工之间、生产与销售之间、批发与零售之间、不同运输方式转换之间等，物品从脱离生产到进入消费，一般要经过运输和储存，所以，仓储是物品生产过程的持续。

（2）仓储提升了物品的价值。原因在于：第一，仓储活动和其他物质生产活动一样，具有生产三要素，即仓库作业人员（即劳动力）借助于仓储设施（即劳动资料），对商品（即劳动对象）进行收发保管的过程。第二，仓储活动中的有些环节提升了物品的价值，如加工、包装和拣选等活动就提升了物品的价值。第三，在仓储活动中，还要消耗一定数量的原材料，需要适当的机械设备进行配合，这部分消耗和设备的磨损要转移到库存商品中去，构成其价值增值的一部分。

（3）仓储活动发生在仓库等特定的场所。

（4）仓储的对象既可以是生产资料，也可以是生活资料，但必须是实物动产。

（5）仓储活动所消耗的物化劳动和活劳动一般不改变劳动对象的功能、性质和使用价值，只是保持和延续其使用价值。

由此可见，无论是处于生产领域的企业仓库，还是处于流通领域的储运仓库和物流仓库，其生产的性质是一样的。但其与物资资料的生产活动的区别在于：不创造使用价值，具有不均衡和不连续性，具有服务性质。

（二）仓储的功能

从物流的角度看，仓储的功能分为基本功能和增值服务功能。

1. 基本功能

仓储的基本功能主要是储存、保管、调节和检验功能。

（1）储存功能。现代社会生产的一个重要特征就是专业化和规模化生产，劳动生产率极高、产量巨大。一方面，绝大多数产品都不能被及时消费，需要通过仓储手段进行储存，这样才能避免生产过程堵塞，保证生产过程能够继续进行。另一方面，对于生产过程来说，适当的原材料、半成品的储存可以防止因缺货造成的生产停顿。对于销售过程来说，储存尤其是季节性储存可以为企业的市场营销创造良机。适当的储存是市场营销的一种战略，它为市场营销中特别的商品需求提供了缓冲和有力的支持。

（2）保管功能。生产出的产品在消费之前必须保持其使用价值，否则将会被废弃。这项任务就需要由仓储来承担，在仓储过程中保管人员需要对产品进行保护、管理，防止损坏而丧失价值。为了保证仓储物的质量不变，保管人员需要采用先进的技术、合理的保管措施，妥善地保管仓储物。例如，水泥受潮易结块，使其使用价值降低，因此在保管过程中就要选择合适的储存场所，采取合适的养护措施。一旦仓储物受损，保管人员不仅要及时通知存货人，还需要及时采取有效的措施减少损失。

（3）调节功能。仓储在物流中起着“蓄水池”的作用。一方面，仓储可以调节生产与消费的平衡，使它们在时间和空间上得到协调，保证社会再生产的顺利进行；另一方面，由于不同的运输方式在运向、运程、运力和运输时间上存在差距，一种运输方式一般不能直接将货物运达目的地，需要在中途改变运输方式、运输路线、运输规模、运输工具，而且为协调运输时间和完成物品倒装、转运、分装、集装等物流作业，还需要在物品运输的中途停留。仓储的调节控制的任务就是对物品进行仓储还是流转作出安排，确定储存时间和储存地点。

（4）检验功能。在物流过程中，为了保证物品的数量和质量，分清事故责任，维护各方面的经济利益，相关企业必须对物品进行严格的检验，以满足生产、运输、销售以及用户的要求，而仓储为组织检验提供了场地和条件。

2. 增值服务功能

仓储的增值服务功能是指利用物品在仓库的存储时间，开发和开展多种服务来提高仓储附加值、促进物品流通、提高社会效益，主要包括流通加工、配送等功能。

仓储增值服务包含两方面的含义：一是衔接好仓储环节与生产运输环节，实现物品“无缝”流转，降低成本，缩短产品在流通环节的总时间，加速产品价值的实现；二是采用生产延迟、运输延迟的策略，针对不同的行业和产品，在物流停滞期间完成产品的粗加工、包装、贴标签等作业，既能为上下游的生产、运输环节提供直接便利，又可以使仓储作业从单一的保值功能多元化到增值、保值合一，大大提高仓储的直接效益。

（1）流通加工功能。仓储期间可以通过简单的制造、加工活动来延期或延迟生产，提高物品附加值。加工本是生产环节的任务，但随着消费的个性化、多样化发展，许多企业将产品的定型、分装、组配、贴商标等工序留到仓储环节进行。例如，个人计算机的库内加工就是将原来分散的各个计算机配件组装成一台客户需要的计算机，不需要计算机制造商将分散的货物出库后再完成组装，而完全由仓库代劳。逆向物流也正在凸显其越来越重要的地位，对很多没有自己的物流仓储系统的制造商或零售商来说，产品的回收、处理、修理及退换对客户服务有着极其重要的影响。

流通加工有助于缩短生产时间、节约材料、提高成品率，保证供货质量和更好地为消费者服务，实现产品从生产到消费之间的价值增值。流通加工功能主要包括以下内容：

1）为保护产品进行的加工，如对保鲜、保质要求较高的水产品、肉产品、蛋产品等食品可进行冷冻加工、防腐加工及保鲜加工等；对金属材料可进行喷漆、涂防锈油等防腐蚀加工。

2）为适应多样化进行的加工，如对钢材卷板的舒展、剪切加工；对平板玻璃的开片加工等。

3）为使客户方便、省力进行的加工，如将木材直接加工成各种型材，使客户可直接使用。

4）为提高产品利用率进行的加工，如对钢材、木材的集中下料，只搭配套材，减少边角余料，可节省原材料成本和加工费用。

5）为便于衔接不同的运输方式，使物流更加合理进行的加工，如散装水泥的中转仓库担负起散装水泥装袋的流通加工以及将大规模散装转化为小规模散装的任务。

6）为实现配送而进行的流通加工。仓储中心为实现配送活动，满足客户对物品的供应数量、供应构成的要求，可对配送的物品进行各种加工活动，如拆整化零，定量备货，将沙子、水泥、石子、水等各种材料按比例要求倒入水泥混凝土搅拌车中，在配送途中进行搅拌，到达施工现场后，混凝土已经搅拌好，可直接投入使用。

（2）配送功能。随着现代科技的发展，商家、消费者可以通过网络等途径完成订货，但产品从生产者到消费者手中必须经过物流环节，通过仓储配送可以缩短流通渠道，减少物流环节，提高物流效益，促进物流的合理化，实现物品的小批量送达。因此，配送是商流与物流的结合体，是拣选、包装、加工、组配、配送等各种活动的有机组合，配送点（仓储地）一般设置在生产和消费集中的地区。例如，将原材料、半成品的仓储作业区设在生产车间附近；将产成品、待销品的仓储作业区设在消费集中区附近，仓储人员根据生产和消费的需要小批量地将仓储物送到生产线或零售商店和消费者手中，通过实现准时制配送，实现仓储的增值服务。仓储配送功能完善了输送及整个物流系统；提高了末端物流的经济效益；通过集中库存，可使企业实现最低库存或零库存；简化手续，方便客户；提高供应保障程度。

此外，仓储还是现货交易的场所，具有提供信用保障等功能。总而言之，仓储的合理化加速了物资流通和资金周转，节省了费用支出，降低了物流成本，开拓了“第三利润源泉”。

（三）仓储的种类

虽然说仓储的本质是物品的储藏和保管，但经营主体、仓储对象、仓储功能、仓储技术特征、仓储物的处理方式等的不同，使得不同的仓储活动具有不同的特性。了解仓储的种类及管理要求，有利于仓储管理更具有针对性，提高管理效率。

1. 按照仓储经营主体划分

（1）企业自营仓储。企业自营仓储包括生产企业和流通企业的自营仓储。生产企业自营仓储是指生产企业使用自有的仓库设施对生产使用的原材料、生产的中间产品、最终产品实施储存保管的行为，储存的对象较为单一，以满足生产需要为原则。流通企业自营仓储是指流通企业以其拥有的仓储设施对其经营的商品进行仓储保管的行为，仓储对象种类较多，其目的为支持销售。

企业自营的仓储行为不具有独立性，仅仅是为企业的产品生产或商品经营活动服务，相对来说规模小、数量众多、专用性强，而且仓储专业化程度低、设施简单。企业自营仓储为自用仓储，不开展商业性仓储经营。

（2）营业仓储。营业仓储是仓储经营人以其拥有的仓储设施，向社会提供商业性仓储服务的仓储行为。仓储经营人与存货人通过订立仓储合同的方式建立仓储关系，并且依据合同约定提供服务和收取仓储费。营业仓储的目的是在仓储活动中获得经济回报，实现经营利润最大化。经营内容包括提供货物仓储服务和提供仓储场地服务。

（3）公共仓储。公共仓储是公用事业的配套服务设施，为车站、码头提供仓储配套服务。公共仓储的目的是保证车站、码头的货物作业和运输流畅，具有内部服务的性质，处于从属地位。但对于存货人而言，公共仓储也适用营业仓储的关系，存货人与仓储经营人不单独订立仓储合同，而是将仓储关系列在作业合同、运输合同之中。

（4）国家物资储备。国家物资储备是指以国家为主体的储备，即以国家作为后备而储存的粮食、棉花、食糖、石油及其他重要农产品、工业原材料、燃料等实物的总称。国家物资储备既可以直接由国家储备库储备，也可以由地方储备库、企业仓库、农民仓库等进行代储。按照储备功能和作用不同，国家物资储备分为国家战略储备和国家经济储备。国家战略储备是指国家为了应对战争、灾荒和其他突发事件，保障国民经济正常运行和国防需求，有计划地建立一定数量的物资、能源等方面的储存和积蓄。国家经济储备是国家为了调控市场供求及价格水平等而进行的物资储备。

2. 按照仓储对象划分

（1）普通物品仓储。普通物品仓储是指不需要特殊保管条件的物品仓储。对于一般生产物资、普通生活用品、普通工具等杂货类物品，不需要针对货物设置特殊的保管条件，采取无特殊装备的通用仓库或货场存放货物。

（2）特殊物品仓储。特殊物品仓储是指在保管中有特殊要求和需要满足特殊条件的物品仓储，如危险物品仓储、冷库仓储、粮食仓储等。特殊物品仓储一般采用专用仓库，按照物品的物理、化学、生物特性，以及法规规定进行专门的仓库建设和管理。

3. 按照仓储功能划分

（1）储存仓储。储存仓储是物资较长时期存放的仓储方式。储存仓储的物资存放时间长、存储费用较低，常见于较为偏远的地区。储存仓储的物资较为单一、品种少，但存量大。由于物资存放时间长，储存仓储特别注重对物资的质量保管和维护。

（2）物流中心仓储。物流中心仓储是以物流管理为目的的仓储活动，是为了实现有效的物流管理、实现物流的时间价值，对物流的过程、数量、方向进行控制。物流中心仓储常见于区域经济中心、交通较为便利及储存成本较低的地区。物流中心仓储品种较少、较大批量进库、一定批量分批出库，整体吞吐能力强。

（3）配送仓储。配送仓储，又称配送中心仓储，是商品在配送交付客户之前所进行的短期仓储，是商品在销售或者供生产使用前的最后储存，相关人员会在该环节对商品进行销售或使用的前期处理。配送仓储一般在商品的消费经济区间内进行，且能迅速地送达消费和销售，目的是支持销售，注重对物品存量的控制。配送仓储的物品品类繁多、批量少，需要一定量进货、分批少量出库操作，有时也往往需要进行拆包、分拣、组配等作业。

（4）运输转换仓储。运输转换仓储是衔接不同运输方式的仓储，在不同运输方式的相接处进行，目的是保证不同运输方式的高效衔接，减少运输工具的装卸和停留时间，如港口、车站等场所进行的仓储。运输转换仓储具有大进大出的特性，货物存期短，注重货物的周转作业效率和周转率。

（5）保税仓储。保税仓储是指使用海关核准的保税仓库存放保税货物的仓储行为。保税货物主要指暂时进境后还需要复运出境的货物，或者海关批准暂缓纳税的进口货物。保税仓储受到海关的直接监控，虽然说货物也是由存货人委托保管，但是保管人要对海关负责，入库或者出库单据均需要由海关签署。保税仓储一般在进出境口岸附近进行。

4. 按照仓储技术特征划分

（1）人力仓储。人力仓储是指储存电子元器件、工具、备品备件等货物的仓储方式。人力仓库的规模较小，采用人力作业方式，无装卸机械设备。

（2）半机械化仓储。半机械化仓储是指入库采用机械作业，如叉车等，出库采用人工作业方式，一般适用批量入库、零星出库的情况。

（3）机械化仓储。机械化仓储是指入库和出库均采用机械作业，如叉车、输送机等，适合整批入库和出库，体积大、笨重的货物储存等情况。机械化仓库需要配备高层货架，提高仓库空间利用率。

（4）半自动化仓储。半自动化仓储是自动化仓储的过渡形式。半自动化仓库需要配备高层货架和输送系统，采用人工操作巷道堆垛机的方式，多见于备件仓储。

（5）自动化仓储。自动化仓储是指以高层货架为主体，配合自动巷道作业设备和输送系统的无人仓库，是现代仓储业的主要发展方向。

5. 按照仓储物的处理方式划分

（1）保管式仓储。保管式仓储，又称纯仓储，是指按照保管物原样保持不变的仓储方式。存货人将特定的物品交由保管人进行保管，到期之后保管人将原物交还存货人。保管物除了发生的自然损耗和自然减量外，数量、质量、件数不发生变化。保管式仓储又分为仓储物独立保管仓储和将同类仓储物混合在一起的混藏式仓储。

（2）加工式仓储。加工式仓储是指保管人在仓储期间根据存货人的要求对保管物进行一定加工的仓储方式。在保管期间，保管人根据委托人的要求对保管物进行外观、形状、成分构成、尺度等方面的加工，使仓储物发生委托人所希望的变化。

（3）消费式仓储。消费式仓储是指保管人在接收保管物时，同时接收保管物的所有权，保管人在仓储期间有权对仓储物行使所有权，待仓储期满，保管人将相同种类、品种和数量的替代物交还委托人所进行的仓储方式。消费式仓储特别适合于保管期较短（如农产品）、市场供应（价格）变化较大的商品的长期存放，具有一定的商品保值和增值功能，是仓储经营人利用仓储物开展经营的增值活动。它是仓储经营的一个重要发展方向。

二、仓储管理

（一）仓储管理的概念与目标

仓储管理是现代物流管理的重要环节。具体来说，仓储管理包括仓储资源的获得、经营决策、商务管理、作业管理、仓储保管、安全管理、人力资源管理、经济管理等一系列管理工作。如果站在供应链一体化的战略高度，以物流系统功能的整体观念来看待的话，则仓储管理不仅包括对仓储业务活动与作业过程的管理，而且包括仓储的战略规划和以仓库定位为中心的物流网络设计与物流节点布局，其目标是实现仓储合理化。

仓储合理化即使用经济的经营方法实现仓储的功能，可以通过表 1－1 的 6 个标志来判断。

表 1－1　仓储合理化的标志

标志类型	仓储合理化内容
质量标志	保证仓储物的质量，是完成仓储功能的根本要求。物品在仓储中增加了多少时间价值或者实现了多少利润，是以保证仓储物的质量为前提的。
结构标志	从仓储物不同品种、不同规格、不同花色的仓储数量的比例关系，尤其是相关性很强的各种物品之间的比例关系更能反映仓储合理化与否。因为相关性强的成套物品，只要有一种货物耗尽，即使其他物品仍有一定数量的储存，也会无法发挥该物品的功能。
时间标志	时间标志由货物的周转天数、周转次数决定。企业应在保证仓储功能实现的前提下，寻求合理的仓储时间。在仓储管理中，物品管理应该处于动态的、不断周转的状态，资金周转率越高、运作成本就低。
数量标志	在保证仓储功能实现的前提下，确定一个合理的数量范围，充分利用仓储空间，提高效益。
分布标志	不同地区仓储的数量分布比例关系，反映满足需求的保障程度和对整个物流的影响。
费用标志	费用涵盖仓储费用、维护费用、保管费用、损失费用、资金占用、利息支出等实际费用，以此判断仓储经营的合理与否。

（二）仓储管理的必要性

1. 保持物资原有使用价值和合理地使用物资的重要手段

任何一种物资，当它生产出来以后至消费之前，由于其本身的性质、所处的条件，以及自然、社会、经济、技术等因素，都可能使其使用价值在数量上减少、质量上降低。如果不创造必要的条件，就不可避免地使物资造成损失。

2. 实现社会再生产过程顺利进行的必要条件

商品由生产地向消费地转移是依靠仓储活动来实现的。由于生产与消费在空间、时间以及品种、数量等方面存在矛盾，仓储管理有其存在的必要性。尤其是在现代化大生产条件下，专业化程度不断提高，社会分工越来越细，随着生产力的发展，这些矛盾又势必进一步地扩大。

3. 物资供销管理工作的重要组成部分

物资仓储活动在物资供销管理工作中具有特殊的地位和重要的作用。从物资供销管理工作的全过程来看，其包括供需预测、计划分配、市场采购、订购衔接、货运组织、储存保管、维护保养、配送发料、用料管理、销售发运、货款结算、用户服务等主要环节。各主要环节之间相互依存、相互影响。其中许多环节属于仓储活动。

4. 提高经济效益的有效途径

仓储管理活动是物质产品在社会再生产过程中必然会出现的一种形态，其对于整个社会再生产以及国民经济各部门、各行业的生产经营活动的顺利进行都有着巨大的推动作用。

（三）仓储管理的任务

1. 利用市场化手段配置仓储资源

配置仓储资源应以所配置的资源能获得最大效益为原则，创造本仓储机构的局部效益空间，吸引资源的投入。配置仓储资源的具体任务包括：根据市场供求关系确定仓储设施的建设；依据竞争优势选择仓储地址；以生产差别产品决定仓储专业化分工和确定仓储功能；以所确定的功能决定仓储布局；根据设备利用率决定设备配置等。

2. 以高效率为原则组织管理机构

管理机构是开展有效仓储管理的基本条件，是一切管理活动的保证和依托。生产要素特别是人的要素只有在良好组织的基础上才能够发挥作用，实现整体的力量。企业应围绕着仓储经营的目标，以实现仓储经营的最终目标为原则，按照管理幅度、因事设岗、责权对等的原则，建立结构简单、分工明确、互相合作的管理机构和管理队伍。

仓储管理组织因机构的属性不同，分为独立仓储企业的管理组织和附属仓储机构的管理组织，一般都设有内部行政管理机构、商务、库场管理、机械设备管理、安全保卫、财务以及其他必要的机构。仓储管理组织大都实行直线职能制或者事业部制，今后趋向于向少层次的扁平化发展。

3. 以不断满足社会需要为原则开展商务活动

商务工作是仓储对外的经济联系，包括市场定位、市场营销、交易和合同关系、客户服务、争议处理等。仓储商务是经营性仓储生存和发展的关键工作，是经营收入和仓储资源充分利用的保证。从功能来说，商务管理是为了实现收益最大化，但是我国现阶段的仓储管理必须遵循不断满足社会生产和人民生活需要的原则，最大限度地提供仓储产品，满足市场需要。仓储企业应不断掌握市场的发展变化，不断开拓创新，提供适合经济发展的仓储产品。

4. 以高效率、低成本为原则组织仓储活动

仓储活动包括货物入库、堆存、出库的作业，仓储物验收、理货交接，在仓储期间的保管照料、质量维护、安全防护等。仓储活动的组织应遵循高效、低耗的原则，充分利用机械设备、先进的保管技术、有效的管理手段，实现仓储快进、快出，提高仓储利用率，降低成本，不发生差、损、错事故，保持连续、稳定的运营。仓储活动的核心在于充分使用先进的技术和手段，建立科学的仓储作业制度和操作规程，实行严格的监督管理，采取有效的员工激励机制。特别是对于非独立经营的仓储部门，管理的中心工作就是开展高效率、低成本的仓储管理。

5. 以优质物流服务树立企业形象

作为服务产业的仓储物流企业，其服务对象主要是上下游客户，其企业形象的建立主要通过服务质量、产品质量、诚信和友好合作获得，并通过一定的宣传手段在潜在客户中推广。在现代物流管理中，对服务质量的高度要求、对合作伙伴的充分信任，促使作为物流环节的仓储物流企业的形象建立极为必要。只有具有良好形象的仓储经营人，仓储物流企业才能在物流体系中占有一席之地，适应现代物流的发展。

6. 通过制度化、科学化的先进手段不断提高管理水平

任何企业的管理都不可能一成不变，需要随着形势的发展不断发展，适应新的变化。仓储管理也要根据仓储物流企业的经营目的的改变、社会需求的变化而改变。管理也不可能一步到位，一开始就设计出一整套完善的管理制度实施于企业，这样不仅犯了教条主义错误，而且不可行。仓储管理要遵循从简单管理到复杂管理、从直观管理到系统管理的原则，在管理实践中不断补充、修正、完善，不断提高，实行动态的仓储管理。

仓储管理的动态化和管理变革有助于促进管理和仓储效益的提高，但也可能因为脱离实际、不同于人们的惯性思维，而导致管理变革失败，甚至趋于倒退，不利于仓储业的发展。因此，仓储物流企业要实行变革，必须通过科学的论证，广泛汲取先进的管理经验，针对本企业的客观实际做出改变。

（四）仓储管理的原则

1. 效率原则

仓储管理的核心就是效率管理。效率是指一定的产品产出量与一定的劳动要素投入量之比。只有较小的劳动要素投入和较高的产品产出量，才能实现高效率。高效率是现代生产的基本要求。仓储的效率表现在仓容利用率、货物周转率、进出库时间、装卸车时间等指标上，表现为多存储、快进出、保管好、省力化的高效率仓储。

2. 效益原则

企业生产经营的目的是获得最大化利润，这是经济学的基本假设条件，也是社会现实的反映。利润是经济效益的表现，其计算公式为：

利润＝经营收入－经营成本－税金

实现利润最大化则需要做到经营收入最大化和经营成本最小化。仓储物流企业应围绕获得最大经济效益的目的进行组织和经营，同时也应该承担部分社会责任，履行保护环境、维护社会安定、满足社会不断增长的需要等社会义务，实现生产经营的社会效益，实现仓储企业与国民经济、行业经济和地区经济的可持续性发展。

3. 服务原则

仓储活动本身就是向社会提供服务产品。服务是贯穿在仓储中的一条主线，仓储的定位布点、仓储具体操作、对储存货物的控制等都是围绕着服务进行的。仓储管理就是围绕着服务定位开展的关于如何提供服务、改善服务、提高服务质量的管理，包括直接的服务管理和以服务为原则的生产管理。仓储的服务水平与仓储经营成本有着密切的相关性，服务越好，成本越高，收费越高。仓储服务管理是要在降低成本和提高（保持）服务水平之间保持平衡。仓储物流企业各阶段服务定位策略如表 1－2 所示。

表 1－2　仓储物流企业各阶段服务定位策略

阶段	采取的策略
进入或者引起竞争	高水平服务、低价格且不惜增加仓储成本
积极竞争	用较低的成本实现较高水平的仓储服务
稳定竞争	提高服务水平，维持成本不变

4. 安全原则

仓储活动中的不安全因素有很多，而且多种因素的交叉与结合往往会导致事故的发生。这些因素归纳起来大致有五种类型，包括仓储管理人员的错误行为、库存物资的不安全状态、外界环境的不安全性、设施设备的不合理性、管理手段的不科学性。因此，仓储物流企业加强安全管理，必须贯彻预防为主、综合治理的方针，在保证充分发挥仓储系统功能、投入最经济、取得效益最高及其他条件限制下，使仓储系统在运营的各个阶段均可达到最佳的安全程度。

三、现代物流的特征及仓储在现代物流管理中的作用

（一）现代物流的特征

1. 专业化

社会分工导致了专业化，促使了物流专业化的形成。物流专业化本身包括两个方面的内容。一方面，在企业中，物流管理作为企业的一个专业部门独立地存在并承担专门的职能，随着企业的发展和企业内部物流需求的增加，企业内部的物流部门可能从企业中分离出去，成为社会化的专业化物流企业；另一方面，在社会经济领域中，出现了专业化的物流企业，这些企业提供各种不同的物流服务，并进一步演变成为服务专业化的物流企业。

2. 标准化

随着物流技术的进步和市场竞争的需要，现代物流越来越强调对物流过程的系统化管理，以通过物流系统的优化降低物流成本。如果要实现物流的系统化管理，保证物流系统的统一协调以及系统内各环节的有机联系，就需要采取多种方法和手段。物流标准化是实现现代物流系统化管理的重要手段之一。

物流标准化是指以物流为一个大系统，制定系统内部设施、机械装备，包括专用工具等的技术标准，包装、仓储、装卸、运输等各类作业标准，以及作为现代物流突出特征的物流信息标准，并形成全国以及与国际接轨的标准化体系。

随着全球经济一体化进程的加快，标准化工作所涉及的领域越来越广泛，发挥的作用也越来越大，国际标准的采用已经十分普遍，标准化成为企业竞争的重要手段。目前，我国物流标准化体系的建设有待加强。我国已经建立了物流标识标准体系，并制定了一些重要的国家标准，如《包装储运图示标志》等。

3. 系统化

物流系统化是系统科学在物流管理中应用的结果。系统科学在物流管理领域中得到了广泛的应用，人们利用系统科学的思想和方法建立了物流系统，包括社会物流系统和企业物流系统。从系统科学的角度来看，物流也是社会大系统的一个组成部分。仓储物流企业只有运用系统的观念、系统工程的一些基本方法和技术，实现各种物流环节的合理衔接、各种物流资源的有效配置和最佳整合，满足物流空间和时间的需要，才能取得最佳经济效益。这些物流环节是互相联系、互相依赖、互为因果的子系统。

仓储物流企业要追求物流运作的整体效益，就必须从整体上考虑。只有将系统的观念引入物流领域，才是现代意义上规范的物流。从系统观点来看，构成物流的各功能之间明显存在效益背反关系。例如，减少仓库设置的数量可以节省保管费用，由于加大了运输距离和运输次数而导致运输费用增加，从而有可能使物流总费用水平不但没有降低反而提高。再如，采用高速运输会增加运输费用，由于运输的迅速化使得库存量降低，

从而节省了库存费用和保管费用，最终导致物流总费用的降低。现代物流应利用物流要素之间存在的二律背反关系，通过物流各个功能活动的相互配合和总体协调达到物流总成本最小化的目的。

4. 信息化

信息网络不仅是构成现代物流体系的重要组成部分，而且是提高现代物流服务效率的重要基础保障。没有现代信息网络做依托，现代物流就难以实现，物流效率就无从谈起。物流信息的价值就在于用信息网络和手段整合传统物流产业，建立现代物流体系，使现代物流业经营的全过程实现信息化、数字化、高效化，提升产业水平，提高物流效率。具体地讲，仓储物流企业要积极利用先进的信息技术和手段，通过网络平台和信息技术将物流经营网点连接起来，实现信息资源的共享和连通，对物流各环节进行实时跟踪，有效控制与全程管理。同时，仓储物流企业也要加快与电子商务的融合，一方面，现代物流要为电子商务服务；另一方面，现代物流也要积极运用电子商务，实现电子化物流。物流信息化也是电子商务的必然要求和趋势。

5. 国际化

如今，服务于全球化经营和国际贸易的跨国界物流日趋兴旺。目前，一个以跨国公司为核心的国际生产体系已经形成。互联网和电子商务的崛起为全球范围内快速、系统的物流服务提供了巨大的市场空间和有力的技术支撑。

（二）仓储在现代物流管理中的作用

1. 在物流系统中的作用

我国仓储物流业是伴随计划经济逐步确立和完善起来的。当前仓储物流业正在逐步适应市场经济的客观要求，仓储物流业的地位和作用是不可取代的。

物流过程是由一系列的供给和需求组成的，在供需之间既存在物的“流动”，也存在物的“静止”，仓储正是物流不可缺少的“静止”环节。仓储环节有利于生产和流通，在调配余缺、减少生产和销售部门的库存积压，以及在总量上减少地区内货物存储量等方面起到非常积极的作用。仓储可以使货物在进入市场前完成整理、包装、检查、分拣、拴标签等工作，缩短后续环节的工作时间，加快货物的流通，并保证货物不变质、不受损、不短缺和有效的使用价值。

2. 在物流成本管理中的作用

虽然说物流管理是为了系统地降低物流成本，以至于降低产品的最终成本，但是物流成本同样表现在具体的操作过程之中，分为仓储成本、运输成本、作业成本、风险成本等。

（1）仓储成本降低。仓储环节不仅是物流成本的组成部分，而且是整体上对物流成本实施管理的控制环节。仓储成本的控制和降低直接实现了物流成本的降低。

（2）运输成本降低。产品在仓储中的组合、妥善配载和流通包装、成组等流通加工环节就是为了提高装卸效率、充分利用运输工具，从而降低运输成本。

（3）作业成本降低。合理和准确的仓储会减少商品的换装、流动，减少作业次数。机械化和自动化的仓储作业都有利于降低作业成本。

（4）风险成本降低。高效的仓储管理、对商品实施有效的保管和养护、准确的数量控制，都有助于降低风险成本。这样就使得每一单独的厂商或托运人能够享受到物流总成本低于其各自分别直接装运的成本，使得装运费率降低，减少了收货站台的拥挤，使长距离、大批量运输成本降低、风险减少，并降低存货水平。

3. 仓储是物流提供增值服务的重要环节

仓储物流企业不仅能够满足产品销售需求，降低产品成本，而且能够提供增值服务，提高产品销售的收益。众多的物流增值服务是在仓储环节进行的：在仓储环节物资流动停顿期间，通过加工，提高产品的质量、改变功能、实现产品个性化；通过仓储的时间控制，使生产节奏与消费节奏同步，实现物流管理的时间效用价值；通过仓储的商品整合，开展消费的个性化服务等。

仓储的增值服务涉及的范围较为宽泛，包括以客户为核心的服务、以促销为核心的服务、以制造为核心的服务和以时间为核心的服务。例如，仓库经营者可以通过延伸包装（stretch-wrapping）和变换托盘来提供增值服务，以满足整个渠道的客户需求。仓库经营者还可以通过改变包装特点来提供增值服务。例如，供应商将大批量的防冻剂装运到仓库，然后仓库经营者对该产品进行瓶装，以满足各种牌号和包装尺寸的需要。这类延期包装使存货风险降到最低程度，减少了运输成本，降低了货损。

相关链接

ISO9000 质量体系认证对仓储管理的要求

同时，近距离的仓储存货对客户的服务更快、更及时。产品准时和合适的仓储充分体现了企业的管理水平，形成了企业效率高、管理先进的企业形象。

任务实施

背景资料：

根据本任务学习的内容，归纳和提炼相关内容，各组通过思维导图的形式予以呈现。

操作过程：

（1）学生每 3 人为一个小组，每组选一名学生作为组长；

（2）每人一台计算机；

（3）白纸、铅笔、橡皮、绘图用的直尺或三角板；

（4）根据任务一相关知识，小组讨论并绘制思维导图。

任务评价：

（1）由教师和学生共同讨论，对学生学习任务完成情况进行评价（见表 1－3），给出成绩（小组互评、学生自评、教师评价相结合）。

表 1-3 任务评价表

项目名称	内容	分值（分）	实际得分
评价标准	工作态度	10	
	沟通、协调能力	10	
	仓储概念的准确性	10	
	仓储功能的合理性	15	
	仓储分类的合理性	15	
	仓储作用描述的准确性	15	
	未来仓储描述的可行性	15	
	考虑降低能耗	10	
合计		100	

测评小组：　　　　　　　　　　　　　　被测评人：

（2）仓储公司构想调整与建议：根据小组互评、学生自评以及教师给出的建议改进和调整（具体内容见表 1-4）。

表 1-4 仓储公司构想改进调整与建议

需要改进和调整的内容	
优点	
学习成果提交	思维导图（可另附纸）：
学习收获及心得体会：	

任务小结

本任务介绍了仓储的概念及性质、仓储的基本功能和增值服务功能、仓储的种类及管理要求，使学生明确了仓储作为物流的核心功能之一，在整个物流系统中具有重要作用，仓储质量的优劣、效率的高低会直接影响物流系统的质量和效率。

任务二
仓储配送企业设立

任务导入

甲公司成立于 2022 年，是一家私营企业，现有员工 100 人，包括专业技术人员 75 人，其中高级职称 8 人、中级职称 35 人、其他专业技术人员 32 人。甲公司业务范围：负责城八区部分事业单位食堂的蔬菜和水果的采购、分拣、包装、配送等任务。请根据甲公司的业务范围和工作职能，设置甲公司的组织结构。

任务分析

熟悉职能部门的岗位设置原则，因事设岗，确保结构合理、群体优化；在设计组织结构时应考虑主系列和非主系列的设置，主系列包括采购、分拣、仓储、包装、理货、配送等；非主系列包括财务、后勤、档案等。

课前预习

1. 公司的分类有哪些？

____

____

2. 公司设立的程序是什么？

____

____

3. 仓储配送企业设立的程序是什么？

____

____

4. 企业的组织结构类型有哪些？各自有哪些优缺点？

____

____

相关知识

一、仓储配送企业设立程序

(一) 申请

设立仓储配送企业申请人应向本地区仓储配送行业监管部门报送下列资料：

(1) 设立申请书；

(2) 库房场地所有权或使用权证明；

(3) 消防部门安全验收合格证明；

(4) 规划部门出具的库房场地平面图；

(5) 市场监管部门核准的《企业名称预先核准通知书》；

(6)《仓储配送企业登记表》。

(二) 受理

仓储配送行业监管部门五日之内受理，申请人按照要求补足材料。

(三) 验收

仓储配送行业监管部门现场验收，并在五个工作日签署《仓储配送企业登记表》验收意见。验收意见包含下述内容：

(1) 有与储存危险品相适应的库房场地；

(2) 有与储存危险品相适应的检测化验养护设备设施；

(3) 安全环保设施符合国家颁布的标准；

(4) 主要负责人和保管、化验、安全生产管理人员经主管部门考核合格。

(四) 决定

(1) 仓储配送行业监管部门将申请及验收资料报领导批准，同意备案登记的加盖印章。申请人将相关材料送交受理申请部门，并领取《仓储配送经营资格证》。

(2) 如不予备案登记的，监管部门应书面通知申请人，申请人享有依法复议或诉讼权利。

(3) 从受理至发放备案登记证明时限不超过 15 日。

(五) 监管

(1) 仓储配送行业监管部门将申请、验收资料归档备查；

(2) 申请人持《仓储配送经营资格证》30 日内到市场监管部门、税务部门办理登记手续，并接受仓储配送行业监管部门的管理。

二、仓储配送企业组织结构

现代企业经营管理组织结构形式的不断演变，促使物流仓储管理组织的结构形式也不断变化。一般而言，仓储配送企业组织结构的类型有直线式、直线职能式、事业部式、矩阵式等。

（一）直线式组织结构

在直线式组织结构下，职权直接从高层开始向下“流动”（传递、分解），经过若干管理层次达到组织最底层。其特点是：组织中每一位主管人员对其下属拥有直接职权，组织中每一个人只对他的直接上级负责或报告工作。主管人员在其管辖范围内，拥有完全职权，即主管人员对所管辖的部门的所有业务活动行使决策权、指挥权和监督权。直线式组织结构如图 1-1 所示。

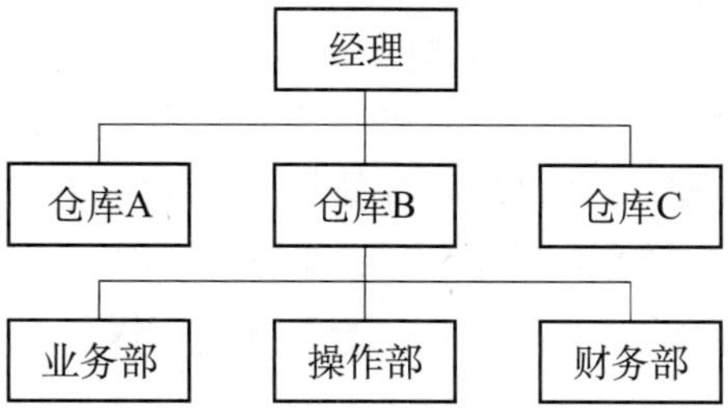

图 1-1　直线式组织结构

优点：从上到下垂直领导，不设行政职能部门，组织精简、指令传达迅速、责任权限明确，仓储配送企业的管理目标能够得到充分执行。

缺点：管理中的各种决策易受管理者自身能力的限制，对管理者的要求较全面，在业务量大、作业复杂的情况下，仓储配送企业主管会感到压力太大、力不从心。直线式组织结构适用于仓库规模小、人员不多、业务简单的小型仓储配送企业。

（二）直线职能式组织结构

直线职能式组织结构是目前普遍采用的一种组织结构形式，它按照一定的专业分工来划分车间、小组，按照职能划分部门，建立行政领导系统的组织形式，其结构如图 1-2 所示。在直线职能式组织结构下，由于各职能部门分管的专业不同，虽然都是按照企业统一的计划和部署开展工作，但是还是会发生种种矛盾，因此各专业管理部门要相互配合、步调一致。

优点：克服了直线式组织结构中管理者的精力和工作时间有限的缺点。

缺点：各职能部门之间有时会发生矛盾，因此需要密切配合。这种组织结构形式被大中型企业普遍采用。

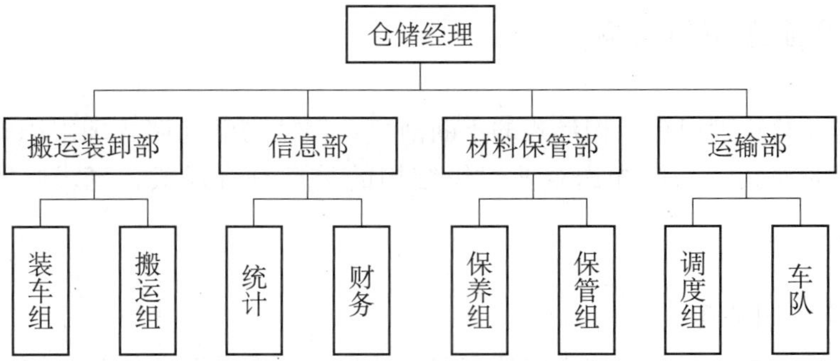

图 1-2 直线职能式组织结构

（三）事业部式组织结构

事业部式组织结构是在物流公司中实行的一种分权式的多分支单位的组织结构形式。在总经理的领导下，公司按照地区、业务形式等设立事业部，事业部介于总公司与工厂之间，相当于分公司，其组织结构如图 1-3 所示。一些规模大、产品多、市场分散的大企业多采用事业部式组织结构，如海尔有洗衣机事业部、电冰箱事业部等。各事业部有相对的责任和权利，并实行独立的财务核算，依据企业的战略方针和决策，实行独立经营。总公司按照产品大类或按照地区组织事业部，实行集中指导下的分散经营，但在人事政策、形象设计、投资决策等方面一般没有自主权。

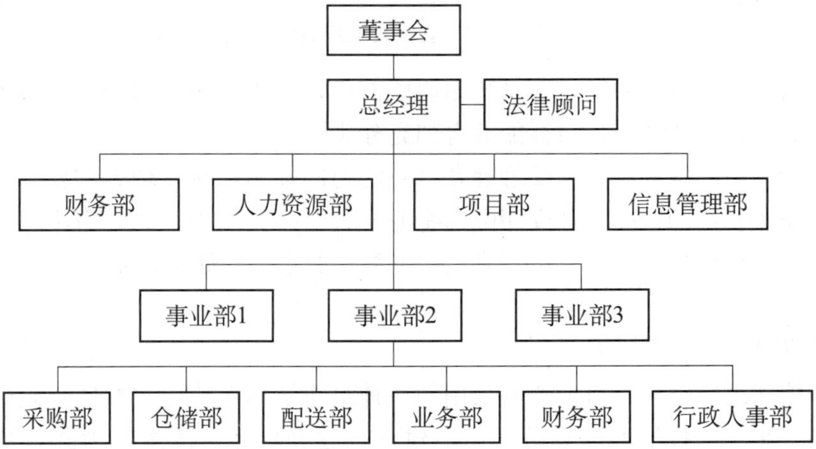

图 1-3 事业部式组织结构

优点：（1）总公司管理者可以摆脱日常事务，集中精力考虑全局问题；（2）事业部实行独立核算，更能发挥经营管理的积极性，更利于组织专业化生产和实现企业的内部协作；（3）各事业部之间有比较、有竞争，从而有利于企业的发展；（4）事业部内部的供、产、销之间可以相互协调；（5）事业部经理要从事业部整体来考虑问题，从而有利于培养和训练管理人才。

缺点：增加了管理层次，造成机构重叠，管理人员和管理费用增加。由于各事业部独立经营，各事业部之间人员互换困难，不利于相互支援。这种组织结构形式适用于规模庞大、品种繁多、技术复杂的大型企业集团。

（四）矩阵式组织结构

矩阵式组织结构是在直线职能式组织结构的基础上，再增加一种横向的领导系统，组成一个为完成一个特定规划任务的组织结构。在矩阵式组织结构下，员工需要接受两个方面的领导，即在工作业务方面接受原单位和部门的垂直领导，而在执行具体规划任务时，接受规划任务负责人的领导。这种组织结构的特点是：机动、灵活，随着项目的开发与结束进行人员的组织和解散，避免各部门的重复劳动，使管理方法更专业化。从各职能机构中抽调专业人员组成临时性特定任务（某产品或某工程项目）小组（见图 1-4），在完成任务过程中，小组领导者负全责，小组成员接受双重领导，任务完成后小组成员回归原单位。

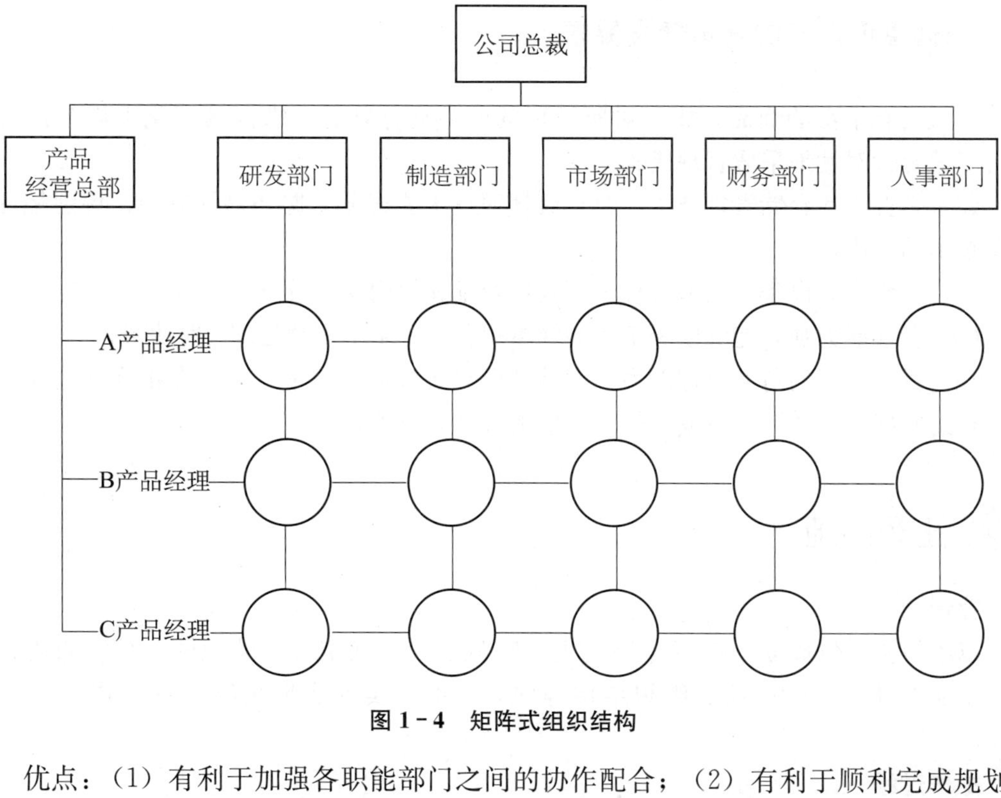

图 1-4　矩阵式组织结构

优点：（1）有利于加强各职能部门之间的协作配合；（2）有利于顺利完成规划项目，提高企业的适应性；（3）有利于减轻高层管理人员的负担；（4）有利于职能部门与产品部门相互制约，保证企业整体目标的实现。

缺点：（1）组织的稳定性较差；（2）双重领导容易产生责任不清、多头指挥的混乱现象；（3）机构相对臃肿、用人较多。

三、仓储配送企业岗位设置

在岗位设置中，仓储配送企业不仅要明确各岗位的工作内容，还要规定该岗位的工作标准，以及与其他岗位的协调关系等内容。由于各仓储配送企业的规模、设施设备、作业内容和服务对象不同，因此岗位设置也不尽相同。根据仓储配送企业业务流程，一般可以设置以下岗位。

（1）业务部主要设置的岗位：业务部经理、业务主管、业务员、客服主管、客服专员、信息处理专员、商务谈判人员等。

（2）仓储管理部主要设置的岗位：仓储部经理、验货员、保管员（出入库和在库管理）、理货员、复核员、包装员等。

（3）配送部主要设置的岗位：配送部经理、配送部主管、调度员、送货员、装卸工等。

四、仓储管理人员的基本素质要求

（1）具有丰富的商品知识。对所管理的商品充分熟悉，掌握其理化性质和保管要求，能够有针对性地采取管理措施。

（2）掌握现代仓储管理技术。对仓储管理技术能充分掌握并熟练运用，特别是现代信息技术的应用。

（3）熟悉仓储设备，能够合理和高效地安排和使用仓储设备。

（4）管理能力强，能够区分工作的轻重缓急，有条不紊地处理各种事务。

（5）具有一定的财务管理能力，能够进行经济核算、成本分析，在正确掌握仓储经济信息的基础上，能够进行成本管理、价格管理和决策。

任务实施

背景资料：

以小组为单位成立一个以仓储为主的物流公司，确定公司的规模、经营的业务范围、企业文化、经营战略、组织结构等内容。本次实训成果是绘制本公司的组织结构图。

操作过程：

（1）学生每 5 人为一个小组，每组选一名学生作为组长。

（2）以小组为单位设置组织结构方案。

（3）教师辅以必要的指导，体现以学生为主体的教学特色。

（4）纸、笔、计算机、多媒体设备。

（5）设置组织结构方案（见表 1－5）。

表 1-5　设置组织结构方案（学生自用）

组织结构方案：

（6）确定组织结构方案：小组讨论确定最终组织结构方案（见表 1-6）。

表 1-6　设置组织结构方案（小组用）

组长：________　成员：________________ 组织结构方案调整的内容： 最终组织结构方案：				
岗位设计	人数	职称比重	人数	备注

任务评价：

（1）由教师和学生共同讨论，对各组的方案设计和实施情况进行评价（见表 1-7），给出成绩（小组互评、学生自评、教师评价相结合）。

表 1-7 任务评价表

项目名称	内容	分值（分）	实际得分
评价标准	工作态度	10	
	沟通、协调能力	10	
	组织结构方案设计的合理性	25	
	岗位设置合理性	20	
	人员配备合理性	15	
	岗位职责的明确性	10	
	团队合作意识	10	
合计		100	

测评小组：　　　　　　　　　　　　　　被测评人：

（2）组织结构设置方案调整与建议：根据小组互评、学生自评以及教师给出的建议改进和调整（具体内容见表 1-8）。

表 1-8 组织结构设置方案调整与建议

需要改进和调整的内容		
优点		
学习成果提交	项目	签字
	组织结构设置方案	
学习收获及心得体会：		

任务小结

本任务介绍了仓储配送企业的设立程序、仓储配送企业的组织结构及每种组织结构的优缺点、仓储配送企业岗位设置，使学生明确要达到仓储配送企业管理的合理化，基本要点在于做好仓储配送企业组织结构设计、明确业务范围、实施仓库管理的统一协调性，从而实现既定目标，获得最佳效益。

项目二
仓储经营管理

学习目标

※ **知识目标**

1. 了解仓储市场调研、收集市场信息
2. 明确仓储经营的各种方法
3. 了解仓储经营战略的类型
4. 掌握仓储调查方法

※ **能力目标**

1. 能够对仓储及仓储经营进行有效的控制
2. 能够设计市场调研方案，学会撰写调研报告
3. 能够掌握仓储客户开发的流程和关键控制点
4. 能够更好地为仓储企业的战略选择做出规划

※ **素养目标**

1. 培养沟通能力、团队合作意识
2. 培养思维能力、创新能力
3. 培养分析问题和解决问题的能力
4. 培养爱岗敬业、吃苦耐劳的品质和节能环保意识

学习导图

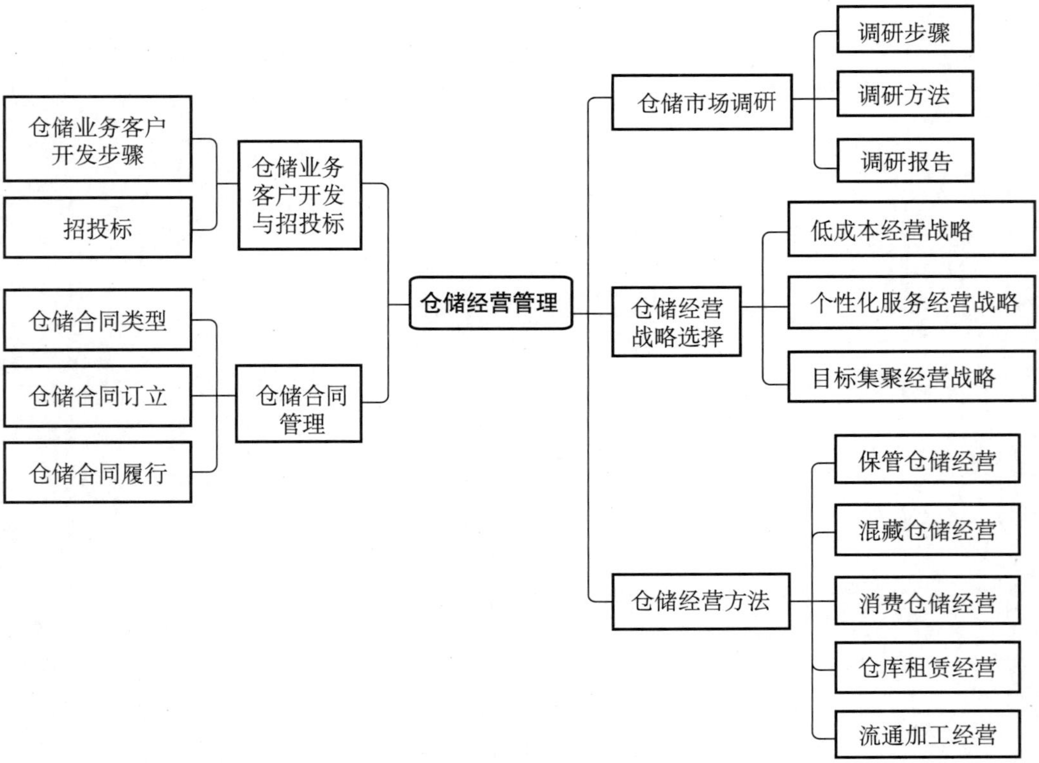

任务一
仓储市场调研

任务导入

北京中农富通园艺有限公司（以下简称中农富通）是以中国农业大学、中国农业科学院、北京市农林科学院、北京农学院等科研院校的专家和技术为依托的“产、学、研、推、用”一体化的农业高科技服务企业，是国家高新技术企业和农业产业化国家重点龙头企业，被认定为国际科技合作基地、北京市企业技术中心和北京市设计创新中心，2020 年被农业农村部批准为国家现代农业科技示范展示基地。请以为客户提供更好的服务为主题，进行一次客户满意度调研。

任务分析

中农富通为大中城市群提供优质鲜食农产品供给保障服务，集生产、加工、仓储、配送和销售于一体的专业化、综合化的精品服务，围绕配送商品的新鲜度、包装情况、配送的及时性、准确性、安全性、配送服务等内容进行调研设计。

课前预习

1. 仓储市场调研的程序是什么？

____

____

2. 仓储市场调研的方法有哪些？

____

____

3. 仓储市场调研的步骤有哪些？

____

____

4. 仓储市场调研应注意哪些问题？

____

____

相关知识

仓储企业通过市场调研不仅可以掌握市场的发展变化现状和趋势，为仓储市场预测提供科学依据，而且可以为仓储企业制定经营战略提供依据。仓储企业应综合考虑企业自身人力、财力和物力以及市场对仓储产品的需求和供给状况，以实现可持续发展和利润最大化为原则，合理制定企业经营发展目标。

一、仓储企业市场调研的程序

有效的仓储市场调研包括明确问题、制订调研计划、组织实施计划、分析调研资料、撰写调研报告（见图 2－1)。

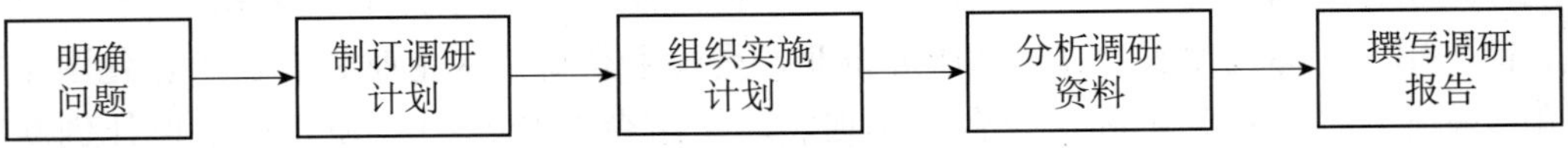

图 2－1　仓储企业市场调研的程序

（一）明确问题

仓储企业市场调研的基本内容涵盖从识别市场机会和问题、制订营销计划到评估营销活动的效果，涉及仓储企业市场营销活动的各个方面。例如，市场需求和变化形势的调研、购买动机调研、产品调研、价格调研、分销调研、广告调研、市场竞争调研和宏观环境调研等。仓储企业只有明确调研的目标，才能明确调研的内容和方法，否则，仓储企业会列入一些无关紧要的项目，漏掉一些重要项目。这一阶段提出的假设和目标是正式调研阶段所要解决和验证的。

（二）制订调研计划

仓储企业明确目标及需要调研的项目后，要制订一套完整的仓储市场调研计划，从而确保整个调研活动的顺利进行。完整的仓储市场调研计划应包括信息来源、调研方法、调研工具、调研方式、调研对象等方面的内容。

1. 信息来源

信息来源可以分为第一手资料和第二手资料。第一手资料，又称原始资料，是为当前某种特定目的直接从调查对象那里获取的信息；第二手资料是已经由其他组织或个人收集、整理，并且是已经发表的信息。仓储企业的第二手资料来源于内部资料和外部资料。内部资料是仓储企业内部的会计系统收集和记录的资料，如客户订单、销售资料、库存情况、产品成本、销售损益等；外部资料是从统计机构、行业组织、市场调研机构、科研情报机构、金融机构、文献报纸杂志等获得的资料。一般来说，调研中利用第二手资料的概率比较大，第二手资料比较容易获得。在市场调研中，第一手资料对解决问题的针对性更强，第二手资料具有客观性、时效性和准确性等优点。

2. 调研方法

调研计划中应明确采用哪些组织方式和方法取得调研资料。仓储企业常用的调研方法包括询问法、观察法、实验法、问卷调查法。此处介绍前三种。

（1）询问法是最常见的方法之一，适用于描述性调研。询问法是调研人员通过与调研对象的交互获得事实、观点和态度等方面的信息，调研人员可以通过邮寄问卷、电话和直接面谈等方式询问。

（2）观察法。调研人员既可以直接到现场观察调研对象，也可以通过照相机、摄像机等工具达到观察的目的。有经验的调研人员可以通过观察法得到某些在其他场合难得到的信息，并能排除调研对象的紧张心理或主观因素的影响。但观察法不适合用于需要判断调研对象内心的情况。

（3）实验法。运用实验法时，调研人员首先需挑选被实验者，组成若干相互对照的小组，给予不同的条件，同时对其他变量加以控制，然后观察不同条件下所得结果的差异是否具有统计学上的意义，以找出因果关系。

3. 调研工具

在收集数据时，调研人员可以选择的调研工具有：（1）调研问卷；（2）某些设备，如录音机、照相机、摄像机、收视测试器、智能手机等。其中，调研问卷是最常用的调研工具之一。

4. 调研方式

调研计划还需明确采用什么方式获得调研资料。搜集调研资料的方式包括全面调查、典型调查、重点调查、个别调查、抽样调查。调研人员可以根据调研对象和调研任务来选取具体的调研方式。

5. 调研对象

调研对象是根据仓储市场调研目的选定的活动参与者，如仓储市场环境、仓储行业价格、仓储行业市场竞争、客户资源及宏观政策等。仓储企业应依据调研目的和达到的要求综合考虑，合理确定调研对象。例如，调研人员对冷藏仓储市场进行调研时，调研对象就是所涉及的冷藏货物经营企业，如冷饮、肉制品、速冻食品等相关企业。

（三）组织实施计划

仓储企业将调研计划上报主管部门审批后，就要按照计划规定的时间、方式和方法收集相关内容。这是工作量最大、费用支出最大、最容易出错的一个阶段。这个阶段的具体工作主要有：

（1）招聘和培训市场调研人员。市场调研人员必须具备的基本素质包括良好的职业道德、较强的业务素质和良好的身体素质。在组织实施计划时，仓储企业需要根据仓储市场调研人员的总体情况，结合具体的调研项目，制订有针对性地、内容和方法不同的培训计划，使调研人员明确调研的内容和调研目的。

（2）根据调研实施计划中规定的时间、人员、内容安排具体的调研活动。

(3) 仓储项目调研负责人应对具体的调研活动进行管理、监督、协调和控制。

(四) 分析调研资料

仓储企业通过市场调研收集的数据大多是零散的、不系统的，只能反映事物的表面现象，无法深入研究事物的本质和规律性，这就需要调研人员对原始资料进行加工、汇总，使之系统化、条理化。随着经济理论的发展和计算机的运用，目前处理这类工作一般是由计算机和现代统计分析技术来完成的。在这一阶段，调研人员应该做到：

(1) 审核、订正、分类汇总相关资料，并检查是否齐全。

(2) 分辨资料的真实性，核查资料是否有遗漏。

(3) 分类资料，以便于归档、查找、使用。

(4) 运用数学模型和统计模型对数据进行处理，从而得出结论。

(五) 撰写调研报告

仓储市场调研报告是对整个调研工作，包括计划、实施、收集、整理、分析等一系列过程的总结，是整个调研结果的集中体现，是公司战略的重要参考依据。调研报告不仅能较好地运用调查数据来说明调研计划中所提出的问题，而且能较好地提出解决问题的方案和建议。调研报告文字要简明扼要，从客观实际出发。调研报告的好坏是衡量整个调研工作好坏的主要标志。调研报告的内容主要包括报告书的形式和份数、报告书的内容及报告书中的图表等。

二、仓储企业市场调研的步骤

仓储企业市场调研的步骤包括以下几个方面：

(一) 确定调研立项

由仓储企业市场调研部门的项目负责人提出调研立项申请，报上级主管部门审批；主管部门批准后，确立调研立项，拟定具体任务书。

(二) 制订物流仓储业调研计划

仓储企业调研部门的项目负责人接到调研项目任务书后，研究企业的批复意见，明确企业调研的要求、任务及目的，认真策划调研项目，制订仓储企业调研计划。

(三) 实施调研

仓储企业调研部门的项目负责人针对调研计划组建调研队伍，安排市场调研员收集资料，按照调研计划实施调研。为了保证调研目标的实现，项目负责人要对整个过程进行监督管理。

（四）收集资料

仓储企业调研部门的项目负责人在调研计划实施阶段，组织安排调研小组进行实地调查，收集相关的历史资料和数据。项目负责人要在此过程中进行监督和协调，保证资料的客观性、科学性。

（五）信息整理

市场营销调研人员对所搜集的零散的、不系统的市场信息资料进行必要的筛选、整理和分析，使之系统化、条理化。这样能为后期的市场调研报告的撰写、正确的市场决策的确定做好充分的准备。

（六）数据处理并分析

项目负责人组织调研小组成员将调研所获得的资料按规律进行初步的汇总、分类和整理，然后录入数据，利用计算机软件进行数据分析，通过分析得出结果。

（七）撰写调研报告

项目负责人根据市场调研资料撰写调研报告，为企业领导制定决策提供参考。

调查问卷参考模板：

物流仓储业调查问卷

为了解本市物流仓储业现状，帮助企业科学决策，促进物流仓储业健康发展，在全市范围内展开本次物流仓储业调查。

感谢您的支持！

调查时间：　　　　　　　　　　　　调查人员：

调查单位：　　　　　　　　　　　　单位地址：

接待部门：　　　　　　　　　　　　联系方式：

1. 贵公司是否拥有仓库：

□是　　　　□否

2. 仓库属性为：

□自有　　　　□租赁

3. 贵公司提供哪些除仓储之外的附加服务？

□流通加工　□运输　□配货　□包装　□其他

4. 贵公司仓库情况调研。

仓库地址	类型	面积（平方米）	主要仓储货物	利用率	周转天数	年储存量

5. 贵仓库主要仓储设备情况。

	货架（存储设备）	叉车（搬运设备）	传送带（输送设备）	其他设备
规格				
数量（长度）				
购买金额				

6. 商品的存储是否实现条形码化？是否有相关的系统支持？

7. 贵公司是否已使用相关物流信息系统？请写出软件名。如果没有使用物流信息系统，是否有意愿近期上系统？

8. 从接到客户业务到提供服务一般需要多长时间：

☐ 30 分钟　☐ 30～60 分钟　☐ 2 个小时　☐ 6 个小时　☐ 24 个小时以上

9. 主要客户所在地：　　　　客户类型比例：大型客户为　　　　小型客户为

10. 客户满意度情况如何？对客户需求的了解程度（时间、价格、服务水平）。

11. 贵公司仓储业务的主要客户的分布如何？有效半径为多少？这些客户的存储周转速度情况如何？

12. 仓储服务的收费大概在一个什么标准？

13. 企业发展过程中自身存在的问题：

☐ 资金不足　☐ 市场需求不能有效满足　☐ 标准化问题

☐ 诚信问题　☐ 人才短缺　☐ 自身管理水平　☐ 其他

14. 如果本地区有专门的物流中心提供仓储场所，请问贵公司是否有意向进驻？

☐ 是　☐ 否（如果答“否”请简单说明原因）__________

相关链接

物流市场调研的内容

任务实施

背景资料：

对于中农富通所提供的集生产、加工、仓储、配送和销售于一体的专业化、综合化的精品服务，以小组为单位，调研中农富通配送商品的新鲜度、包装情况、配送的及时性、准确性、安全性、配送服务等并进行调研方案设计。

操作过程：

(1) 学生每 5 人为一个小组，每组选一名学生作为组长。

(2) 以小组为单位设计调研方案。

(3) 教师辅以必要的指导，体现以学生为主体的教学特色。

(4) 纸、笔、计算机、多媒体设备。

(5) 设计农产品配送调研方案，学生独立完成调研方案（见表 2－1）。

表 2-1　设计农产品配送调研方案（学生自用）

农产品配送调研方案：

（6）小组讨论并确定最终农产品配送调研方案（见表 2-2）。

表 2-2　农产品配送调研方案（小组用）

组长：________　成员：________________________________ 农产品配送调研方案调整的内容： 调研问卷需要调整的内容：

任务评价：

（1）由教师和学生共同讨论，对各组的调研方案设计情况进行评价（见表 2-3），给出成绩（小组互评、学生自评、教师评价相结合）。

表 2-3　任务评价表

项目名称	内容	分值（分）	实际得分
评价标准	工作态度	10	
	沟通、协调能力	10	
	问卷设计的合理性	15	
	调研方案设计的合理性	20	
	调研方法确定的准确性	15	
	岗位职责的明确性	10	
	团队合作意识	10	
	分析问题和解决问题的能力	10	
合计		100	

测评小组：　　　　　　　　　　　　被测评人：

（2）调研方案调整与建议：根据小组互评、学生自评以及教师给出的建议改进和调整（具体内容见表 2－4）。

表 2－4 调研方案调整与建议

需要改进和调整的内容		
优点		
学习成果提交	项目	签字
	农产品配送调研方案	
学习收获及心得体会：		

任务小结

本任务介绍了仓储企业市场调研的程序和仓储企业市场调研的步骤。仓储企业通过对客户、物流市场及竞争对手进行市场调研，可以有步骤、系统地搜集信息资料，制订仓储市场调研计划，根据计划制定市场调研步骤、实施调研，对调研过程中的信息数据进行处理并分析，进而撰写市场调研报告。对于仓储市场而言，准确、有效的市场调研可以让仓储企业了解本地区物流市场的供求状况及潜在的市场份额，制定有效的仓储市场营销活动方案。

任务二
仓储经营战略选择

任务导入

中粮集团有限公司的外包经销商第三方物流 A 公司创立于 1993 年，经过多年的艰苦创业，已发展成为拥有资产 4 000 多万元，自有及可调配车辆 360 余辆的三级资质物流企业。公司总部在福州市，经营场所占地面积为 50 000 多平方米，并且有大型物流设施及专用仓储、配送、包装等物流环境，与铁路货站、马尾港相邻，交通十分便利，并在全国 15 个大中型城市设有分支机构。多年来公司为众多知名企业提供整合运输服务、仓储服务、配送中转、异地托运等全方位物流服务。该公司物流发展战略是为专业化客户提供一体化的物流服务。随着中粮集团有限公司业务量的增加，中粮集团有限公司与第三方物流 A 公司展开深入合作，要求该物流公司提供更专业化的仓储、分销、配送、包装等服务。在这样的合作背景下，A 公司应该采取什么样的物流经营战略，才能符合客户的物流服务需求？

任务分析

该企业物流发展战略是为专业化客户提供一体化的物流服务，仓储经营战略对企业经营具有重要影响。随着货品的仓储数量和仓储结构的不断变化，仓储企业应确保商品质量，为客户提供满意的服务；对仓储经营进行动态控制，采用先进的、科学的、有效的仓储经营方法，充分利用仓储企业的资源，制定长期的仓储经营战略规划。

课前预习

1. 你认为仓储企业可运用哪些经营战略？

____

____

2. 低成本经营战略的内涵是什么？

____

____

3. 个性化服务经营战略的内涵是什么？

4. 仓储经营战略的制定步骤有哪些？

相关知识

一、仓储经营战略类型

一般情况下，仓储企业有三种经营战略：低成本经营战略、个性化服务经营战略、目标聚集经营战略。

（一）低成本经营战略

1. 低成本经营战略的含义

低成本经营战略是指企业在提供相同的产品或服务时，通过内部加强成本控制，在研究、开发、生产、销售、服务和广告等领域内将成本降低到最低限度，使成本或费用明显低于行业平均水平或主要竞争对手，从而赢得更高的市场占有率或更高的利润，成为仓储行业中的成本领先者的一种竞争战略。即企业通过采取一系列降低成本的措施，以总成本最低的优势在行业竞争中获得市场份额。低成本经营战略要求建立达到经济规模的物流服务基础设施，抓好每一环节的成本控制，最大限度地减少研发、服务、营销、广告、管理等方面的费用。

2. 低成本经营战略的实现条件

（1）扩大产品批量，讲求规模效益，以降低单位产品成本。

（2）具有较高的销售增长率和市场占有率。

（3）具有较高的管理水平，不断提高产品质量，降低人力、物力和财力的消耗。

3. 低成本经营战略的实施风险

（1）竞争者可能会效仿。

（2）本产业技术上的突破可能会使这一战略失效。

（3）购买者的兴趣可能会转移到价格以外的其他产品特征上。

仓储企业若要实施低成本经营战略，就应拥有一定规模的客户以形成稳定的业务量，构建广泛覆盖仓库业务的网点以提高市场占有率，建立高度信息化的仓储服务平台，以批量购买价格折扣向客户群提供服务。低成本经营战略在前期需要较高的投资，仓储企业通过价格折扣和提供便捷服务获取较高的市场份额。一旦获取市场份额后，部分利润又可以弥补前期投入，同时仓储企业增加仓储设施的投入又可以进一步维护成本领先地位。

（二）个性化服务经营战略

1. 个性化服务经营战略的含义

个性化服务经营战略是指仓储企业在一定的时间内生产出众多按照个人愿望设计的产品，以满足客户个性化需求为目的，要求一切从客户的要求出发，通过对每一位仓储客户开展差异性服务，以最大限度地满足仓储客户所提出的服务要求，使客户服务做到更加周到、细致。

个性化服务经营战略并不意味仓储企业完全可以忽视成本，此时成本不是企业的首要战略目标。个性化服务可以使生产者与客户之间建立起良好的合作伙伴关系，从而提高客户忠诚度，形成固定仓储客户群。

2. 个性化服务经营战略的实施条件

（1）企业在产品的研究和开发上具有较强的创新能力。

（2）企业在生产技术上具有较高的适应能力和应变能力。企业在市场营销中具有明确的目标市场，并能采取有效的经营手段和方法。

（3）企业在市场营销中要有明确的目标市场，并能采取有效的经营手段和方法，实施标新立异的经营战略，通俗来说就是仓储企业在某一方面独树一帜。

3. 个性化服务经营战略的实施风险

（1）客户对某种特殊产品价值的认同与偏好不足以使其接受该产品的高价格。

（2）对于中小型仓储企业来说，技术以及专利均无法占据优势，只能通过服务质量等标新立异。主要手段包括在某一区域以独一无二的仓储服务覆盖整个区域范围、高订单满足率、快速的仓储周转率、高素质的仓储从业人员、内部管理流程优化等软性手段，以及独一无二的仓储物流设施设备、高效的仓储物流信息系统等硬件手段。中小型仓储企业比较适合采取个性化服务经营战略，相比大型物流企业而言，中小型仓储企业可以灵活、快速地捕捉到客户的实际需要，开发出增值服务，从而成为自己的竞争法宝。

（三）目标集聚经营战略

1. 目标集聚经营战略的含义

目标集聚经营战略是指企业主攻某个特定的客户群，在市场内部的某个特定狭小空间或者某产品系列的一个细分区段做出的战略选择，是针对某个细分市场选择以低成本或者差异化的产品或服务作为竞争力来实现竞争优势。

仓储企业实施目标集聚经营战略，即找准一个细分仓储物流市场，并为其提供个性化的服务，形成自己的竞争优势。中小型仓储企业要实施目标集聚经营战略，就是要为客户提供独特的服务，或者在提供相同物流服务项目时能够比其他企业更加高效、专业化、低成本。仓储企业在建立准确的市场定位的基础上，做到成本领先或者标新立异。对于中小型仓储企业来说，主要通过服务对象集聚、流程集聚、功能集聚来实现此战略。服务对象集聚，即找准既有市场潜力，而自身又拥有发展资源的仓储物流市场作为自己的细分市场；流程集聚，即为需要某些特殊物流作业流程的货物或企业提供独有的专业化仓储流程服务；功能集聚，即不仅提供传统的仓储、配送等物流功能，还提供诸如二次转运、逆向物流、电子商务配送等新兴仓储物流服务。

2. 目标集聚经营战略的实施条件

（1）个体战略应该适应环境条件。仓储企业要以环境为基点制定竞争战略。环境常常处于不断变化之中，仓储企业在制定竞争战略时只有充分考虑环境的变化，才能生存与发展。

（2）竞争对手情况的把握。仓储企业要以竞争对手忽视或者无法提供服务的购买者群体需求作为切入点。通常情况下，竞争对手在满足某领域需求时所采取的手段和方法与客户最高满意度之间存在差异，客户的需求没有得到很好的满足，这正是可取而代之的机会。

（3）竞争定位问题。仓储企业不能盲目地追求过大的目标，要根据自身的资源状况客观地确定自己优势的竞争地位。

（4）目标集聚经营战略的选择。若有效细分市场中现存的产品质量、品牌知名度、服务等水平低于本企业可提供的程度，则选择差异领先目标集聚战略；若在有效细分市场中可拥有足够规模的业务量，则选择成本领先目标集聚战略。

3. 目标集聚经营战略的实施风险

（1）竞争者模仿。

（2）客户的偏好转向市场中的大路货商品。

二、仓储经营战略的制定

仓储经营战略管理是企业为实现经营目标而制定战略和实施战略的一系列决策和行动。仓储企业经营战略的制定过程如图 2－2 所示。

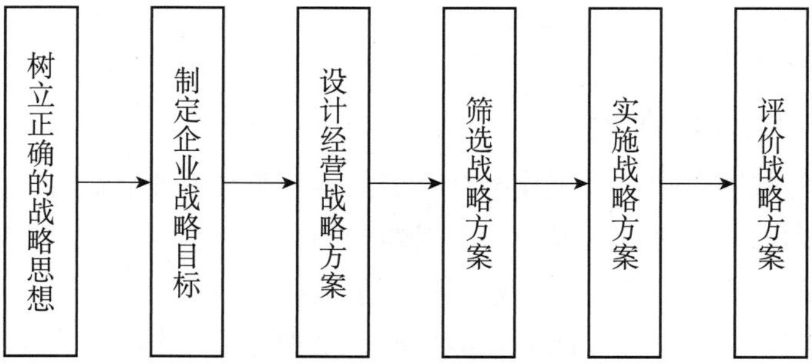

图 2－2　仓储企业经营战略制定过程

（一）树立正确的战略思想

仓储企业应首先树立正确的战略思想，即指导企业经营战略的制定和实施的基本思想。仓储企业树立指导思想的原则：一是按照组织将要经营业务的方式确定价值观、信念和指导原则；二是决定组织正在执行或打算执行的活动，以现在的或期望的组织类型为指导宗旨。

（二）制定企业战略目标

企业战略目标是指企业在完成基本任务过程中所追求的最终结果。仓储企业战略目标的设定是企业宗旨的展开和具体化，是企业宗旨中确认的仓储经营目的、社会使命的进一步阐明和界定，也是仓储企业在既定的经营领域展开经营活动所要达到的水平的具体规定。仓储企业长期目标规定了企业执行其使命时所预期的成果。具体目标有：仓储企业的盈利能力；为客户、委托人和其他对象服务；满足仓储企业员工的需要和提高福利待遇；仓储企业经营带来的社会责任。长期目标对仓储企业的具体要求如下：

（1）长期目标必须支持仓储企业的使命。

（2）短期目标应清楚、简洁和尽可能定量化，并应足够详尽。

（3）短期目标应遍布于仓储企业内所有重要部门，不同领域内目标相互制约、协调一致。

（4）仓储企业制定的短期目标应是动态的。

（5）仓储企业的战略目标是实现利润大幅增长。

仓储企业短期目标是执行性目标，时限常在 1 年内。仓储企业制定短期目标的重要性表现在以下几个方面：

（1）企业配置资源的基础。

（2）评价管理者的主要尺度。

（3）监测运作过程，使其向实现长期目标前进的工具。

（4）突出了各职能部门的工作重点。

仓储企业制定的年度目标可以作为指引企业的行动、方向和努力的准则。它通过向利益相关者论证企业物流活动的合理性，为企业经营战略提供依据，为企业的运作提供了标准，为企业组织的设计提供了基础。

（三）设计经营战略方案

经营战略方案设计的核心就是通过对仓储企业外部环境分析与内部环境分析（见表 2-5），明确仓储企业可利用的机会和面临的风险，并将这些机会和风险的优势和劣势结合起来，形成仓储企业的战略措施。

经营战略方案是企业经营战略的具体化，它可以推动企业在自己所确定的经营领域内夺取优势，从而保证企业目标的实现。可用于仓储企业经营战略方案设计的主要方法有 SWOT 分析法、SPACE 图解法等。

表 2-5 内外部环境分析对比

内部环境	外部环境
财务优势： 投资收益 杠杆比率 偿债能力 流动资金 现金流动 退出市场的方便性 业务风险 竞争优势： 市场份额 产品质量 产品生命周期 用户忠诚度 竞争能力利用率 专有技术知识 对供应商和经销商的控制	环境稳定性： 技术变化 通货膨胀率 需求变化性 竞争产品的价格范围 市场进入壁垒 竞争压力 价格需求弹性 产业优势： 增长潜力 盈利潜力 财务稳定性 专有技术知识 资源利用 资本密集性 进入市场的便利性 生产效率和生产能力的利用率

1. SWOT 分析法

S代表优势（Strengths）、W 代表劣势（Weaknesses）、O 代表机会（Opportunities）、T 代表威胁（Threats）。SWOT 分析法针对企业内外环境条件中关键战略要素进行匹配。SWOT 分析法的实施过程如表 2-6 所示。

表 2-6 SWOT 分析法的实施过程

分析环境因素	SWOT 环境因素包括内部环境因素和外部环境因素。内部环境因素包括优势因素和劣势因素，它们是企业在发展中自身存在的积极和消极因素，属于主观因素；外部环境因素包括机会因素和威胁因素，它们是外部环境对企业的发展直接有影响的有利和不利因素，属于客观因素。在调查和分析这些因素时，企业不仅要考虑到历史与现状，而且要考虑未来发展问题。 ● 优势包括有利的竞争态势、充足的财政来源、良好的企业形象、技术力量、规模经济、产品质量、市场份额、成本优势、广告攻势等。 ● 劣势包括设备老化、管理混乱、缺少关键技术、研究开发落后、资金短缺、经营不善、产品积压、竞争力差等。 ● 机会包括新产品、新市场、新需求、外国市场壁垒解除、竞争对手失误等。 ● 威胁包括新的竞争对手、替代产品增多、市场紧缩、行业政策变化、经济衰退、客户偏好改变、突发事件等。
构建 SWOT 矩阵	SWOT 分析法的优点在于考虑问题全面，是一种系统思维，可以将对问题的“诊断”和“开处方”紧密结合在一起，条理清晰，便于检验。将调查得出的各种因素根据轻重缓急或影响程度等排序方式，构造 SWOT 矩阵。在此过程中，将那些对企业发展有直接的、重要的、大量的、迫切的、久远的影响因素优先排列出来，而将那些间接的、次要的、少许的、不急的、短暂的影响因素排列在后面。

续表

制订行动计划	在完成环境因素分析和 SWOT 矩阵的构建后，企业便可以制订相应的行动计划。制订行动计划的基本思路是：发挥优势因素，克服劣势因素，利用机会因素，化解威胁因素；考虑过去，立足当前，着眼未来。企业可运用系统分析的综合分析方法，将排列与考虑的各种环境因素相互匹配起来加以组合，得出一系列企业未来发展的可选择对策。

SWOT 分析有四种不同类型的组合战略：分别是优势—机会（SO）战略、劣势—机会（WO）战略、优势—威胁（ST）战略和劣势—威胁（WT）战略。

（1）优势—机会（SO）战略是一种发展企业内部优势与利用外部机会的战略，是一种理想的战略。当企业具有特定方面的优势，而外部环境又为发挥这种优势提供有利机会时，可以采取该战略。例如，良好的产品市场前景、供应商规模扩大和竞争对手有财务危机等外部条件，配以企业市场份额提高等内在优势可成为企业收购竞争对手、扩大生产规模的有利条件。

（2）劣势—机会（WO）战略是利用外部机会来弥补内部劣势，使企业扭转劣势而获取优势的一种战略。虽然企业存在外部机会，但是由于企业存在一些内部劣势而妨碍其利用机会，可采取措施克服这些劣势。例如，若企业劣势是原材料供应不足和生产能力不够，从成本角度看，前者会导致开工不足、生产能力闲置、单位成本上升，而加班加点会产生一些附加费用。在产品市场前景看好的前提下，企业可利用供应商扩大规模、新技术设备降价、竞争对手财务危机等机会，实现纵向整合战略，重构企业价值链，以保证原材料供应，同时可考虑购置生产线来克服生产能力不足及设备老化等劣势。通过克服这些劣势，企业可以进一步利用各种外部机会，降低成本，取得成本优势，最终赢得竞争优势。

（3）优势—威胁（ST）战略是指企业利用自身优势，回避或减轻外部威胁所造成的影响的一种战略。例如，竞争对手利用新技术大幅降低成本，带给企业很大成本压力；材料供应紧张，价格可能上涨；消费者要求大幅提高产品质量；企业要支付高额环保成本；等等，这些都会导致企业成本状况进一步恶化，使之在竞争中处于非常不利的地位。如果企业拥有充足的现金、熟练的技术工人和较强的产品开发能力，便可利用这些优势开发新工艺，简化生产工艺过程，提高原材料利用率，从而降低材料消耗和生产成本。另外，开发新技术产品也是企业可选择的战略。新技术、新材料和新工艺的开发与应用是极具潜力的成本降低措施，同时它可提高产品质量，从而回避外部威胁影响。

（4）劣势—威胁（WT）战略是一种旨在减少内部劣势，回避外部环境威胁的防御性战略。当企业存在内忧外患时，往往面临生存危机，降低成本也许成为改变劣势的主要措施。当成本状况恶化、原材料供应不足、生产能力不够，无法实现规模效益且设备老化，导致企业在成本方面难以有大作为时，企业可以采取目标聚集战略或差异化战略，以回避成本方面的劣势，并回避成本原因带来的威胁。

SWOT 分析运用于企业成本战略分析可发挥企业优势，利用机会克服劣势，回避威胁，获取或维护成本优势，将企业成本控制战略建立在对内外部因素分析及对竞争态势的判断等基础上。若要充分认识企业的优势、机会、劣势及正在面临或即将面临的风险，价值链分析和标杆分析等均能为其提供方法与途径。

2. SPACE 图解法

战略地位与行动评价矩阵（Strategic Position and Action Evaluation Matrix，SPACE 矩阵）主要是分析企业外部环境及企业应该采用的战略组合。

SPACE 矩阵有四个象限分别表示企业采取的进取、保守、防御和竞争四种战略模式。SPACE 矩阵的两个数轴分别代表了企业的两个内部因素——财务优势（FS）和竞争优势（CA）；两个外部因素——环境稳定性（ES）和产业优势（IS）（见图 2-3）。

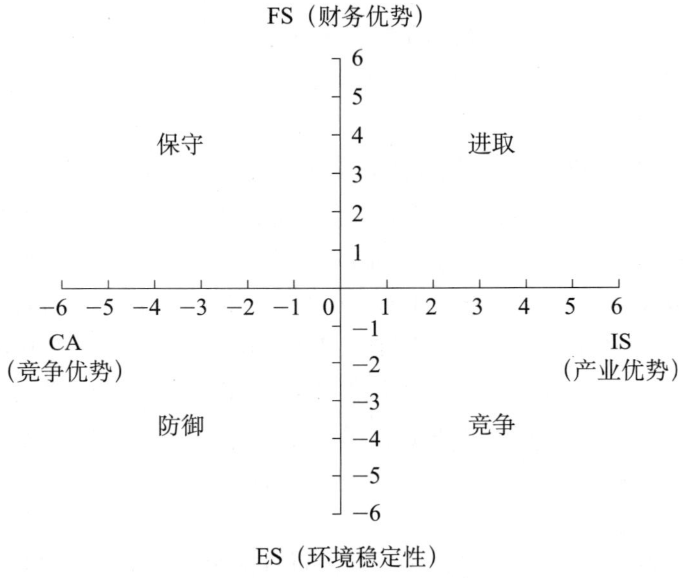

图 2-3 SPACE 图解法

当向量出现在 SPACE 矩阵的进取象限时，说明该企业正处于一种绝佳的地位，即企业可以利用自己的内部优势和外部机会选择自己的战略模式，如市场渗透、市场开发、产品开发、后向一体化、前向一体化、横向一体化、混合式多元化经营等。

当向量出现在保守象限时，说明企业应该固守基本竞争优势而不要过分冒险，应采用保守型战略，如市场渗透、市场开发、产品开发和集中多元化经营等。

当向量出现在防御象限时，说明企业应该集中精力克服内部弱点并回避外部威胁，应采用防御型战略，如紧缩、剥离、结业清算和集中多元化经营等。

当向量出现在竞争象限时，说明企业应该采取竞争性战略，包括后向一体化、前向一体化、市场渗透、市场开发、产品开发及组建合资企业等。

（四）筛选战略方案

（1）战略方案筛选。战略方案的评价与筛选是企业在战略构想的基础上，论证战略方案可能性。可供选择的战略方案一般有若干种，但是，最适合企业外部环境与内部条件的战略方案只有一种。

（2）战略方案评价和筛选原则：1）整体优势最大化；2）竞争优势最大化；3）行业优势最大化。

（3）战略方案评价和筛选过程：1）分析各战略方案是否与环境未来的发展趋势相适应；2）分析企业现在的经营状况及其发展趋势；3）分析企业现有的战略能否达到企业战略的目标；4）分析各种战略方案实现企业战略目标的有效性；5）分析各种战略方案对企业资源的要求；6）分析各种战略方案对企业组织与管理的要求；7）分析各种战略方案内部是否一致；8）分析各种战略方案中各战略阶段的划分是否恰当、企业在各战略阶段承受能力如何；9）比较各种战略方案的优缺点、风险及效果，提出战略性的补充措施；10）预估在企业战略实施中将会遇到的困难与阻力，以及克服困难的可能性。

（五）实施战略方案

战略方案的实施是为实现企业战略目标而对战略规划的执行。企业在明晰了自己的战略目标后，就必须专注于如何将其落实转化为实际的行为并确保实现。

相关链接

“链合创新”的运作模式

（六）评价战略方案

对战略方案的评价过程也是对各种方案的筛选过程。对于筛选出来的方案，还必须经过一个最终的决策过程，企业应采用科学的方法和严格的程序，获得最终的将要付诸实施的战略方案。

任务实施

背景资料：

在本门课程的学习过程中，各组成立一个以仓储为主的物流公司，前面结合学习的内容设立组织结构。根据本次课程学习仓储经营战略类型及各自的特点，各组根据自己公司经营业务的特点及规模进行讨论，制定本公司的仓储经营战略方案。

操作过程：

（1）学生每5人为一个小组，每组选一名学生作为组长。

（2）以小组为单位制定仓储经营战略方案。

（3）教师辅以必要的指导，体现以学生为主体的教学特色。

（4）纸、笔、计算机、多媒体设备。

（5）确定制定仓储经营战略方案的步骤（见表2-7）。

表 2-7 制定仓储经营战略方案（学生自用）

制定仓储经营战略方案的步骤：

（6）小组讨论后制定仓储经营战略方案（见表 2-8）。

表 2-8 仓储经营战略方案（小组用）

组长：________ 成员：________________________________ 仓储经营战略方案：

任务评价：

（1）由教师和学生共同讨论，根据各组的仓储经营战略方案设计情况进行评价（见表 2-9），给出成绩（小组互评、学生自评、教师评价相结合）。

表 2-9 任务评价表

项目名称	内容	分值（分）	实际得分
评价标准	工作态度	10	
	沟通、协调能力	10	
	经营战略制定步骤	20	
	方案设计的合理性	20	
	分工的明确性	20	
	团队合作意识	10	
	分析问题和解决问题的能力	10	
合计		100	

测评小组： 被测评人：

（2）仓储经营战略方案调整与建议：根据小组互评、学生自评以及教师给出的建议改进和调整（具体内容见表 2-10）。

表 2-10　仓储经营战略方案调整与建议

<table>
<tr><td>需要改进和调整的内容</td><td colspan="2"></td></tr>
<tr><td>优点</td><td colspan="2"></td></tr>
<tr><td rowspan="2">学习成果提交</td><td>项目</td><td>签字</td></tr>
<tr><td>仓储经营战略方案</td><td></td></tr>
<tr><td colspan="3">学习收获及心得体会：</td></tr>
</table>

任务小结

本任务介绍了仓储经营战略的选择和仓储经营战略的制定。仓储企业的负责人为了实现总体的目标，要根据企业内部、外部的各种信息制定正确的经营战略，一般情况下，有三种经营战略：低成本经营战略、个性化服务经营战略、目标聚集经营战略。仓储企业的负责人可借助一些方法分析市场环境机会、确定战略目标和设计经营战略方案。可用于企业经营战略方案设计的方法有 SWOT 分析法、SPACE 图解法等。除了经营战略分析外，仓储企业经营战略的制定过程还包括实施战略方案和评价战略方案。

任务三 仓储经营方法

任务导入

广大农民对于农产品电商平台抱有很大希望，希望借助电商平台将农产品卖到城里或卖向更远的地方；同时也能买到城市里的各种商品，真正实现资源共享。电商企业的运作策略主要包括“趋势、明道、优术”，坚持顺应形势，不断开拓新的渠道，如信息传递、物流冷链、在线支付等。此外，电商企业应通过多种形式的推广和客户沉淀，不断积累经验，形成适合自身的农产品运营策略。待线上线下销售进入相对成熟期，电商企业需要不断创新销售模式，以持续满足消费者的需求。对线上销售来说，一年 365 天不可能天天都是旺销，总有淡旺季之分。旺季自然都是忙业务，那么淡季呢？毫无疑问，营销是必要的手段。相关报告显示，电商企业所运用的传统营销方式正面临变革，数据将成为未来电商营销的核心驱动力，以数据为核心重构与改革现有营销模式已经成为电商营销的趋势。诸如最近几年的网红经济营销热，网红经济带来的影响背后既有大数据支持，更有包括包装、策划、营销在内的经纪人团队运作。

任务分析

通过上述案例，我们可以看出，电商企业的运作策略主要涉及三点：趋势、明道和优术。趋势，即电商企业要抓住主要的政策以及对应的走向，力图搭建“工业品下乡、农产品进城”的双向电商通道。明道，即企业选择不同的第三方电商平台，会带来不同的产品销售和品牌营销效果。具体来说，就是产品渠道要通畅、品牌渠道要多样，企业应在食品安全和质量可追溯等方面着手建立安全渠道，由此带动品牌推广的多形式和多媒介宣传。优术，即电商战略需要先进营销手段的支持，“术”着重于细节的把控和改进。农村电商包括的范围广，用户角色相对比较复杂，与城市相比，农村地区的多样化和差异化尤其明显。

课前预习

1. 你认为在大数据环境下，仓储企业应如何经营？

____

____

2. 混藏仓储的内涵是什么？

3. 保管仓储经营存在哪些问题？

4. 流通加工仓储经营的特点是什么？

相关知识

为了保证货物储存的合理化，仓储企业必须采用一套科学的方法，对库存货物进行有效的动态控制。仓储企业应考虑如何采用有效的、科学的仓储经营方法，使仓储资源得以充分利用。根据仓储的目的不同，现代仓储经营方法可分为保管仓储经营、混藏仓储经营、消费仓储经营、仓库租赁经营、流通加工经营等。

一、保管仓储经营

（一）保管仓储经营的概念

保管仓储经营是指保管人储存存货人交付的仓储物，存货人支付仓储费的一种仓储经营方法。

（二）保管仓储经营的特点

（1）保管仓储的目的在于保持保管物原有状态。

（2）仓储管理的物品一般都是数量大、体积大、价值高的大宗货物，通常来说仓储物都是动产。

（3）保管仓储活动是有偿服务，且较为单一，双方会签署规范的仓储合同，保管人为存货人提供仓储服务，存货人必须按约定支付仓储费。

（4）仓储保管经营的整个仓储过程均由保管人操作。

（5）仓储保管经营中货物的所有权不发生转移，归存货人所有。

（三）保管仓储经营的方法

在保管仓储经营中，仓储经营人一方面需要尽可能多地吸引仓储委托，获得大量的仓储委托，以获得仓储保管总收入为目标；另一方面，仓储经营人还需要在仓储保管中尽量降低保管成本来获取经营成果。仓储保管费用取决于仓储物的数量、存货时间以及仓储费率。其计算公式为：

$$TR=Q\times T\times K$$

式中：TR——仓储保管费；

Q——存货数量：

T——存货时间；

K——仓储费率。

仓储总收入可按下式计算：

仓储总收入＝总库容量×仓容利用率×平均费率

二、混藏仓储经营

（一）混藏仓储经营的概念

混藏仓储经营是指存货人将一定品质、数量的货物交付保管人储藏，而在储存保管期限满时，保管人只需以相同种类、相同品质、相同数量的替代物返还的一种仓储经营方法。

（二）混藏仓储经营的特点

（1）混藏仓储的对象仅仅是种类物；

（2）混藏保管的保管物并不随交付而转移所有权；

（3）混藏仓储是一种特殊的仓储方式。

（三）混藏仓储经营的方法

混藏仓储在物流活动中很重要，适用于农业、建筑业、粮食加工等行业中品质无差别、可以准确计量的商品。在混藏仓储经营中，仓储经营人应寻求尽可能控制品种的数量和大批量混藏的经营模式，从而发挥混藏仓储的优势。混藏仓库为了降低仓库成本，通过混藏的方式，充分利用仓储空间，从而使仓库设备投入更少。混藏仓储经营的收入主要来源于仓储保管费，存量越多，存期越长，收益越大。

三、消费仓储经营

（一）消费仓储经营的概念

消费仓储经营是指存货人不仅将一定数量品质的种类物交付仓储保管人储存保管，而且与保管人相互约定，将储存物的所有权也转移至保管人处，在合同期届满后，保管人以相同种类、相同品质、相同数量替代品返还的一种仓储经营方法。

（二）消费仓储经营的特点

（1）消费仓储是一种特殊的仓储形式，其仓库运作模式与保管仓储基本相同。

（2）消费仓储以种类物作为保管对象，仓储期间转移存货所有权于保管人。

（3）消费仓储以存货的价值保管为目的，保管人对货物进行的仓储具有自由处分的权利并获取更多的收益，减少仓储成本。

（4）存货人可以更好地利用消费仓储提供的低收费或不收费的优惠条件，降低仓储成本。

（三）消费仓储经营的方法

消费仓储的开展使得仓储财产的价值得以充分利用，提高了社会资源利用率。消费仓储可以在任何仓储物中开展，但对于仓储经营人的经营水平有着极高的要求。现今消费仓储广泛在期货仓储中开展。消费仓储经营人的收益主要来自对仓储物消费的收入，当该消费的收入大于返还仓储物时的购买价格时，仓储经营人获得了经营利润；反之，消费收益小于返还仓储物时的购买价格时，就不会对仓储物进行消费，而依然原物返还。在消费仓储中，仓储费收入是次要收入，有时甚至采取零仓储费结算方式。

四、仓库租赁经营

（一）仓库租赁经营的概念

仓库租赁经营是指通过出租仓库、场地、仓库设备，由存货人自行保管货物的仓储经营方法。

（二）仓库租赁经营的特点

（1）仓库租赁经营的存货人自行保管货物。

（2）仓库租赁经营的收入主要来自租金。

（3）仓库租赁经营的设备维修由保管人负责。

（三）仓库租赁经营的方法

采取租赁仓库的方式经营，出租人的经营依据是开展仓储保管的收益低于出租收益，其核心是仓库经营人的保管成本无法降低，或者是仓库经营人不具有特殊商品的保管能力和服务水平。即：仓储保管费－保管成本－服务成本＜租金收入。

对于租用仓库者而言，因其具有特殊的保管能力、作业能力，或者为了内部的需要而租用仓库，自行进行仓储保管。仓库租赁经营中，租赁双方不是一般意义上的买主和卖主，而是两个关系人之间的约束，一个是出租人，另一个是租用人，两者之间关系的确定不是买卖合同，而是他们所签订的租赁合同，两者的权利和义务也不同于买卖关系。

租用人的权利是对租用的仓库及仓库设备享有使用权（不是所有权），并有保护设备、按约定支付租金的义务。出租人的权利是对出租的仓库及设备拥有所有权，并享有收回租金的权利，同时必须承认租用人按约定拥有对租用仓库及仓库设备的使用权，并保证仓库及仓库设备的完好性能。

仓库出租人既可以整体性出租，也可以采用部分出租、货位出租等分散方式。在分散出租方式下，仓库所有人需要承担更多的仓库管理工作，如环境管理、保安管理等。

如今，箱柜委托租赁保管业务在世界范围内发展较快。在日本，从事箱柜委托租赁保管业务的企业数量和仓库营业面积在迅速上升，这些企业对一般居民和家庭的贵重物品，如金银首饰、高级衣料、高级皮毛制品、古董、艺术品等，提供保管服务。

五、流通加工经营

（一）流通加工经营的概念

流通加工是指物品从生产地到使用地的过程中，根据需要施加包装、分割、计量、分拣、刷标志、贴标签、组装等简单作业的总称。流通加工是目前仓储企业的一项具有广阔前景的经营业务，它必将给流通领域带来巨大的经济效益和社会效益。

（二）流通加工产生的原因

流通加工是物流服务业与现代化生产发展相结合的产物，它弥补了企业大批量生产加工不能满足不同消费者需求的不足。例如，某生产企业对钢材除了有标号、规格型号上的要求外，在长度、宽度等方面也有特殊的要求。但是生产企业面对成千上万的用户，在生产过程中是很难达到这一要求的，只有在流通过程中通过流通加工来满足不同客户的需求。为了提高物流效率、降低物流成本，仓储企业可以对物流过程中的商品进行加工。

（三）流通加工的作用

（1）有利于生产者提高生产率，改进产品质量，增加经济效益，使生产集中于现代化生产模式，以流通加工这一方式来弥补大量生产的不足。

（2）有助于提高物流效率与服务质量，使产品满足用户个性化、多样化的需求，使物流功能得以完善和提高。

（3）有助于提高仓储业加工设备的利用率和劳动生产率。将加工对象集中起来进行流通加工可以达到低成本、高质量的加工效果，从而满足客户的特殊需求。

（4）有助于提高各种运输手段的运用效率。流通加工能使运输工具、装卸设备充分发挥作用，从而提高货物的运输效率，降低运输费用。

（5）有助于完善商品功能，提高经济效益。流通加工可以改变一些商品的功能，使其有更广的适应面，从而促进销售，提高商品的销售量和销售额，满足市场的需要。

（四）仓储企业开展流通加工的经济效益

（1）直接经济效益。流通加工可以提高劳动生产率；流通加工可以提高原材料的利用率；流通加工可以提高加工设备的利用率；流通加工可以使商品增值；流通加工可以使商品物流成本降低，仓储经营人参与利益分享。

（2）间接经济效益。流通加工能缩短厂家生产时间，使其可以腾出更多的时间来进行创造性生产；流通加工能为多个生产或消费部门服务；流通加工对生产的分工和专业化起中介作用；流通加工能吸引更多的仓储货源，提高仓储服务水平。

总之，流通加工是一项具有广阔前景的物流活动。流通加工的重要性不仅在于为物流合理化提供了条件，更重要的是为提高社会经济效益开辟了一条途径，它在我国仓储业中的重要性越发凸显。但是由于仓储企业的流通加工业务的开展都要有一定的资源投入或者成本投入，因此只有选择仓储企业有能力开展的业务及有成本优势的业务进行流通加工，才能使得流通加工经营获得收益。

任务实施

背景资料：

农民对于农产品电商平台抱有很大希望，希望借助于电商平台将农产品卖到城里去，甚至更远的地方；同时能买到城市里的各种商品，真正实现资源共享。仓储企业要为客户提供更好的服务，仓储经营方法的决策尤为重要。各组所成立的公司应根据自身经营的业务规模和特点，对客户需求进行调研，形成调研报告，为本公司仓储经营方法的选择提供可靠的参考资料。

操作过程：

（1）学生每 5 人为一个小组，每组选一名学生作为组长。

（2）以小组为单位撰写调研报告。

（3）教师辅以必要的指导，体现以学生为主体的教学特色。

（4）纸、笔、计算机、多媒体设备

（5）设计调研问卷（见表 2－11）。

表 2－11 设计调研问卷（学生自用）

设计调研问卷：

（6）撰写仓储经营方法调研报告（见表2-12）。

表2-12 仓储经营方法调研报告（小组用）

组长：______ 成员：______________________________ 仓储经营方法调研报告：

任务评价：

（1）由教师和学生共同讨论，根据各组的调研报告进行评价（见表2-13），给出成绩（小组互评、学生自评、教师评价相结合）。

表2-13 任务评价表

项目名称	内容	分值（分）	实际得分
评价标准	工作态度	10	
	沟通、协调能力	10	
	问卷设计的合理性	20	
	调研报告	20	
	分工的明确性	20	
	团队合作意识	10	
	分析问题和解决问题的能力	10	
合计		100	

测评小组： 被测评人：

（2）仓储经营方法调研报告调整与建议：根据小组互评、学生自评以及教师给出的建议改进和调整（具体内容见表2-14）。

表 2-14　仓储经营方法调研报告调整与建议

<table>
<tr><td>需要改进和
调整的内容</td><td colspan="2"></td></tr>
<tr><td>优点</td><td colspan="2"></td></tr>
<tr><td rowspan="2">学习成果提交</td><td>项目</td><td>签字</td></tr>
<tr><td>调研问卷/调研报告</td><td></td></tr>
<tr><td colspan="3">学习收获及心得体会：</td></tr>
</table>

任务小结

本任务介绍了仓储企业经营目的是使企业的仓储资源得以充分利用，在提供仓储服务中获得最大收益，以最小的成本投入实现经营利润的最大化，而如何确定科学的、先进的、有效的仓储经营方法是仓储企业搞好经营管理的关键。随着各企业购、销、存等经营活动连续不断地进行，商品的仓储数量和仓储结构也在不断变化，所以为了保证商品的仓储趋向合理化，仓储企业必须采用一些科学的方法，对商品的仓储及仓储经营进行有效的动态控制。根据仓储的目的不同，现代仓储经营方法可分为保管仓储经营、混藏仓储经营、消费仓储经营、仓库租赁经营和流通加工经营等。

任务四
仓储业务客户开发与招投标

任务导入

招标人为××供销社投资管理中心，招标代理机构为××国际贸易有限公司，本项目已具备招标条件。招标内容与范围：1＃物流仓库的冷库改造工程监理，按照仓库的冷库改造工程技术标准和要求进行招标。项目地址：××经济技术开发区。

任务分析

在进行招标时，除上述信息外，招投标文件还包括对投标人资格的要求、招标文件的获取方式、投标文件的递交方式、截止时间、其他公告内容、公告发布媒介等。

课前预习

1. 你了解招投标吗？

____

____

2. 写出招标的基本框架结构。

____

____

3. 你认为招标应注意哪些问题？

____

____

4. 投标的基本流程是什么？

____

____

相关知识

仓储企业在开发市场时首先要进行商情调查。仓储企业可通过商情调查对市场上物流服务的供求关系、客户对物流服务需求的新变化进行预测，从而进行市场细分和市场定位，挖掘和调查潜在客户，确定开发计划，以便进行经营决策和设计服务项目，开展营销活动。

一、仓储业务客户开发和客户信用调研

（一）客户开发

在进行客户开发前，仓储企业首先要掌握客户资料、收集客户相关信息和需求。客户开发的基本步骤包括以下几个方面：

1. 收集客户资料

客户资料包括采购项目资料、竞争对手的资料和个人资料。通过收集这些资料，仓储企业可以确定市场定位和业务方向。仓储企业可以通过三个渠道来收集资料：

（1）面谈。仓储企业可与客户进行交谈，进一步了解其生产经营和物流业务需求情况，听取其对本企业的基本看法。

（2）文献搜索。仓储企业可通过报纸、网络及其他媒体了解客户的各类情况，并对这些情况进行汇总。

（3）实地调研。仓储企业可走访客户的主要合作伙伴或竞争对手，听取其对客户的意见和看法。仓储企业应全面、准确地收集信息，避免信息失真给企业决策造成误导。

2. 挖掘潜在客户

收集客户资料是挖掘客户需求的前提。仓储企业可对收集到的客户资料进行分析，筛选出潜在客户，从而根据行业要求、产品定位找到最好的客户。潜在客户的选择有三点标准：(1)具有较强的经济实力；(2)具有与本公司一致的物流业务需求；(3)没有重大业务违约和信用事件。

3. 调查潜在客户

仓储企业应对潜在客户进行全面调研，重点了解客户近三年的经营数据、业务合作伙伴、企业文化的特点以及员工管理水平、素质、工作能力等，以确定开发成功的难易程度和客户开发的成本策略。

4. 综合评价和分析

仓储企业可根据调研数据对客户进行综合评价和分析，依据客户的信用等级、经营能力，排列出客户开发的先后顺序和难易程度。

5. 制订客户开发计划

仓储企业可根据信用等级的划分、经营能力的强弱、管理人员的特点和企业文化模式分别制订客户开发计划。客户开发计划的主要内容包括客户开发的渠道和方法、客户开发人员的情况、客户开发进度安排、客户开发经费预算和分配。

6. 客户拜访和业务洽谈

业务洽谈是企业进行商务活动的必要环节，但由于买卖双方市场势力的不同，在商务活动过程中，企业之间对交易条件的影响并不是均衡的。一般来说，在买方市场环境

中，买方会有更多的主动权。因此，对于处于卖方条件下的仓储企业，更应该充分重视交易过程中的谈判环节，通过商务谈判来确定相关服务细节与价格标准。富有技巧的谈判要求仓储企业充分挖掘自身卖点，并清楚洞察对方的目标，这不仅关系利润的争取，而且会影响交易的成败。

根据客户开发计划，仓储企业应选择恰当的时机进行客户拜访和业务洽谈。

（1）在进行客户拜访时，仓储企业工作人员要明确客户拜访的目的，如引导客户作出决策。仓储企业应对客户的信用状况作出判断，向客户传达资料、服务等信息；考察客户的经营风格和个人品质；创造一个与客户交流的机会，听取客户意见等。

（2）仓储企业工作人员要订立客户访问要点，确定对不同客户的访问计划、访问重点、具体业务、访问的时间和频率，同时还要编制预定访问表以合理安排访问时间和确定洽谈的重点内容与对策。

（3）仓储企业工作人员拜访客户时要注意业务洽谈的技巧，考虑客户的利益并注意倾听，争取给客户留下良好的印象。

（4）仓储企业工作人员要作出拜访总结，即对拜访过程进行记录和整理，总结并形成客户资料。

7. 签订合同

通过签订合同，两个独立的经济主体发生了债权债务关系。需要仓储服务的存货人与经营仓储的保管人通过订立仓储合同发生了货物保管和被保管的经济关系，并通过仓储合同调整双方的关于仓储的权利和义务。仓储合同经过双方要约和承诺的过程，当双方意见一致时合同成立。

8. 保存客户资料

仓储企业工作人员要对客户资料进行建档、保存并及时进行更新。

（二）客户信用调研

客户的信用等级对企业而言是非常重要的。仓储企业通过调研可以掌握客户的信用状况，了解客户信用情况的变化，降低业务往来风险。

1. 市场调研机构选择

市场调研机构主要有六类：一是企业营销部门，某些大型企业的营销部门会设立调研部，便于市场数据收集与分析；二是广告代理商，部分广告公司设有调研部门，为其进行相关策略提供科学参考；三是营销调研数据的收集和报告的公司；四是定制或专项调研企业；五是现场服务公司；六是其他机构，包括政府机构、大学调研机构等。

2. 调研内容

（1）市场环境调研。市场环境包括政治法律环境、经济环境、科技环境和社会环境等。政治法律环境调研是指企业对政府的方针、政策和各种法令、条例，以及外国有关法规与政局变化、政府人事变动、战争、罢工、暴乱等可能影响本企业的诸因素的调研。经济环境调研是指企业对国民生产总值增长、国民收入分配地区、储蓄与投资变化、个人消费结构、政府消费结构等宏观经济指标进行调研。科技环境调研是指企业对国际国内新技术、新工艺、新材料的发展速度、变化趋势、应用和推广等情况进行调研。社会环境调研是指企业对一个社会的文化、风气、时尚、爱好、习俗、宗教等情况进行调研。

（2）市场需求调研。市场需求调研包括市场需求容量、顾客、购买行为等调研。市场容量调研是指企业对现有和潜在人口变化、收入水平、生活水平、本企业的市场占有率、购买力投向等情况的调研。顾客调研是指企业对购买本企业产品或服务的团体或个人的情况，如民族、年龄、性别、文化、职业、地区等情况的调研。购买行为调研是指企业对顾客的购买欲望、购买动机、爱好、购买习惯、购买时间、购买地点、购买数量、品牌偏好等情况，以及顾客对本企业产品和其他企业提供的同类产品的欢迎程度的调研。

（3）市场供给调研。企业市场供给调研的主要内容包括：产品或服务供给总量、供给变化趋势、市场占有率；消费者对本企业产品或服务的质量、性能、价格、交货期、服务、包装的意识、评价和要求；本企业产品或服务的市场生命周期、消费者对本企业产品或服务更新的态度、现有产品或服务能持续多长时间、有无新产品或服务来代替；生产资源、技术水平、生产布局与结构；该产品或服务在当地生产和输入的发展趋势；协作伙伴竞争对手的状况，即这些竞争对手产品或服务的质量、数量、成本、价格、交货期、技术水平、潜在能力等。

（4）市场行情调研。企业市场行情调研的主要内容包括：整个行业市场、地区市场、企业市场的销售状况和销售能力；商品供给的充足程度、市场空隙、库存状况；市场竞争程度以及竞争对手的策略、手段和实力；有关企业同类产品的生产、经营、成本、价格、利润的比较；有关地区、企业产品的差别和供求关系及发展趋势；整个市场价格水平的现状和趋势、顾客接受的定价策略；新产品定价及价格变动幅度等。

（5）市场销售调研。市场销售调研是指企业对销售渠道、销售过程和销售趋势的调研。企业市场销售调研的主要内容包括：企业产品是自销还是代销，是完全通过自设网点销售，还是部分经由代销网点销售；代销商的经营能力、社会声誉、目前销量和潜在销量；委托代销的运输成本、工具、路线、仓库储存能力等；人员直销和非人员直销各自优劣；采用哪种广告媒体（如电视、广播、报纸、杂志、广告牌）引人注目、效果较好；服务方式的优劣，如成套供应、配件准备、分期付款、免费维修、价格折扣、技术培训，哪种方式最受顾客欢迎等。

二、招投标管理

随着经济的发展，交易方式也出现了不同程度的改变，其中招标已经成为很多企业，特别是大型企业寻找业务、设备或项目的主要方式之一。现代仓储企业要想寻求与一定规模的企业合作，承揽其仓储业务，必须要对招标这一方式进行研究，熟悉投标书的基本制作方法，掌握一定的投标技巧。

（一）投标工作的管理流程

（1）获取招标信息。企业应通过各种渠道获取招标信息，即招标公告。

（2）参加资格预审。企业向招标委员会提交资格预审申请书和相关文件，填写投标申请书。

（3）组织投标小组。企业成立投标小组，负责投标事宜。

（4）购买标书和相关资料。投标小组根据招标公告的要求在规定的时间内购买标书和相关资料，并根据需要缴纳保证金。

（5）市场调研和现场考察。投标小组根据投标要求进行市场调研，通过市场调研来评价项目的成本、技术要求等条件；投标小组参加由招标方组织的现场考核，深入了解招标标的。

（6）参加标前说明会。投标小组参加由招标方组织的标前说明会，重点就标的的各种问题回答投标方的问题。

（7）编制投标文件。投标小组编制投标文件，投标文件包括：1）投标函；2）投标人资格、资信证明文件；3）投标项目方案及说明；4）投标价格；5）投标保证金或者其他形式的担保；6）招标文件要求具备的其他内容。

（8）送标。投标小组根据招标方要求的清单和份数，将投标方的资格文件和报价文件进行装订，并在招标公告规定的截止日期前密封送达投标地点。招标人或者招投标中介机构对在提交投标文件截止日期后收到的投标文件，应不予开启并退还。招标人或招投标中介机构应对收到的投标文件签收备案，投标人有权要求招标人或者招投标中介机构提供签收证明。投标人可以撤回、补充或者修改已提交的投标文件，但是应当在提交投标文件截止日之前，当面通知招标人或招投标中介机构。

（9）中标。评标委员会按照招标文件确定的评标标准和方法，对招标文件进行评审和比较；设有标底的，应当参考标底。评标委员会完成评标后，应当向招标人提出书面评标报告，并推荐合格的中标候选人。招标人根据评标委员会提出的书面评标报告和推荐的中标候选人确定中标人。招标人也可以授权评标委员会直接确定中标人。招标委员会或招投标中介机构编制并向中标者送达《中标通知书》。

（10）签订合同。招标合同对双方的责任、权利、价格及违约、争议等进行约定。

（11）文档资料保存。投标小组对投标过程中形成的各类资料进行汇总保存，并及时交档案管理部门进行备案。

（二）招投标过程的主要文件

1. 招标文件

《中华人民共和国招标投标法》第十九条规定：“招标人应当根据招标项目的特点和需要编制招标文件。招标文件应当包括招标项目的技术要求、对投标人资格审查的标准、投标报价要求和评标标准等所有实质性要求和条件以及拟签订合同的主要条款。国家对招标项目的技术、标准有规定的，招标人应当按照其规定在招标文件中提出相应要求。”

招标文件一般应至少包括下列内容：

（1）招标人须知，每个条款都是投标人应该知晓和遵守的规则的说明。

（2）招标项目的性质、数量。

（3）技术规格。招标项目的技术规格或技术要求是招标文件中的重要内容，是招标项目在技术、质量方面的标准。

（4）招标价格的要求及其计算方式。

（5）评标的标准和方法。评标时只能采用招标文件中已列明的标准和方法，不得另定。

（6）交货、竣工或提供服务的时间。

（7）投标人应当提供的有关资格和资信证明文件。

（8）投标保证金的数额或其他形式的担保。

（9）投标文件的编制要求。

（10）提供投标文件的方式、地点和截止时间。

（11）开标、评标的日程安排。

（12）主要合同条款。合同条款应标明将要完成的工程范围、供货范围、招标人与中标人各自的权利和义务。

2. 投标书

投标书的内容与格式是由招标方决定的，没有统一的格式。仓储业务投标书通常包含以下内容：

（1）公司的资质。公司的资质，如公司的营业执照等，表明公司具有一定的资质，符合招标方对企业的要求。

（2）公司情况简介。公司情况主要包括公司的资产状况、组织结构、人员构成、公司硬件设施（如车辆、仓库信息等）、仓储网络、公司的信息系统建设等。

（3）业务流程。业务流程包括收货、理货、入库、仓储保管、补货、分拣、流通加工、配送等。

（4）公司仓库状况。因为仓库是仓储业务的载体，所以为了证明本企业能够提供满意的仓储服务，仓储企业要对自己的仓储网点以及仓库布局、设备等进行介绍。

（5）仓储保管方案设计。针对招标方的业务要求，设计仓储保管方案是投标书的重点内容，仓储企业要尽量按照招标方的需求进行设计。

（6）保障与支持系统。为了较好地实现招标方的业务需求，仓储企业在设计保管方案时应提供保障与支持系统，其包含制度的建设、专门组织的成立、资产的购置等内容。

（7）收费方案。

（8）公司的成功案例。成功的案例可以从侧面表明仓储企业的能力。

投标书模板：

投标书

投标单位名称：××物流有限公司

投标项目：××电器销售有限公司家电产品区域配送

我公司按照贵公司物流部《××公司家电产品区域仓储配送招标书》的要求进行投标，我公司能够严格做到和遵守《××公司家电产品区域仓储配送招标书》和《200×年××产品区域仓储配送基本要求》的要求，为更好地为贵公司服务，特制定此运输方案和投标报价，详见附件。请予收标。

单位地址：　　　　　　　　　　联系方式：

项目负责人：　　　　　　　　　电话：

传真：　　　　　　　　　　　　电子邮箱：

投标时间：

任务实施

背景资料：

各组根据成立的仓储公司，确定自己的经营业务，对供应商进行选择。为了公平起见，我们采取招投标形式，对供应商进行招标，各组结合自身情况撰写一份招标书。建议学生 3～5 人一组，在教师指导下完成。

操作过程：

（1）学生每 5 人为一个小组，每组选一名学生作为组长。

（2）以小组为单位撰写招标书。

（3）教师辅以必要的指导，体现以学生为主体的教学特色。

（4）纸、笔、计算机、多媒体设备

（5）设计招投标基本流程（见表 2-15）。

表 2-15　设计招投标基本流程（学生自用）

招投标基本流程：

（6）小组讨论后确定招标书（见表 2-16）。

表 2-16　招标书（小组用）

组长：______　　成员：______________________________ 招标书（可另附纸）：

任务评价：

（1）由教师和学生共同讨论，根据各组的招标书进行评价（见表 2-17），给出成绩（小组互评、学生自评、教师评价相结合）。

表 2-17　任务评价表

项目名称	内容	分值（分）	实际得分
评价标准	工作态度	10	
	沟通、协调能力	10	
	招投标流程	20	
	招标书	20	
	分工的明确性	20	
	团队合作意识	10	
	分析问题和解决问题的能力	10	
合计		100	

测评小组：　　　　被测评人：

（2）招标书调整与建议：根据小组互评、学生自评以及教师给出的建议改进和调整（具体内容见表 2-18）。

表 2-18　招标书调整与建议

需要改进和调整的内容		
优点		
学习成果提交	项目	签字
	招标书	
学习收获及心得体会：		

任务小结

本任务介绍了仓储企业客户开发的流程和关键控制点。仓储企业应通过对客户进行调查，广泛收集客户资料，挖掘和调查潜在客户，根据调研数据对客户进行评价，确定开发计划，根据客户开发计划选择恰当的时机进行拜访和业务洽谈，以便促成合同的签订。招投标是市场经济条件下进行采购的一种交易方式，仓储企业必须要对招标这一方式进行研究，熟悉招投标工作的基本流程和投标书的基本制作方法，掌握一定的投标技巧，同时学会制作完整、科学的投标书。

任务五
仓储合同管理

任务导入

2022年8月27日，原告（某销售公司）与被告（某物流公司）签订冷库租赁合同，合同约定期限为2022年10月7日至2023年10月7日，费用21 000元，且约定温度必须保持在−5℃～5℃。合同签订后，原告将2 063件苹果存放在被告冷藏库中，原告不定时地从被告仓库中提货经营。2023年2月底，原告发现提出来的苹果腐烂，询问被告，被告不予回答，这时，原告还有1 038件苹果在被告冷藏库内。2023年3月，原告发现腐烂数量增多后，多次找被告协商，被告均推脱。2023年4月，原告找到被告再次询问，被告答复说要去冷藏库调数据，且要求原告承担5 000元的调温度费用，原告同意后被告再找理由推脱。2023年6月，被告告知原告冷藏库数据损毁，无法调出。2023年7月，原告的苹果已经无法处理，其中有136件腐烂在被告仓库中，处理中的苹果空箱192件。在此期间，原告得知被告私自挪动原告的货物。原告找被告协商解决，但是未能达成协议。综上所述，原告认为，被告作为冷藏库的经营者，因其原因导致原告损失折价74 312元，应承担赔偿责任。为维护合法权益，原告诉至××区中级人民法院，请求人民法院支持诉讼请求。

被告辩称，原、被告双方签订的是租赁合同，不是仓储合同，对于原告的损失，被告不应承担责任。关于原告提出的温度问题，被告认为没有因果关系，因为果品的腐烂是由多种原因造成的，不一定是被告造成的。在果品腐烂后，原告未及时进行鉴定，不能确定果品腐烂原因及责任。被告冷冻客户很多，只有原告的苹果出现腐烂，并且原告诉求赔偿的74 312元没有鉴定部门认定，数据来源是不清楚的，不应当由被告承担。

任务分析

本案原、被告签订的冷库租赁合同是双方真实意思表示，未违反法律强制性规定，法院予以确认。双方当事人应当按照合同约定全面履行自己的义务。本案原告将仓储物（苹果）交由被告冷藏后，被告应当妥善保管仓储物。本案被告在原告对冷藏库温度提出质疑后未妥善处理，而是在冷藏库出故障后才私自将原告的仓储物（苹果）移库，对原告仓储物（苹果）腐烂变质有一定过错，应当对原告的损失作价赔偿。原告要求按苹果出售价为137.5元每件计算损失，因被告无相关证据予以反驳，法院予以确认。原告未出库 136 件已腐烂变质苹果的损失为 136 件×137.5 元＝18 700 元，被告应当赔偿。原告已出库苹果的损失因缺乏相关证据证实，法院不予支持。

被告的抗辩理由因无证据支持，法院不予采信。综上，依照《中华人民共和国民法典》（以下简称《民法典》）第五百零九条、第五百二十四条，最高人民法院《关于适用〈中华人民共和国民事诉讼法〉的解释》第九十条之规定，判决如下：

1. 被告于本判决书生效之日起十日内给原告向某某赔偿仓储物（苹果）损失 18 700 元；

2. 驳回原告其他诉讼请求。如果未按本判决指定的期间履行给付金钱义务，依照《中华人民共和国民事诉讼法》第二百六十四条之规定，应当加倍支付迟延履行期间的债务利息。

案件受理费 1 658 元，减半收取 829 元，由原告承担 693 元，由被告承担 136 元。

课前预习

1. 你认为仓储合同重要吗？

____

____

2. 你认为在签订仓储合同时应注意哪些问题？

____

____

3. 你认为仓储合同出现纠纷时，应如何处理？

____

____

4. 你认为仓储纠纷应提供哪些证据？

____

____

相关知识

一、仓储合同概述

（一）仓储合同的概念

仓储合同，又称仓储保管合同，是指仓储保管人接受存货人交付的仓储物，并进行妥善保管，在仓储期满将仓储物完好地交还，保管人收取保管费的协议。仓储合同是存货方和保管方为了加速商品的流转、合理利用仓容、保管好货品、提高经济效益而明确双方的权利、义务关系的协议。仓储合同的特点包括以下几个：

（1）保管人必须是具有仓库营业资质的人，即拥有仓储设备并从事仓储保管业务的人。《民法典》合同编第二十二章仓储合同规定，保管人有以下义务：（1）给付保管凭证的义务；（2）妥善保管保管物的义务；（3）负有返还保管物的义务；（4）储存期内，因保管不善造成仓储物毁损、灭失的，保管人应当承担赔偿责任。

（2）仓储合同的对象仅为动产，不动产不可能成为仓储合同的对象。

（3）仓储合同为诺成合同。仓储合同自成立时起生效。

（4）仓储合同为双务、有偿合同。保管人承担储存、保管的义务，存货人承担支付仓储费的义务。

（二）仓储合同的种类

1. 保管仓储合同

保管仓储合同是指仓库经营人提供完善的仓储条件，接受存货人的仓储物进行保管，在保管期届满，将原先收保的仓储物原样交还给存货人而订立的仓储合同。保管仓储合同的仓储物为确定物，保管人需要原样返还。保管仓储合同特别重视对仓储物的特定化，且保管人严格承担归还原物的责任。

2. 混藏仓储合同

混藏仓储是指存货人将一定品质和数量的仓储物交付给保管人，保管人将合同存货人的同样仓储物混合保存，存期届满时，保管人只需以相同种类、品质、数量的商品返还给存货人，并不需要原物归还的仓储方式。这种仓储方式常见于粮食、油品、矿石或保鲜期较短的商品的储藏。混藏仓储合同的标的物为确定种类物，保管人严格按照约定的数量、质量承担责任，并且没有合理损耗的权利。混藏仓储合同具有保管仓储物价值的功能，其对于仓储货物的品质、数量需要有明确的认定、完整的描述。当保管人向提货人交还仓储物时，如果不能按照合同规定，需要补偿提货人的损失。

3. 消费仓储合同

消费仓储合同是指存货人在存放商品时，同时将商品的所有权转移给保管人，保管期满时，保管人只需将相同种类、品质、数量的替代物返还给存货人的仓储合同。存放期间的商品所有权归保管人，即保管人可以对商品行使所有权。消费保管的经营人一般具有商品消费的能力，如面粉加工厂的小麦仓储、加油站的油库仓储、经营期货交易的保管人等。在消费仓储合同下，仓储物所有权转移到保管人，保管人需要承担所有权人的权利和义务。消费保管的经营人除了约定的仓储费外，更多的是获取仓储物与到期购回仓储物之间的差价。

4. 仓库租赁合同

仓库租赁是指仓库所有人将所拥有的仓库以出租的方式开展仓储经营，由存货人自行保管的仓储经营方式。仓储人只提供基本的仓储条件，进行一般的管理，如环境管理、安全管理等，并不直接对所存放的商品进行管理。仓库租赁合同严格意义上来说不是仓储合同，只是财产租赁合同，但是由于出租方具有部分仓储保管的责任，具有仓储合同的一些特征。

（三）仓储合同当事人

仓储合同当事人分别为存货人和保管人。

1. 存货人

存货人是指将仓储物交付仓储的一方。存货人必须是具有将仓储物交付仓储的处分权的人，可以是仓储物的所有人，如货主；也可以是只有仓储权利的占有人，如承运人；还可以是受让仓储物但未实际占有仓储物的拟似所有人，或者是有权处分人，如人民法院、行政机关等。收货人可以是法人、非法人组织、个人等的企业、事业单位、个体工商户、国家机关、社会团体等。

2. 保管人

保管人为仓储货物的保管一方。根据《民法典》相关规定，保管人必须具有仓储设备和专门从事仓储保管业务资格。也就是说，保管人必须拥有仓储保管的设备和设施，具有仓库、场地、货架、装卸搬运设施、安全、消防等基本条件；取得相应的公安、消防部门的许可。从事特殊保管业务的，保管人应符合特殊保管的条件要求。保管人可以是独立的企业法人、企业分支机构，或个体工商户、其他组织等专门从事仓储业务的仓储经营者，也可以是车站、码头的兼营机构，以及从事配送经营的配送中心。

（四）仓储合同标的和标的物

1. 仓储合同标的——仓储保管行为

仓储合同标的是指合同关系指向的对象，也就是仓储合同当事人权利和义务共同指向的对象。存货人应按时交付货物、支付仓储费，保管人应给予养护，保管期满，完整归还存货人的货物，因此仓储合同是一种行为合同，一种双方当事人都要行为的双务合同。

2. 仓储合同标的物——仓储物

仓储合同标的物是标的的载体和表现。仓储合同标的物是存货人交存的仓储物。如果仓储货物的质量、数量完好，说明保管人保管行为良好。仓储物可以是生产资料，如生产原料、配件、组件、生产工具、运输工具等；也可以是生活资料，如一般商品。仓储物必须是动产，并且是有形的实物动产，具有具体的物理形状，并且能够移动到仓储地进行仓储保管。不动产不能成为仓储物，货币、知识产权、数据、文化等无形资产和精神产品不能作为仓储物。

二、仓储合同的订立

（一）仓储合同订立程序

只要存货人与保管人之间依法就仓储合同的有关内容经过要约与承诺的方式达成意思表示一致，仓储合同即告成立。因为要约与承诺直接关系到当事人的利益，决定合同是否成立，所以我们将之称为合同订立的实质阶段。

1. 要约

要约是指订约人一方以订立合同为目的，向对方所作出的意思表示。发出要约的当事人称为要约人，而要约所指向的当事人则称为受要约人。作为要约的意思表示应当符合下列条件：(1) 要约必须是以订立合同为目的的意思表示；(2) 要约必须是特定人的意思表示；(3) 要约必须是向受要约人发出的意思表示；(4) 要约的内容具体确定。在仓储合同中，要约的内容包括标的物数量、质量、仓储费用，即使没有具体的数量、质量和仓储费用表述，也可以通过具体的方式来确定这些内容。

2. 承诺

承诺是指受要约人同意要约内容的意思表示。承诺必须在要约的有效期限或合理期限内作出，并与要约的内容一致。承诺必须具备下列条件：(1) 承诺必须由受要约人向要约人作出；(2) 承诺的内容必须与要约的内容一致；(3) 承诺必须在要约的有效期内作出。在仓储合同中，当事人如果对相关规定并无异议，做出了承诺，即表明合同成立。

(二) 仓储合同的形式

根据《民法典》的规定，当事人订立合同，可以采用书面形式、口头形式或者其他形式。电报、电传、传真、电子数据交换等都可以作为书面形式。因而当事人可以采用书面形式、口头形式或者其他形式订立仓储合同，订立仓储合同的要约、承诺也可以是书面形式、口头形式或者其他形式。

由于仓储的货量大、存期长，涵盖配送、加工等业务，还会涉及仓单所有人的第三人，因此，仓储合同适用完整的书面合同形式，这样有利于合同保存、履行和发生争端时的处理。

(三) 仓储合同的内容

仓储合同应具备的内容有：仓储物的品名或品类，仓储物的数量、质量、包装，仓储物验收的内容、标准、方法、时间，仓储物的储存条件和储存要求，仓储物进出库手续、时间、地点、运输方式，仓储物的损耗标准和损耗处理，计费项目、标准和结算方式、银行账号、时间，责任划分和违约处理，储存期限，变更或解除合同的期限，其他事项。

1. 仓储物的品名或品类

仓储物的品名或品类是指仓储物的名称，即全称、标准名称或类别的标准名称。在订立仓储合同时，存货人和保管人必须清晰、明确地规定仓储物的品名或品类，如果有代号，应标明代号的全名，不符合法律规定的货物不能保管。

2. 仓储物的数量、质量、包装

仓储物的数量是指所存仓储物的多少，在确定合同数量时，有国家计划的，存货人和保管人应首先依据国家计划来确定；没有国家计划的，存货人和保管人应协商确定，双方应实事求是，保管人应考虑自己的仓储能力。仓储合同应明确规定仓储物的总量、计量单位等，数字要清晰无误。

仓储物的质量是指所存仓储物的优劣或好坏程度。在确定仓储物质量时，合同双方当事人应采用国家标准或国际标准（涉及国际仓储业务）等。目前，我国实行的标准有国家标准、专业（部颁）标准、企业标准和协商标准。有国家标准的应采用国家标准，没有国家标准而有专业（部颁）标准的采用专业（部颁）标准；没有国家标准、专业（部颁）标准而有企业标准的，合同双方当事人应按企业标准执行；前三种标准都没有的，当事人可以协商标准。在确定质量时，合同双方应写明质量标准的全名。在采用协商标准时，合同双方当事人对质量的要求要清楚、明确、详细、具体地写入合同中。

仓储物的包装是指使用各种容器、材料盛装或包扎仓储物，包装的目的是保护仓储物不受损害。仓储物的包装有国家标准或专业标准的，合同双方当事人应按国家标准或专业标准执行；没有国家标准或专业标准的，当事人应在保证储存安全的前提下协商议定。

3. 仓储物验收的内容、标准、方法、时间

存货人交付仓储物给保管人储存时，保管人负责验收。保管人验收时对仓储物的品名、规格、数量、质量和包装状况等按包装上的标记或外观直辨进行验收；无标记的以存货人提供的验收资料为准。对于散装仓储物，保管人应按国家有关规定或合同约定验收。合同双方当事人应在合同中确定具体采用全验还是按比例抽验的验收方法。验收期限从仓储物和验收资料全部送达保管人之日起，至验收报告送出之日止。

4. 仓储物的储存条件和储存要求

仓储物在仓库储存期间，由于仓储物的自然性质不同，对仓库的外界条件和温度、湿度等都有特定的要求，如肉类食品要求在冷藏条件下储存；纸张、木材、水泥要求在干燥条件下储存；精密仪器要求在恒温、防潮、防尘条件下储存，因此，合同双方当事人应根据仓储物的性质选择不同的储存条件，在合同中明确约定。保管人如因仓库条件所限，达不到存货人的要求，则存货人不能勉强接受。对于某些较特殊的仓储物，如易燃、易爆、易渗漏、有毒等危险仓储物，在储存时，保管人需要有专门的仓库、设备以及专门的技术要求，这些都应在合同中一一注明。必要时，存货人应向保管人提供仓储物储存、保管、运输等方面的技术资料，以防止发生仓储物毁损、仓库毁损或人身伤亡。例如，挥发性易燃液体在入库、出库时，保管人如不了解该液体的特性，采用一般仓储物的装卸方法，可能造成大量液体挥发外溢，酿成火灾。特殊仓储物需特殊储存条件、储存要求的，存货人应事先向保管人交代清楚。

5. 仓储物进出库手续、时间、地点、运输方式

由存货人或运输部门、供货单位送货到库的，或由保管人负责到供货单位、车站、港口等处提运的仓储物，保管人必须按照正常验收项目进行验收，或按国家规定当面交接清楚，分清责任。交接中发现问题，供货人在同一城镇的，保管人可以拒收；外埠或

本埠港、站、机场、邮局到货，保管人应予接货，妥善暂存，并在有效验收期内通知存货人和供货人处理。对于仓储物的出库，合同双方当事人应明确存货人自提、保管人送货上门或者保管人代办运输的责任。

6. 仓储物的损耗标准和损耗处理

仓储物在运输过程和储存中会发生数量、重量的减少，对这些损耗，合同双方当事人应明确规定相应标准以作为划分正常与非正常损耗的界限。正常损耗不认为是损耗，视为符合合同要求履行；非正常损耗由运输或保管过程中的责任人负责。

7. 计费项目、标准和结算方式、银行账号、时间

计费项目、标准是指保管人收取费用的项目和标准，有国家规定的计费项目和标准的，按国家规定执行；没有国家规定的，合同双方当事人可以协商议定。结算方式是指存货人和保管人以何种方式结算。银行账号即合同双方当事人各自的银行账号。时间是指合同双方当事人结算的时间界限，即何时结算、何时结算完毕。以上条款均须在合同中明确、详细规定，以免发生争议。

8. 责任划分和违约处理

责任划分是指存货人和保管人在仓储物入库、仓储物验收、仓储物保管、仓储物包装、仓储物出库等方面的责任。这在合同中应明确规定，划清各自的责任。违约处理是指对保管人和存货人的违约行为的处理方式。违约处理的方式有协商、调解、仲裁、诉讼等，违约责任形式有违约金、赔偿金等。这些在合同中也应明确规定。

9. 储存期限

储存期限，即合同的有效期限。合同一般应规定储存期限，但有的合同也可不规定储存期限，只要存货人按时支付仓储费即合同继续有效。

10. 变更或解除合同的期限

合同双方当事人在确定变更或解除合同的期限时，有国家规定的应按国家规定执行；没有国家规定的，合同双方当事人应在仓储合同中明确规定变更或解除合同的期限。此期限的确定应考虑国家利益及合同双方当事人的利益。

11. 其他事项

与仓储合同有关的仓储物检验包装、保险、运输等事项，也必须在合同中明确规定或另订合同。仓储合同不仅涉及仓储关系，有时还涉及其他关系，如运输、保险等。

（四）仓储合同的格式

仓储合同的格式主要有合同书、确认书、计划表和格式合同。合同双方当事人可以通过双方协议采取任何格式。

1. 合同书

合同书由合同名称、合同编号、合同条款、当事人四部分构成。合同书具有内容全面、形式完整、程序完备的特征，方便合同订立、履行和留存、合同争议的处理。

2. 确认书

确认书有两种形式：一种只列明合同的主要事项，合同的其他条款在其他文件中表达；另一种是将完整合同事项列在确认书中，形式相当于合同书。合同双方当事人在采取口头、传真、电子数据等形式商定合同时，为了明确合同条款和合同订立方式，常采用一方向另一方签发确认书的方式来确定合同。

3. 计划表

计划表是长期仓储合同的补充合同或执行合同。合同双方当事人在订立长期仓储合同时，对具体仓储的安排较多采用计划表的形式，由存货人定期制订仓储计划交保管人执行。

4. 格式合同

格式合同是由一方事先拟定，并在市场监督管理部门备案的单方确定合同。对于仓储次数多、批量小的公共仓储，如车站仓储等保管人可以采取格式合同。在订立合同时是由保管人填写仓储物、存期、费用等变动事项后直接签发并让存货人签字，合同双方当事人不进行条款协商。

三、仓储合同的履行

（一）保管人、存货人的义务

1. 保管人的义务

（1）给付仓单的义务。仓单既是存货人已经交付仓储物的凭证，又是存货人或仓单持有人提取仓储物的凭证。因此，保管人在存货人交付仓储物时给付仓单就成为一项重要的义务。存货人或仓单持有人以仓单所记载的内容向仓储保管人主张权利，保管人以仓单所记载的内容向存货人或仓单持有人履行义务。

（2）仓储物入库时的验收义务与通知义务。保管人在接受存货人交存的货物入库时，应当按照合同的约定对货物进行验收，验收项目一般包括货物的品名、规格、数量、外包装状态等。在验收中发现仓储物与合同约定不相符合的，保管人有及时通知存货人的义务。如果保管人怠于通知，视为仓储物符合合同的约定。

（3）妥善保管储存货物的义务。保管人应当按照合同约定的保管条件和保管要求，妥善保管仓储物。保管人储存易燃、易爆、有毒、有腐蚀性、有放射性等危险物品的，应当具备相应的保管条件。保管期间，保管人应按合同议定的储存条件和保管要求保管货物，并定期进行检盘，使保管的货物不短缺、不损坏、不污染、不灭失，处于完好状态。保管人一旦发现货物出现异状，应及时通知存货人处理。未经存货人允许，保管人无权委托第三方代管。

（4）危险通知义务。当仓储物出现危险时，保管人应及时通知存货人或者仓单持有人。危险情况包括保管人在货物验收时发现不良情况、发生不可抗力损害、仓储物变质、仓储事故导致损坏等，以及其他涉及仓储物所有权的情况。存货人掌握仓储物的状态是存货人所有权的体现。对于仓储物的危险涉及仓储物的交易、保险以及可能造成的进一步损害，存货人及时掌握和采取措施处理，有利于减少损失。如果保管人违反通知义务，给存货人的仓储物造成腐蚀、污染等损害的，存货人不承担责任。

（5）返还仓储物的义务。保管期限届满，或因其他事由终止合同时，保管人应将储存的原物返还给存货人或仓单持有人，保管人不得无故扣押仓储物。仓储合同没有明确存期和交还地点的，存货人或仓单持有人可以随时要求提取仓储物，保管人应在合理的时间内交还仓储物。同样，保管人也可以随时要求存货人提取仓储物。储存期满，保管人在催告存货人提货期满后，可以提存仓储物。

（6）送货与发货的义务。如果合同约定在仓储期限届满后，由保管人送货上门的，保管人应按照合同规定的时间、数量，将货物送至存货人。如果合同约定由保管人代办运输，保管人应负责向运输部门申报运输计划，办理托运手续。

2. 存货人的义务

（1）按照合同的约定交存货物入库。存货人应当按照合同约定的品种、数量、质量、包装等将货物交付给保管人入库，并在验收期间向保管人提供验收资料。存货人不能全部或部分按照约定入库储存货物的，应当承担违约责任。存货人应按照合同的约定负责货物的包装，因包装不符合要求而造成货物损坏的，由存货人负责。因存货人未提供验收资料，或者提供的验收资料不齐全、不及时而造成验收差错及其他损失的，也由存货人负责。

（2）如实告知货物情况的义务。存货人要求保管人储存易燃、易爆、有毒、有放射性等危险物品或者易腐等特殊货物时，应当说明物品的性质和预防货物发生危险、变质的方法，同时提供有关保管运输等方面的技术资料，并采取相应的防范措施。保管人因存货人未将危险物品情况如实告知自己，而导致该货物造成损害的，存货人应承担损害赔偿责任。

（3）支付仓储费。仓储费是保管人因其保管行为所取得的报酬，一般而言，仓储费应在存货人交付仓储物时提前支付，而非提取货物时支付。所以，存货人应依仓储合同或仓单规定的仓储费，按时交纳给保管人。

（4）偿付其他必要费用。其他必要费用是指为了保护存货人的利益或避免损失发生而支出的费用，包括运费、修缮费、保险费、转仓费等。请求存货人支付上述费用时，保管人应出示有关清单和登记簿。如果仓储合同中规定的仓储费包括必要费用，存货人不必再另行支付。

（5）按照合同的约定及时提取货物。仓储合同期限届满，存货人应及时提取货物，存货人应当凭借仓单提取仓储物，提取仓储物后应交回仓单。

（二）保管人、存货人的权利

1. 保管人的权利

（1）收取仓储费的权利。仓储费是保管人订立合同的目的，是对仓储物进行保管所获得的报酬，是保管人的合同权利。保管人有权按照合同约定收取仓储费或在存货人提货时收取仓储费。

（2）验收货物的权利。验收货物不仅是保管人的义务，而且是保管人的一项权利。保管人有权对货物进行验收。在验收过程中，保管人若发现货物溢短，对溢出部分可以拒收，对于短少的有权向存货人主张违约责任。

2. 存货人的权利

（1）仓储物的领取权。合同双方当事人对保管期间没有约定或约定不明确的，保管人可以随时要求存货人领取保管物；约定不明确的，保管人无特别事由，不得要求寄存人提前领取仓储物，但存货人可以随时领取仓储物。

（2）获取仓储物孳息的权利。如果仓储物在保管期间产生了孳息，存货人有权获取该孳息。

（三）仓储合同中的几种特殊权利

1. 存货人对仓储物的检查权

保管人在仓储物的占有期间，仓储物的所有权仍然属于存货人。存货人为了防止货物在储存期间变质或有其他损坏，有权随时检查仓储物或者提取样品，但检查仓储物或提取样品的行为，不得妨碍保管人的正常工作。如果保管人无正当理由拒绝存货人检查仓储物并提取样品，仓储物发生变质或有其他损害的，保管人应当承担赔偿责任。

2. 保管人对仓储物的提存权

《民法典》第九百一十六条规定："储存期限届满，存货人或者仓单持有人不提取仓储物的，保管人可以催告其在合理期限内提取；逾期不提取的，保管人可以提存仓储物。"所谓提存，是指债权人无正当理由拒绝接受履行或其下落不明，债权人一时无法确定，致使债务人难于履行债务，经公证机关证明或人民法院的裁决，债务人可将履行的标的物提交有关部门保存。一经提存即认为债务人已经履行了其义务，债权债务关系即行终止。债权人享有向提存物的保管机关要求提取标的物及其孳息的请求权，但须承担提存期间标的物损毁灭失的风险并支付因提存所需要的保管或拍卖等费用，且提取请求权自提存之日起5年内不行使而消灭。

一般来说，首先应由保管人向提存机关呈交提存申请书。提存申请书应当载明提存的理由、标的物的名称、种类、数量以及存货人或提单所有人的姓名、住所等项内容。其次，仓管人应提交仓单副联、仓储合同副本等文件，以此证明保管人与存货人或提单持有人的债权债务关系。此外，保管人还应当提供证据证明自己催告存货人或仓单持有人提货而对方没有提货，至该批货物无法交付其所有人。

这两项权利是法律根据仓储合同的独有特点赋予仓储当事人双方的特定权利，合同双方当事人应充分、合理地行使这些权利，从而最大限度地保护自己的利益。

四、仓储合同的转让、变更、解除和终止

（一）仓储合同的转让

仓储合同的转让是指仓储合同的一方当事人依法将其合同权利义务全部或部分转让

给合同以外的第三人，即合同主体的变更，而合同的客体和内容都不发生变化。仓储合同的转让有以下特征：

（1）仓储合同的转让会发生合同主体的变化。也就是说，仓储合同的转让通常将导致第三人代替原仓储合同当事人一方而成为合同当事人，或者由第三人加入仓储合同关系之中成为合同当事人。

（2）仓储合同的转让并不改变原合同的权利义务内容。这一特征使合同转让与合同的变更或解除区别开来，合同的变更或解除主要是指合同的客体、内容的改变或消灭，如变更合同标的物、变更保管费用等。

（3）仓储合同的转让主要是在转让人和受让人之间完成的。由于合同的转让涉及原合同当事人的利益，因此合同义务的转让应取得原合同当事人另一方的同意，而转让权利应及时通知原合同当事人另一方。

（二）仓储合同的变更

仓储合同的变更是指对已生效的仓储合同的内容进行修改或补充，并不改变原合同的关系和本质事项。变更后的仓储合同同样具有法律效力，合同双方当事人都应遵守合同的规定，切实履行义务。变更仓储合同不一定是合同双方当事人再订立一份形式上统一的变更原合同的协议，当事人之间来往的有关协商同意修改合同的信函、电报等也可以构成有效的变更原合同的协议。

对方是否同意变更要在给定的期限内给予回答，不予回复视为同意变更。例如，仓储费率提高，保管人提出变更请求，若存货人同意仓储费按变更后支付，变更前费率不变；若存货人并未支付仓储费，保管人可请求赔偿。如仓储合同对于仓储物数量的规定是1月份交付10吨，而实际存货人1月份交付50吨，2月份交付150吨，并提出变更数量，此时保管人可提出索赔。

（三）仓储合同的解除

仓储合同的解除方式包括：

（1）双方协议解除合同。合同双方当事人通过协商或者通过行使约定的解除权而导致仓储合同的解除，仓储合同协议解除又可以分为事后协议解除和约定解除两种。

（2）法律规定解除合同。仓储合同的法定解除是指仓储合同有效成立后，在尚未履行或尚未完全履行之前，当事人一方行使法律规定的解除权而使合同效力归于消灭。仓储合同一方当事人所享有的这种解除权是由法律明确规定的，只要法律规定的解除条件成立，依法享有解除权的一方就可以行使解除权，而使仓储合同关系归于消灭。

（四）仓储合同的终止

仓储合同的终止是指合同双方当事人之间因仓储合同而产生的权利义务关系由于某种原因而归于消灭，不再对双方具有法律约束力。

五、仓储合同违约责任和免责

（一）仓储合同违约的责任形式

《民法典》第五百七十七条规定："当事人一方不履行合同义务或者履行合同义务不符合约定的，应当承担继续履行、采取补救措施或者赔偿损失等违约责任。"从实际出发，我们认为承担违约责任的具体形式应该包括：

1. 继续履行

继续履行是指在一方违反合同的情况下，另一方有权请求违约方继续按照合同规定履行义务，除了法律另有规定外，另一方应当继续履行。虽然依照法律或者合同规定，违约方要承担支付违约金或者赔偿金的责任，但违约金和赔偿金只能补偿受害方所损失的经济利益，并不能代替实际履行合同，也就是说，受害方没能达到订立合同的目的。因此，受害方要求继续履行合同时，违约方应按要求或者双方新的约定，继续履行。违约方不能以已经支付违约金或者赔偿金为由拒绝继续履行。继续履行包括一定财产、工作、劳务或者产品的数量、质量上的继续履行：如果违约方对应交付的产品、工作成果没有交付或者交付不足，就要在继续履行的期限内按要求交付或者补足；如果违约方交付的产品在数量或者质量上不符合规定，就要在继续履行期限内交足数量、进行无偿修理或者更换。由此可见，继续履行可以起到违约金或者赔偿金起不到的作用，它可以实现当事人双方订立合同所要达到的目的。

2. 采取补救措施

履行债务的标的物品质不符合合同约定的条件，在无须继续履行而只需采取适当补救措施时，即可达到合同目的或者守约方认为满意的目的。例如，交付的产品质量不符合约定的，受损害方根据标的的性质以及损失的大小，可以合理选择要求对方承担修理、更换、重作、退货、减少价款或者报酬等违约责任。《民法典》第五百八十三条规定："当事人一方不履行合同义务或者履行合同义务不符合约定的，在履行义务或者采取补救措施后，对方还有其他损失的，应当赔偿损失。"

3. 支付违约金

违约金是指合同各方在合同中约定的一方或各方违约时，违约方要支付给守约方一定数额的货币，以弥补守约方损失同时兼有惩罚违约行为作用的违约责任方式。承担违约责任后，是否还要继续履行或采取补救措施，可由合同各方协商确定。但是，当事人就迟延履行约定违约金的，违约方支付违约金后，还应当履行债务。违约金的约定虽然属于当事人所享有的合同自由的范围，但这种自由不是绝对的，而是受限制的。《民法典》第五百八十五条规定："约定的违约金低于造成的损失的，人民法院或者仲裁机构可以根据当事人的请求予以增加；约定的违约金过分高于造成的损失的，人民法院或者仲裁机构可以根据当事人的请求予以适当减少。"

4. 支付赔偿金

赔偿金是指合同各方在合同中约定的，一方因违约给对方造成实际损害的，按实际损害数额给予赔偿的责任承担方式。当事人在履行义务或者采取补救措施后，对方还有其他损失的，应当赔偿损失。损害赔偿具有典型的补偿性，它以违约行为造成对方财产损失的事实为基础。没有损害事实就谈不上损害赔偿。这是损害赔偿不同于违约金的根本所在。赔偿损失也有一定的限制，即损害赔偿额应相当于因违约所造成的损失，包括合同履行后可以获得的利益，但不得超过违反合同一方订立合同时预见到或应当预见到的因违反合同可能造成的损失，即合理预见规则。损害赔偿直接关系到当事人双方的物质利益分配，体现着违约责任的作用，是一种较普遍的责任方式，应当给予足够的重视。

5. 定金罚则

当事人可以约定定金，定金按照《民法典》规定执行，但如果同时约定定金和违约金，当事人可选择适用其一。《民法典》第五百八十七条规定："债务人履行债务的，定金应当抵作价款或者收回。给付定金的一方不履行债务或者履行债务不符合约定，致使不能实现合同目的的，无权请求返还定金；收受定金的一方不履行债务或者履行债务不符合约定，致使不能实现合同目的的，应当双倍返还定金。"因此，定金具有惩罚性，是对违约行为的惩罚。《民法典》规定定金的数额不得超过主合同标的额的 20％。

6. 价格处罚

价格处罚是对执行国家定价或者指导价的合同当事人，由于逾期不履行合同遇到价格调整时，在原价格和新价格当中执行对违约方不利的那种价格。这是对不按期履行合同的一方当事人从价格结算上的一种惩罚。它仅适用于执行国家定价或者指导价的合同。如前所述，执行国家定价或者指导价的，在合同规定的交付期限内国家价格调整时，按交付时的价格计价。逾期交货的，遇价格上涨时，按原价格执行；价格下降时，按新价格执行。逾期提货的，遇价格上涨时，按新价格执行；价格下降时，按原价格执行。

7. 解除合同

解除合同既是合同的权利义务终止的一种情形，也是作为违约方承担违约责任的一种形式。当一方当事人违约时，另一方（受害方）当事人有权根据法律规定或者合同约定通知违约方解除合同，违约方应承担解除合同的责任。单方解除合同是在特定条件下，即合同一方当事人严重违约或者进行非法活动时，法律赋予受害方的一种特殊权利。受害方解除合同是对违约方的严厉制裁，同时可以避免使自己遭受更大的损失。受害方有权解除合同是由于违约方的严重违约行为所产生的一项权利，通过行使这一权利，使自己不再受原合同的约束。需要指出的是，解除合同并不影响当事人要求赔偿损失的权利，即受害方解除合同后，还有权要求违约方按规定承担其他违约责任。

（二）仓储合同违约责任的免除

违约责任的免除是指一方当事人不履行合同或法律规定的义务，致使对方遭受损失，由于不可归责于违约方的事由，法律规定违约方可以不承担民事责任的情形。仓储合同违约责任的免除有以下几种情况。

1. 不可抗力

不可抗力是指不能预见、不能避免并不能克服的客观情况。具体地说，不可抗力独立于人的意志和行为之外，且其影响合同的正常履行。构成不可抗力的事件众多，一般而言，包括自然灾害和社会事件两种。不可抗力的现实表现主要有过分强烈的自然灾难，如严重的地震、水灾、雨灾、风灾、雪灾、高温、低温等人力所不能或很难抗拒的自然突发情况，而这些情况在订立合同时是不能预见或不能确定的。不可抗力的法律后果有：(1) 迟延履行后的责任；(2) 部分不履行；(3) 不履行。此外，对于不可抗力免责，还有一些必要条件，即发生不可抗力导致履行不能时，债务人须及时通知债权人，还须将经有关机关证实的文书作为有效证明提交债权人。

2. 因自然因素或货物本身的性质而免责

货物在储存期间，由于自然原因，如干燥、风化、挥发、锈蚀等或货物本身的性质如易碎、易腐、易污染等，导致的损失或损耗，一般由存货人负责，保管人不承担责任。

3. 因存货人的过错而免责

在履行仓储合同时，由于存货人的原因造成货物损失的，如包装不符合约定、未能提供准确的验收资料、隐瞒和夹带、存货人的错误指示和说明等，根据受害的程度，可以减轻或者免除保管人的责任。

4. 合同约定的免责

鉴于当事人的利益，双方在合同中约定免责的相关事项，对免责事项造成的损失，不承担相互赔偿责任。例如，合同双方当事人约定货物入库时不验收重量，则保管人不承担重量短少的赔偿责任；约定不检查货物内容质量，保管人不承担非作业保管不当造成的内容变质损坏责任。

六、仓储合同纠纷的解决

仓储合同纠纷是指当事人双方在合同订立后至完全履行之前，因对仓储合同的履行情况、对合同不履行或不完全履行的后果以及合同条款理解不同而产生的争议。仓储合同纠纷的解决方式有以下几种：

（一）协商解决

协商解决是指当事人在自愿基础上直接通过商量、互谅互让，按照国家法律、行政法规和合同约定来达成一致意见，使纠纷得到解决。在实践中，协商解决合同纠纷是常见的一种解决合同纠纷的办法。

（二）调解解决

调解解决是指调解人应仓储合同纠纷当事人的请求，根据有关法律的规定和合同的约定，就双方当事人的合同纠纷对双方当事人进行说服教育，以使双方当事人在互谅互让的基础上达成协议，解决合同纠纷。

（三）仲裁解决

仲裁解决是指仓储合同纠纷的当事人根据有关法律的规定，以协议的方式自愿将合同争议提交仲裁机关，由仲裁庭或仲裁员依据有关法律和事实作出对当事人都有约束力的裁决纠纷解决方式。仲裁解决纠纷是一裁终审的，不存在当事人上诉的问题，裁决一经作出即发生法律效力，裁决书和生效判决书一样具有强制执行效力。

（四）诉讼解决

合同纠纷发生后，当事人协商、调解不成，合同中没有订立仲裁条款，或者事后没有达成书面仲裁协议，均可以直接向人民法院起诉，通过人民法院的审判活动，使合同纠纷最终得到公正、合理的解决。一般而言，仓储合同纠纷由各级人民法院的经济审判庭按照《中华人民共和国民事诉讼法》所规定的程序进行审理。

七、仓单

（一）仓单的概念

仓单是仓储保管人在收到仓储物时，向存货人签发的表示已经收到一定数量的仓储物，并以此来代表相应的财产所有权利的法律文书。签发仓单是仓储保管人的法律义务。《民法典》第九百零八条规定："存货人交付仓储物的，保管人应当出具仓单、入库单等凭证。"

（二）仓单的性质

1. 仓单是提货凭证

仓储保管人保证向仓单持有人交付仓储物。在提取仓储物时，提货人必须向保管人出示仓单，并在提货后将仓单交回保管人注销。若没有仓单，提货人不能直接提取仓储物。

2. 仓单是仓储物所有权的法律文书

仓单是所有权的法律文书。保管人在查验并接收仓储物后向存货人签发的仓单，表明仓储物的所有权并没有转移给保管人，只是将仓储物的保管责任转交给保管人，通过保管人签发的仓单作为仓储物的所有权文书，并由存货人或其他持有人持有。

3. 仓单具有有价证券的作用

仓单是提取仓储物的凭证。存货人或者仓单持有人在仓单上背书并经保管人签字或者盖章的，可以转让提取仓储物的权利。可见，仓单表明存货人或者仓单持有人对仓储物的交付请求权，故为有价证券。

4. 仓单是仓储合同的证明

仓单本身并不是仓储合同，当双方没有订立仓储合同时，仓单作为仓储合同的书面证明，证明合同关系的存在，存货人和保管人按照仓单的记载承担合同责任。

（三）仓单的内容

仓单簿为一式两联。第一联为仓单，在签发后交给存货人；第二联为存根，由保管人保存，以便留存核对仓单。

仓单的内容包括下列事项：

（1）存货人的名称或者姓名、住所、联系方法；

（2）仓储物的品名、数量、质量、包装、件数和标记；

（3）仓储物的损耗标准；

（4）储存场所；

（5）储存期间；

（6）仓储费；

（7）仓储物的保险金额、期间以及保险人的名称；

（8）填发人、填发地和填发日期。

相关链接

保管合同和仓储合同的区别

任务实施

背景资料：

各组根据自己成立的以仓储为主业的物流公司，为客户提供仓储业务服务，根据双方的权利和义务，结合仓储物品的实际情况，拟订仓储合同。建议学生 5 人一组，拟订一份仓储合同，在教师指导下完成。

操作过程：

（1）学生每 5 人为一个小组，每组选一名学生作为组长。

（2）以小组为单位拟订一份仓储合同。

（3）教师辅以必要的指导，体现以学生为主体的教学特色。

（4）纸、笔、计算机、多媒体设备。

（5）小组讨论后，成员共同拟订一份农产品仓储合同（见表 2－19）。

表 2－19　农产品仓储合同（小组用）

组长：______　　成员：________________________ 农产品仓储合同：

任务评价：

（1）由教师和学生共同讨论，根据各组的农产品仓储合同进行评价（见表 2－20），给出成绩（小组互评、学生自评、教师评价相结合）。

表 2-20 任务评价表

项目名称	内容	分值（分）	实际得分
评价标准	工作态度	10	
	沟通、协调能力	10	
	合同的权利	20	
	合同的义务	20	
	农产品仓储合同的规范性	20	
	团队合作意识	10	
	分析问题和解决问题的能力	10	
合计		100	

测评小组：　　　　　　　　　　　　被测评人：

（2）农产品仓储合同调整与建议：根据小组互评、学生自评以及教师给出的建议改进和调整（具体内容见表 2-21）。

表 2-21 农产品仓储合同改进和调整具体内容

需要改进和调整的内容		
优点		
学习成果提交	项目	签字
	拟订一份农产品仓储合同	
学习收获及心得体会：		

任务小结

本任务介绍了仓储合同的概念和种类。仓储合同可以采用书面形式、口头形式或者其他形式。仓储合同经双方当事人协商订立，双方当事人各自承担相应的权利和义务，但仓储合同会随着主客观情况的变化而变化，仓储合同履行过程中会出现仓储合同的转让、变更、解除和终止，以及仓储合同违约责任和免责。仓单是仓储保管人在收到仓储物时，向存货人签发的表示已经收到一定数量的仓储物，并以此来代表相应的财产所有权利的法律文书。它具有提取仓储物、转移仓储物所有权及出质的效力。

项目三
仓库选址布局规划

学习目标

※ **知识目标**

1. 了解仓储选址的影响因素与方法
2. 熟悉货物堆存的方法
3. 掌握仓储选址的方法
4. 选择货物堆存的方法

※ **能力目标**

1. 能够设计仓库布局
2. 能够确定仓储规模，合理进行仓库布局规划
3. 能够了解城市未来发展规划，确定仓库位置

※ **素养目标**

1. 培养沟通能力、团队合作精神
2. 培养逻辑思维能力、创新能力
3. 培养爱岗敬业、大局意识、节能环保意识

学习导图

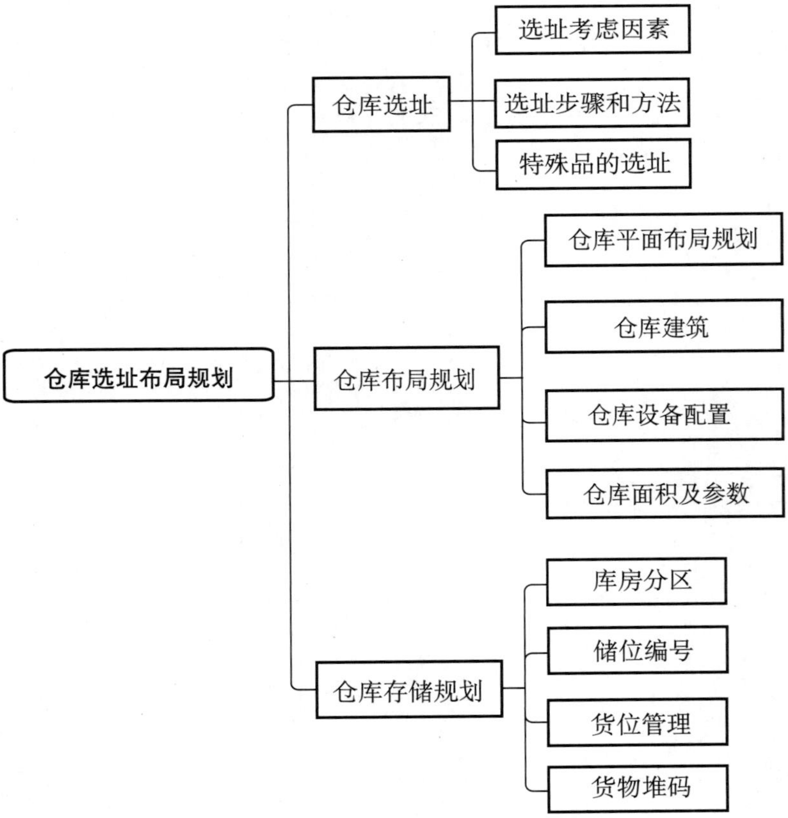

任务一
仓库选址

任务导入

对于仓储企业来说，仓库选址对企业的采购成本、服务成本、服务质量等都有长久的影响。一旦选择不当，它所带来的问题是无法通过对已经建成的仓库采取补救措施所能弥补的。因此仓储企业在进行仓库选址时，应充分考虑多方面的影响，慎重决策。你认为，仓储企业应该如何进行仓库选址？

任务分析

仓库选址是确定仓库的地理位置、数量、规模、供应商、客户等参数的分析过程。仓库选址包括选址和确定仓库数量两个问题。首先，仓储企业应明确选择哪个地区设置仓库；其次，在地区选定以后，仓储企业需要确定在该地区的哪个区域设置仓库；最后，仓储企业还要根据物流业务量及总物流成本（主要是运输与仓储成本）来合理确定所需仓库的数量。课堂上教师应启发和引导学生自主发现问题，接着以小组观察、思考、分析等方式进行探究，从而解决问题。

课前预习

1. 什么是仓库选址？

____

____

2. 影响仓库选址的因素有哪些？

____

____

3. 仓库选址的方法包括哪些？

____

____

4. 鲜活农产品仓库选址时应注意哪些问题？

____

____

相关知识

一、仓库选址应考虑的主要因素

（一）自然环境因素

1. 气象条件

仓储企业应考虑的气象条件包括年降水量、空气湿度、风力、无霜期长短、冻土厚度等。

2. 地质条件

仓储企业应考虑土壤的承载能力。仓库是大宗商品的集结地，货物会对地面形成较大的压力，如果地下存在淤泥层、流沙层、松土层等不良地质环境，则不适宜建设仓库。

3. 水文条件

仓储企业应认真搜集选址地区近年来的水文资料，远离容易泛滥的大河流域和上溢的地下水区域，地下水位不能过高，故河道及干河滩不宜作为仓库选址。

4. 地形条件

仓库应建在地势高、地形平坦的地方，尽量避开山区及陡坡地区，最好选择长方形地块。

（二）经营环境因素

1. 政策环境背景

选择建设仓库的地区具有优惠的物流产业扶持政策，这将对物流业的效益产生直接影响。当地的劳动力素质的高低也是仓储企业需要考虑的因素之一。

2. 商品特性

经营不同类型商品的仓库应该分别布局在不同地区。例如，仓储企业应结合产业结构、产品结构、工业布局等综合考虑生产型仓库的选址。

3. 物流费用

仓储企业应该尽量在接近物流服务需求地建设仓库，如大型工业区、商业区，以便缩短运输距离，降低运费等物流费用。

4. 服务水平

物流服务水平是影响物流产业效益的重要指标之一，所以仓储企业在选择仓库地址时，要考虑是否能及时送达，保证客户无论在任何时候向仓库提出需求，都能获得满意的服务。

（三）基础设施因素

1. 交通条件

仓库位置必须交通便利，最好靠近交通枢纽，如港口、车站、交通主干道（国道、省道）、铁路编组站、机场等，同时有两种不同运输方式衔接。

2. 公共设施状况

仓储企业进行仓库选址时，应确保该地区的道路畅通、通信发达，具有充足的水、电、气、热的供应能力，具备污水和垃圾处理能力。

（四）其他因素

1. 国土资源利用

仓储企业建设仓库时，应充分利用土地，节约用地，充分考虑到地价的影响，同时兼顾区域与城市的发展规划。

2. 环境保护要求

仓储企业必须保护自然与人文环境，尽可能降低对城市生活的干扰，不影响城市交通，不破坏城市生态环境。

3. 地区周边状况

仓储企业进行仓库选址时，应确保：（1）仓库周边不能有火源，不能靠近住宅区；（2）仓库所在地的周边地区的经济发展状况对物流产业有促进作用。

二、仓库选址步骤和方法

仓库的选址可分为两个步骤进行：第一步为分析阶段，具体包括需求分析、费用分析、约束条件分析；第二步为筛选及评价阶段，即仓储企业根据所分析的情况选定具体地点，并对所选地点进行评价。

（一）分析阶段

1. 需求分析

仓储企业须根据物流产业的发展战略和产业布局、供应商的分布情况和某一地区的顾客及潜在顾客的分布进行分析，具体内容有以下几个方面：

（1）工厂到仓库的运输量。工厂到仓库的运输量将直接决定仓库的位置。仓库是供应商和顾客的中转节点，如果工厂到仓库的运输量大于仓库到客户的运输量，则仓库应靠近工厂。

（2）向顾客配送的货物数量与批次。如果需要向顾客小批量多批次配送货物，则仓库应靠近顾客，并且保证覆盖范围能满足整车运输的需求。

（3）仓库预计最大容量。仓储企业进行仓库选址时，除了确定位置，还要考虑仓库预计最大容量。仓库预计最大容量将决定仓库建设对土地、建筑形式、周边道路、交通等基础设施的容量要求。

（4）运输路线的最大容量。运输线路的最大容量决定了仓库货物的吞吐能力。如果运输线路的最大容量较小，那么仓库进出的货物将不能及时运进运出，必然制约仓库功能的发挥。

2. 费用分析

费用分析主要包括：工厂到仓库之间的运输费用、仓库到顾客之间的配送费用、与设施和土地有关的费用及人工费用等，如所需车辆数、作业人员数、装卸方式、装卸机械费等。运输费用随着距离的变化而变动，而设施费用、土地费用是固定的，人工费用是根据业务量的大小确定的。仓储企业在进行费用分析时必须综合考虑以上费用。

3. 约束条件分析

（1）地理位置是否合适：仓库是否靠近铁路货运站、港口、公路主干道，道路是否通畅情况，以及仓库选址是否符合城市或地区的规划。

（2）仓库是否符合政府的产业布局，是否有法律制度约束。

（3）地价情况是否合理。

（二）筛选及评价阶段

分析阶段结束后，仓储企业会得出综合报告。仓储企业应根据分析结果在本地区内初选若干个仓库地址，然后在初选地址中进行评价以确定一个可行的地址，同时编写选址报告并报送主管领导审批。

1. 选址的评价方法

（1）量本利分析法。任何选址方案都有一定的固定成本和变动成本，不同的选址方案的成本和收入都会随仓库存储量的变化而变化。仓储企业运用量本利分析法时，可通过作图或计算比较数值进行分析。计算比较数值时要求计算各方案的盈亏平衡点的储量及各方案总成本相等时的储量，在同一储量点上选择利润最大的方案。

（2）加权评分法。仓储企业对影响选址的因素进行评分时，应将每一地址各因素的得分按权重累计，比较各地址的累计得分来判断各地址的优劣。基本步骤是：1）确定有关因素；2）确定每一因素的权重；3）为每一因素确定统一的数值范围，并确定每一地点各因素的得分；4）累计各地点每一因素与权重相乘的和，得到各地点的总评分；5）选择总评分值最大的方案。

（3）重心法。重心法是一种选择中心位置，从而使成本降低的方法。它将成本看成运输距离和运输数量的线形函数。重心法利用地图确定各点的位置，并将一坐标重叠在地图上确定各点的位置，坐标设定后，计算重心。

2. 撰写选址报告

选址报告主要有以下内容：

（1）选址概述。该项应扼要叙述选址的依据（需求分析）、原则和所制定的方案，并选出一个最优方案。

（2）选址要求及主要指标。该项应说明为适应仓库作业的特点，完成仓储作业应满足的要求，列出主要指标，如库区占地面积、库区内各种建筑物的总面积、仓库需用人工总数、年仓储量、费用总量（包括拆迁费用）等。

（3）仓库位置说明及平面图。该项应说明仓库的具体方位、外部环境，并画出区域位置图。

（4）地质、水文、气象情况，交通及通信条件。

（5）政府对物流产业的扶持力度。

三、特殊储存品种的仓库选址的注意事项

（一）果蔬食品

仓储企业在选址果蔬食品仓库时，应选择入城干道处，以免运输距离过长导致商品损耗过大。

（二）冷藏品

仓储企业在选址冷藏品仓库时，应选择在屠宰场、加工厂附近。由于冷藏设备噪声较大，因此仓储企业应选择城郊仓库。

（三）建筑材料

由于建筑材料仓库因流通量大、占地多、防火要求严格、部分有污染，因此仓储企业应选择在城市周边、交通干线附近建设仓库。

（四）易燃品

仓储企业在选址易燃品仓库时，应选择在城郊独立的地段，如气候干燥的城镇，宜选择大风季节的下风位，应远离居民区，最好在地势低洼处。

相关链接

仓库选址的定量分析方法

任务实施

背景资料：

各组根据本任务的知识点，结合各组公司的业务情况、客户分布、基地所在位置、供应商位置等，并结合经济、环境、政策等因素，搜寻可以建设仓库的候选位置；根据客户店的地理位置相邻顺序对客户的需求量进行排序；利用电子地图求出各组中各分店到每个候选位置的最短距离；每组进行组内配送运输线路优化，计算每一个被选地址到各店的每日总运输距离；比较结果，确定最终位置，并撰写选址方案。

操作过程：

（1）学生每 4 人为一个小组，每组选一名学生作为组长。

（2）能上网的计算机每人一台、所在市电子地图及纸质所在市交通图每组一份。

（3）白纸、铅笔、橡皮、绘图用的直尺或三角板。

（4）确定仓库选址位置（见表 3－1）。

表 3－1　确定仓库选址位置依据（学生自用）

客户需求量				
客户地理位置	客户名称	距离（到备选位置）	客户名称	距离（到备选位置）
最短距离（画图）				
选址方案：				

（5）小组讨论后确定最终仓库选址方案（见表 3－2）。

表 3－2　仓库选址方案（小组用）

组长：______　成员：______ 选址位置陈述： 最终仓库选址位置：

（6）小组根据讨论结果，形成仓库选址报告（见表 3－3）。

表 3－3　仓库选址报告

仓库选址报告：

任务评价：

（1）由教师和学生共同讨论，根据各组的方案设计和实施情况进行评价（见表 3－4），给出成绩（小组互评、学生自评、教师评价相结合）。

表 3－4　任务评价表

项目名称	内容	分值（分）	实际得分
评价标准	工作态度	10	
	沟通、协调能力	10	
	需求量调查	15	
	各组成员实操分工合理、相互合作	10	
	客户到每个候选位置的最短距离	15	
	组内配送运输线路优化	10	
	选址方案的可行性	10	
	选址考虑降低能耗	10	
	选址考虑提高周边就业率	10	
合计		100	

测评小组：　　　　　　　　　　　　　　被测评人：

（2）仓库选址报告调整与建议：根据小组互评、学生自评以及教师给出的建议改进和调整（具体内容见表 3－5）。

表 3-5　仓库选址报告调整与建议

<table>
<tr><td>需要改进和
调整的内容</td><td colspan="2"></td></tr>
<tr><td rowspan="3">学习成果提交</td><td>项目</td><td>签字</td></tr>
<tr><td>调研报告</td><td></td></tr>
<tr><td>选址报告</td><td></td></tr>
<tr><td colspan="3">学习收获及心得体会：</td></tr>
</table>

任务小结

本任务介绍了仓储企业在仓库选址中应重点考虑选址和确定仓库数量两个问题。仓库选址时应该考虑的主要因素有自然环境因素、经营环境因素、基础设施因素及其他因素。仓库的选址可分为分析和筛选及评价两个阶段，具体方法需要借助运筹学工具来解决。另外，特殊储存品种的仓库选址有一些特别要注意的事项。

任务二
仓库布局规划

任务导入

A 物流公司储备有足够的仓库建设用地，最近投标了某市某大型连锁超市的日用百货、家电、食品及生鲜农产品的存储与配送业务。该连锁超市日用百货的年销售量为 55 000 托盘（包括电视 50 000 台、冰箱 30 000 台、空调 15 000 台、洗衣机 20 000 台、各种小家电 70 000 台）、方便面 100 000 箱、其他食品 75 000 托盘、蔬菜水果 3 000 吨、冷冻食品 2 500 吨。请根据以上该超市的年销售资料绘制仓库规划的平面布局图。

任务分析

仓库布局规划是根据仓库生产和管理的需要，对整个仓库所有设施进行用途规划，确定生产、辅助生产、行政等场所，以及仓库、作业、道路、门卫等分布。为了有效地利用仓库的存货能力并考虑周转货物的速度，使仓库的作业有条不紊地进行，仓储企业必须对仓库进行合理使用规划，提高仓库作业能力，促进仓库效率的提高。学生首先根据该大型连锁超市的年库存需求量、货品特点来确定仓库类型与面积，并确定仓库主体建筑与辅助设施，除此之外还要确定各仓库的位置及相邻关系，最后以小组为单位完成仓库规划方案。

课前预习

1. 仓库布局的基本要求有哪些？

____

____

2. 仓库的总体构成是什么？

____

____

3. 仓库布局应遵循哪些原则？

____

____

4. 仓库布局要考虑哪些因素？

相关知识

一、仓库平面布局总体构成

（一）仓库总平面布置的要求

1. 适应仓储企业生产流程，确保仓储企业生产正常进行

（1）单一的物流方向。仓库内商品的卸车、验收、存放地点之间的安排必须适应仓储生产流程，按一个方向流动。

（2）最短的运输距离。仓储企业应尽量减少迂回运输，专用线的布置应在库区中部，并根据作业方式、仓储商品品种、地理条件等合理安排库房、专用线与主干道的对应位置。

（3）最少的装卸环节。仓储企业应减少在库商品的装卸搬运次数和环节，商品的卸车、验收、堆码作业最好一次完成。

（4）最大的利用空间。仓库总平面布置是立体设计，应有利于商品的合理存储和充分利用库容。

2. 有利于提高仓储经济效益

（1）仓库应因地制宜，充分考虑地形、地理条件，满足商品运输和存放要求，并能保证库容被充分利用。

（2）总平面布置应与竖向布置相适应。竖向布置是指场地平面布局中每个因素（如库房、货场、转运线、道路、排水、供电、站台等）在地面标高线上的相互位置。

（3）总平面布置应能充分、合理地使用机械化设备。我国仓储企业目前普遍使用门式、桥式起重机等固定设备，仓储企业应合理配置这类设备的数量和位置，并注意与其他设备的配套，便于开展机械化作业。

微课

仓库布局与物流设施

3. 有利于保证安全生产和文明生产

（1）库内各区域间、各建筑间应根据国家标准《建筑防火通用规范》的有关规定留有一定的防火间距，并有防火、防盗等安全设施。

（2）总平面布置应符合卫生和环境要求，既满足库房的通风、日照等需求，又要考虑环境绿化、文明生产，有利于员工身体健康。

（二）仓库的总体构成

一个仓库通常由生产作业区、辅助生产区和行政生活区三大部分组成。

1. 生产作业区

生产作业区是仓库的主体部分，是商品储运活动的场所，主要包括储货区、铁路专用线、道路、装卸站台等。

储货区是储存保管的场所，具体分为库房、货棚、货场。货场不仅可存放商品，同时还起着货位的周转和调剂作业的作用。铁路专用线、道路是库内外的商品运输通道，商品的进出库和库内商品的搬运都是通过这些运输线路完成的。铁路专用线应与库内道路相通，保证畅通。装卸站台是供货车或汽车装卸商品的平台，又分单独站台和库边站台两种，其高度和宽度应根据运输工具和作业方式而定。

2. 辅助生产区

辅助生产区是为了商品储运保管工作服务的辅助车间或服务站，包括车库、变电室、油库、维修车间等。

3. 行政生活区

行政生活区是仓库行政管理机构和生活区域。行政生活区一般设在仓库入库口附近，便于业务接洽和管理。行政生活区与生产作业区应分开，并保持一定距离，以保证仓库的安全及行政办公和居民生活的安静。

二、仓库布置形式

（一）空间布置

空间布置是指库存物品在仓库立体空间上布局，其目的在于充分、有效地利用仓库空间，提高库容利用率，扩大储存能力。在货架各层中的物品可以做到随时自由存取，便于实现先进先出，某些专用的货架还能实现防损、防盗的功能。

空间布置中的货位可以以托盘、料箱、纸箱为单位，常见形式包括就地堆码、上架存放、架设平台、空中悬挂等。

1. 就地堆码

就地堆码是指货物就地堆存，一般以货垛为单位，分为托盘平置堆存或货箱就地堆码两种形式。

托盘平置堆存适用于周转频次高的仓库，此形式可确保单位面积利用率最高，但须注意托盘利用率问题。托盘组托形式是关键控制点，组托形式多种多样，仓储企业须根据货箱尺寸选择利用率最高的形式。常见的组托形式有正反交错、中部留空、旋转交错等（见图 3－1）。

货箱就地堆码一般以货箱长边垂直于货垛长边的方式进行堆码，可有效保证空间利

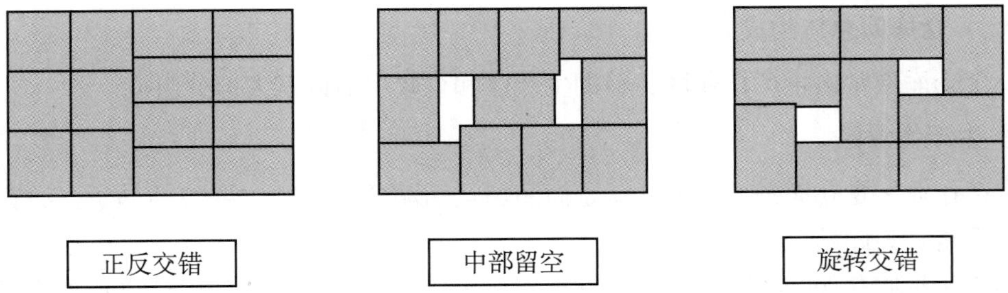

图 3-1 常见货物组托图

用率。这种形式保证了货物快进快出，适用于库内流转速度快、频次高的货物，缺点是未充分利用库内存储空间，面积利用率低。

2. 上架存放

上架存放是指货物上货架存放。上架存放是目前最常用的存储形式之一，货架种类多、适用范围广。常见货架有高位货架、流利式货架、重力式货架、驶入式货架、悬臂式货架、阁楼式货架、自动化立库货架和各种中轻型货架。

仓储企业使用货架存放仓储物具有以下优点：

（1）便于充分利用仓库空间，提高库容利用率，扩大存储能力；

（2）物品在货架里互不挤压，有利于保证物品本身和其包装完好无损；

（3）货架各层中的物品可随时自由存取，便于做到先进先出；

（4）物品存入货架，可防潮、防尘，某些专用货架还能起到防损伤、防盗、防破坏的作用。

缺点是投资成本和运营成本高，某些型号货架配置会降低出入库速度、减少出入库频次。

3. 架设平台和空中悬挂

架设平台是指在已有空间加装一层平台装置，此类存储形式较为传统，阁楼式货架便是此类形式的延伸。

空中悬挂适用于机械产品的特殊构件、禽畜肉等特殊物资存储。

（二）平面布置

平面布置是指对货垛、通道、货垛间距、收/发货区等进行合理规划。主要布置形式有横列式、纵列式、横纵式、倾斜式（见图 3-2）及围绕式。

1. 横列式布置

横列式布置是指货垛或货架的长度方向与仓库的侧墙互相垂直。这种布置形式的主要优点是主通道长且宽、副通道短、整齐美观，便于存取查点，如果用于库房布局，还有利于通风和采光。缺点是仓库利用率低。

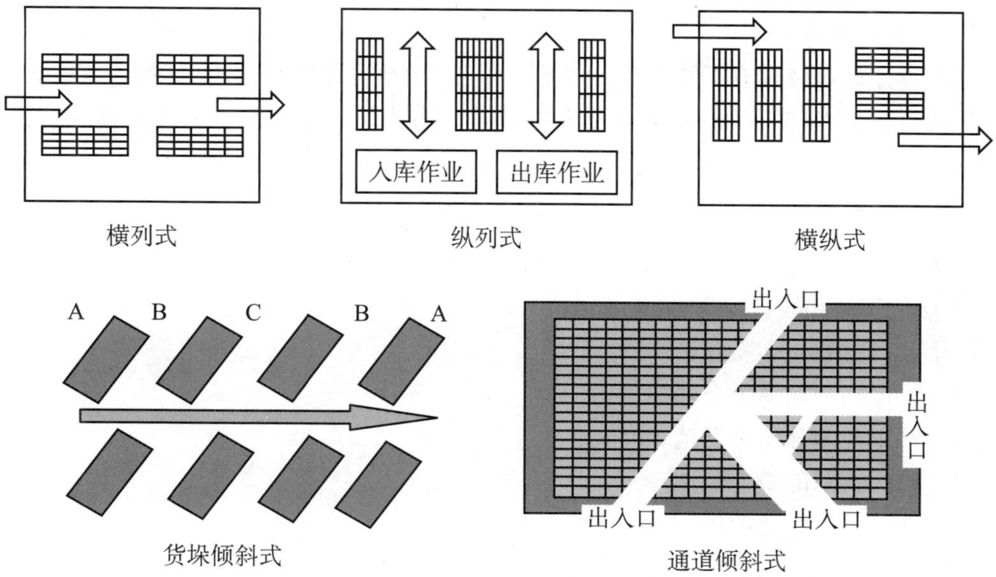

图 3－2　几种布置形式平面布置图

2. 纵列式布置

纵列式布置是指货垛或货架的长度方向与仓库侧墙平行。这种布置形式的优点是可以根据库存物品在库时间的不同和进出频繁程度安排货位，在库时间短、进出频繁的物品放置在主通道两侧，在库时间长、进库不频繁的物品放置在主通道里侧。缺点是不利于机械化操作。

3. 横纵式布置

横纵式布置是指在同一保管场所内，横列式布置和纵列式布置同时进行，可以综合利用两种布置形式的优点。缺点是库内物流动线复杂、作业繁忙时容易造成通道拥堵。

4. 倾斜式布置

倾斜式布置包括货垛倾斜式布置和通道倾斜式布置两种。

货垛倾斜式布置是横列式布置的变形，是为了便于叉车作业、缩小叉车的回转角度、提高作业效率而采用的布置形式。

通道倾斜式布置是指仓库的通道斜穿保管区，将仓库划分为具有不同作业特点的区域，如大量存储和少量存储的保管区等，以便仓库空间的综合利用。这种布置形式的特点是仓库内形式复杂、货位和进出库路径较多。

5. 围绕式布置

围绕式布置是指货位在仓库均靠墙布置。这一布置形式适用于存放小件的小空间仓库，常见的有办公室式的小屋、维修间等仓储布置，便于进出和整理。

（三）动线布置

基本物流动线模式有I形、双直线形、S形、U形、L形、集中形六种。根据物流中心作业流程特点与厂区面积大小及方位关系，物流作业流线设计的常用模式有三种，即U形、I形和L形。

1. U形动线

U形布置的入库区和出库区在仓库的同一侧，货物由进-储-出形成了一个类似倒“U”字形的移动路线。

U形动线的特点包括：

（1）使用同一通道供车辆出入；

（2）易于控制和安全防范；

（3）码头资源的最佳利用；

（4）适合越库作业的进行；

（5）可以在建筑物三个方向进行空间扩展。

U形动线示意图如图3－3所示。

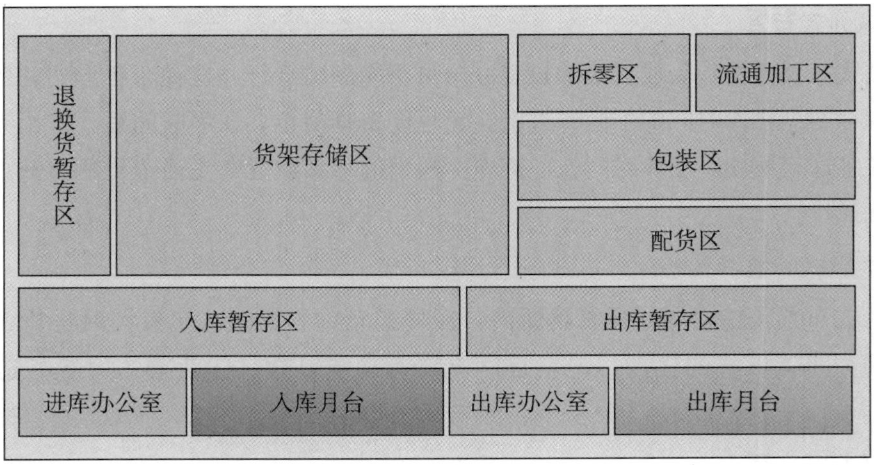

图3－3　U形动线示意图

U形动线的设计理念主要来自高速公路的循环运输线，该类型物流中心的出、入货台会集中在同一边。

U形动线存在的问题是：各功能区的运作范围经常重叠，交叉点也比较多，降低了运作效率。此外，由于进出物流中心的货物在同一个货台上进行收发，容易造成混淆，特别是在繁忙时段及处理类似货物的情况下。解决方法是：仓储企业可组建不同操作人员小组，分别负责货物出、入物流中心事宜。但是由于货物出入物流中心的繁忙时段可能会有不同，因此极可能产生另一个问题，就是不能有效地充分利用人力资源。

由于U形物流中心的出、入货台集中在同一边，因此只需在物流中心其中一边预留货车停泊及装卸货车道即可，一方面，可以更有效地利用物流中心的外围空间；另一方面，可以集中货台管理，减少货台监管人员数量。

2. I 形动线

I形布置的出库区和入库区设置在仓库的对向两侧，设施和设备均沿通道两侧布置，货物由进-储-出形成了一个类似“I”字形的移动路线。

I形动线的特点包括：

（1）可以应对进出货高峰同时发生的情况；

（2）常用于接收相邻加工厂的货物，或用不同类型的车辆来出货和发货。

I形动线示意图如图 3－4 所示。

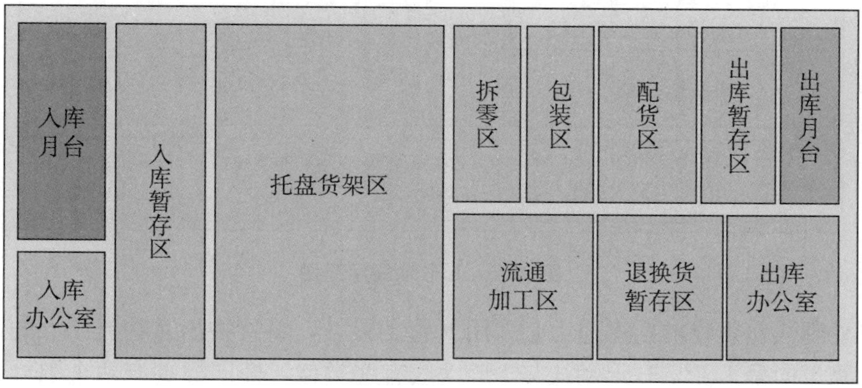

图 3－4　I 形动线示意图

I形动线拥有独立的入、出货台，分别分布在物流中心的两旁，直入直出。由于I形物流中心的运作流向呈直线形，各运作动线平行，因此无论是人流或是物流，相互的碰撞交叉点相对来说是最少的，可降低操作人员和物流搬运车相撞的可能性。

I形动线存在的问题是：入、出货台相距甚远，增加了货物的整体运输路线，降低了效率，但是由于直线形流程较为简单，操作人员比较容易适应，可以弥补该方面的不足。此外，由于入、出货台分布在物流中心的两旁，需最少两队保安小组负责两个货台的监管，增加了人员投入及运作成本。

I形动线适用于快速流转货物的集装箱运输、货物转运。

3. L 形动线

需要处理快速货物的仓库通常采用L形动线，L形动线将货物出入仓库的途径缩至最短。

L形布置入库区和出库区设置在库体相邻的两侧，货物由进-储-出形成了一个类似“L”字形的移动路线。此布置形式的出入库理货区同时占用了仓库的长边和宽边，空间浪费比较严重，比U形布置存储量小。L形动线方便了仓库设施和设备的协调运用，人流、货流之间的交叉较少，货物流转速度较快，适合于中大批量、高频次的物资作业，一般适合于电商、快递仓库。

L形动线的特点包括：

（1）可以应对进出货高峰同时发生的情况；

（2）适合越库作业的进行；

（3）可同时处理“快流”及“慢流”的货物。

L形动线示意图如图3－5所示。

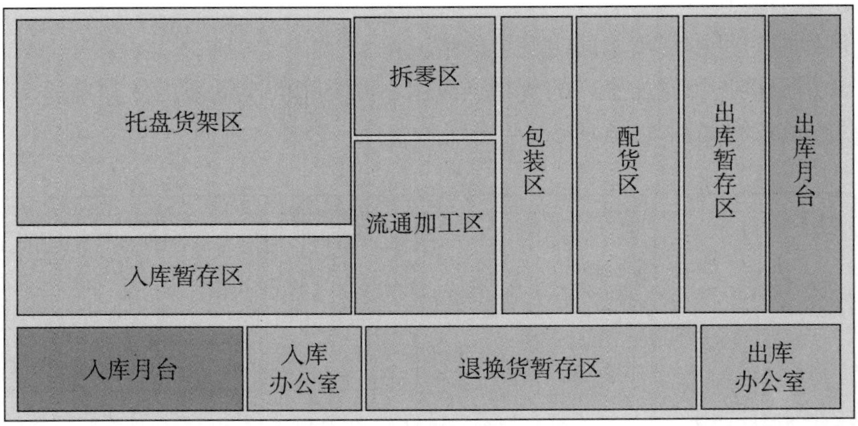

图3－5　L形动线示意图

需要处理快速货物的仓库通常会采用L形的设计，将货物出入物流中心的途径缩至最短，货物流向呈L形。L形动线与I形动线有些类似，即同样拥有两个独立月台、较少碰撞交叉点、适合处理快速流转的货物。

L形动线存在的问题是：除了L形流向范围内的货物外，其他功能区的货物的出入效率会相对地降低。因此，采用这种类型的仓库通常是同时处理“快流”及“慢流”的货物，将“快流”的货物储存在L形流向范围内，将“慢流”的货物储存在L形流向范围外，按货物的搬运频率有效利用物流中心内的各功能区。

三、仓库使用规划

（一）仓库使用规划的意义

为了有效利用仓库的存货能力并提高周转货物的速度，使仓库作业有条不紊地进行，仓储企业必须对仓库进行合理使用规划，进行分区分类、专业化分工、储存区和作业区划分，促进仓库效率的提高。

仓库使用规划就是为了方便作业、提高库场利用率和作业效率、提高货物保管质量，依据专业化、规范化、效率化的原则对仓库的使用进行分工和分区，而确定的货位安排、作业路线布局。

仓库使用规划体现了实际的仓库设施特征和储存产品运动。仓储企业在仓库使用规划过程中考虑几个因素，即设施、储藏利用空间和作业流程。

（二）仓库使用规划的原则

1. 专业化分工

分工和专业化是现代化生产的标志。专业化分工促进了生产力的发展，提高了社会劳动生产率，为社会创造了巨大的财富。仓库生产作业的分工和专业化是必不可少的，仓库管理同样需要专业化分工。

专业化分工的意义在于：可以促进有针对性的设施、场地建设，为实现机械化、自动化创造条件，提高作业效率和改善作业条件；促使管理和作业人员熟练地掌握专业和特定的技术和知识、特性，提高效率和工作质量；有利于建立准确的额定指标管理体系，便于考察、评判优劣、鼓励先进，便于明确责任；有利于降低仓库成本，减少损耗，提高经济效益和企业竞争力。

2. 效率化

除了通过专业化分工来提高仓库管理的质量外，仓库规划的主要目的是实现高效率的仓库管理和确保仓库作业高效率进行，从而提高货物周转速度，减少压舱压库的现象。对于中转型仓库而言，高效率周转是重心。对任何仓库来说，快捷的货物进出、方便的作业路径、高效率的作业都会得到送货人、提货人的青睐。仓储企业应确保仓位的使用固定化，方便员工熟悉和实现快捷的货物查询。

3. 充分利用仓库

仓库使用规划是在现有仓库的基础上进行的规划，仓储企业要根据现有仓库的场地特性、设备条件，针对仓库的货物种类，合理地进行规划，使仓库的每一个空间都可以得到充分利用。作业便捷的货位用于周转量大的货物仓储，而不便操作的货位用于保管长期存储的物资。作业路线合理规划，不仅要实现作业的快捷，而且要使作业线路最少地占用仓库面积，提高空间利用率。分散或者集中作业都能满足仓储作业的需要，但不同的仓储物、不同的作业方式对空间利用会有极大的差别，仓储企业应根据仓储作业的需要规划作业区。向高处发展是提高仓库使用空间的有效手段，仓储企业在仓库使用规划中应尽可能地利用高度。

4. 依据企业管理

企业在生产单位和机构设定上要遵循以任务为目标、专业分工、合理的管理幅度和管理层次的原则。将此原则运用到仓储企业中，则会出现以专业分区、管理幅度划分仓库区间的仓库分段、分片的仓库管理模式。对不同的生产过程进行作业分工和业务分类、由不同的生产单位承担相应责任是仓库使用规划的一种重要方法。

合理的管理幅度的划分，可以使人员管理到位、责任明确，员工激励和监督能有效进行，保证仓库管理有条不紊，员工的劳动业绩得以准确反映，便于考核，避免作业较差、管理重叠或出现真空地带。随着信息技术的广泛使用，管理信息和管理手段的改进使管理幅度增大、管理趋于集中。

（三）仓库使用规划过程中应考虑的因素

（1）仓库的现状和未来的发展；
（2）仓库的经营方式和仓储对象；
（3）仓库的机械化程度；
（4）仓库管理方法和仓储能力、员工素质；
（5）仓库面临的外部物流条件；
（6）安全仓储和消防管理的需要。

（四）仓库使用规划的内容

（1）仓库的总体合理布局。仓储企业应根据仓库生产和管理的需要对整个仓库所有设施进行用途规划，确定生产作业区、辅助生产区、行政生活区等场地，以及仓库、道路、门卫等分布，并对各类设施和建筑进行区别，如仓库货场编号、道路命名、行政生活区识别等。

（2）仓库的专业化分工。仓储企业应依据专业规划的原则对所有的用途和功能进行用途确定，一般按照仓储物种类进行分类分区，对于专业化仓库可以按照不同的作业方式进行划分。通过专业分区可使仓库形成如食品区、日用品区、机电区、物资区或者保管区、验货区、包装区等分区。

（3）仓库员工的分工和管理范围。按照仓库员工的管理幅度需要确定班、组管理范围，确定仓库工作岗位和岗位职责。

（4）仓库货位的安排和用途、作业道路和仓库的作业路径。为了实现安全保管和快捷作业，仓储企业应将仓库、货场划分为一定的货位，并对货位进行编号。同时，仓储企业应确定仓库、货场内的作业通道，保证每一个货位都能与通道相通，并制定每一个仓库和货场作业流程的进出口和运送方向。

（5）仓库的未来发展，包括仓库的发展战略和规模（仓库的扩建、改造、仓库吞吐、存储能力的增长等）以及仓库机械化发展水平和技术改造方向，如仓库的机械化、自动化水平等。

（6）仓库的主要经济指标，如仓库的主要设施利用率、劳动生产率、仓库吞吐能力、物资周转率、储存能力利用率、储运质量指标等。

因此，仓库使用规划是在仓库合理布局和正确选择库址的基础上对库区的总体设计。仓库建设规模以及仓库储存保管水平的确定，有利于仓库形成相对稳定的布局和管理系统。

四、仓库的主体建筑及辅助建筑与设施

（一）仓库的主体建筑

1. 仓库主体建筑的要求

仓库主体建筑是仓库储存保管物品的主要设施，包括货场、货棚、库房和其他建筑

物、构筑物等。对仓库主体建筑的要求是：

（1）有利于物品的保管和养护；

（2）符合仓库业务需要和有利于组织仓储作业；

（3）便于安装和使用机械设备；

（4）保证仓库安全，配备安全设施；

（5）有利于充分利用仓库空间等。

2. 仓库库房建筑形式和建筑构造的要求

（1）仓库库房建筑形式。仓库库房的建筑形式多种多样，一般按库房的建筑结构和建筑材料来划分库房的建筑形式。其中，按照建筑结构形式，库房可分为单层、多层和立体仓库；按照建筑材料，库房可分为木结构、砖结构、钢结构、钢筋混凝土结构等形式；另外还有地下库、半地下库和洞库等形式。

（2）对仓库库房建筑构造的要求。库房一般由地坪、墙体、屋顶和门窗儿部分组成，其他的建筑物也有特定的构造。由于仓库的类型和规模不同，以及储存物品的保管要求、安装的设备、使用的建筑材料、投资的情况等也不尽相同，因此为了保证仓库建筑质量，保证储存物品的作业操作安全，仓储企业必须针对具体情况和条件，严格按库房建筑的各项技术准则进行建筑和施工。库房建筑主要组成部分的技术要求如下：

1）地坪。地坪的作用主要是承受货物、货架以及人和机械设备等的荷载，因此，地坪必须有足够的强度以保证安全使用。根据使用的建筑材料可分为三合土、沥青、砖石、混凝土以及土质地坪等。对地坪的基本要求是平坦坚实、耐摩擦和冲击、表面光洁、不起灰尘。地坪的承载能力应视堆放物品性质、当地地质条件和使用的建筑材料确定，一般载荷量在 5～10 吨/平方米。

2）墙体。墙体是库房建筑的主要组成部分，起着承重、围护和分隔等作用。墙体一般可分为内墙和外墙；按承重与否可分为承重墙和不承重墙。对于起不同作用的墙体，仓储企业可以根据不同的要求选择不同的结构和材料。对于外墙，因其表面接触外界，受外界气温变化、风吹、雨淋、日晒等侵蚀的影响，因此除要求其具有承重能力外，还需要考虑保温、隔热、防潮等要求，以减少外部温湿度变化对库存物品的影响。

3）屋顶。屋顶的作用是抵御雨雪、避免日晒等自然因素的影响，它由承载和覆盖两部分构成。承载部分除承担自身重量外，还要承担风、雪的荷载；覆盖部分的主要作用是抵御雨、雪、风、沙的侵袭，同时也起到保温、隔热、防潮的作用。对屋顶的一般要求是防水、保温、隔热，并具有一定的防火性能，符合自重要轻、坚固耐用的要求等。

4）门窗。门窗是库房围护结构的组成部分，要求具有防水、保温、防火、防盗等性能。其中，库房窗户的主要作用是通风和采光，因此，窗户的形状、尺寸、位置和数量应能保证库内采光和通风的需要，而且要求开闭方便、关闭严密；库门主要是供人员和搬运车辆通行，作业完毕后要关闭，以保持库内正常温度、湿度，保证物品存放安全，因此，库门要求关启方便、关闭精密，库门的数量、尺寸应考虑库房的大小、吞吐量的多少、运输工具的类型、规格和储存物品的形状等因素。

对于一些特殊仓库的库房建筑，如立体仓库、冷藏仓库、有害物品仓库、地下仓库、洞库等，仓储企业应严格按其建筑技术要求，确保库房安全，以适应特殊物品储存保管的需要。

（二）仓库辅助建筑与设施

1. 仓库辅助建筑

仓库辅助建筑是指办公室、车库、修理间、装卸工人休息间、装卸工具储存间等建筑物。这些辅助建筑一般设在生活区，并与存货区保持一定的安全距离。其中，办公室、车库的布置要求分别如下：

办公室可建在仓库大门附近，考虑到安全要求，办公室与库房和货场的距离应大于 20 米。

车库是使停驶车辆不受雨雪、气候等影响的建筑。车库面积应根据车型和停车数量来确定。

2. 仓库辅助设施

仓库辅助设施主要包括通风设施、照明设施、取暖设施、提升设施（电梯等）、地秤（车辆衡、轨道衡）以及避雷设施等。这里主要介绍通风设施、照明设施和取暖设施。

（1）通风设施。通风设施是使库内空气清洁、防止受高温和不良气体影响的设施。根据通风方式的不同，通风设施可以分为自然通风和人工通风两种。自然通风是靠库房内外温湿度的差异来实现空气交换，可利用库房墙壁的空隙、库门和库窗来实现。人工通风是利用专门设置的通风装置，强迫库内库外进行空气交换。

（2）照明设施。为便于库房内作业以及夜间作业，仓库应设置照明设施。仓库照明设施可以分为天然照明和人工照明两种。天然照明是通过库门和库窗采光来实现库内照明的需要。人工照明是采用电气方式实现仓库的照明。为了提高作业的安全性和工作效率，仓库内人工照明应做到照度均匀，避免阴影和眩目的影响。仓库内的人工照明方式多采用直射光灯。

仓库内部照明所用灯数以及能量可按式 3－1 和式 3－2 计算：

$$F=\frac{O\times Z\times E\times S}{n\times \eta} \qquad (3-1)$$

$$n=s/a^2 \qquad (3-2)$$

式中：F—— 一盏灯的光通量（流明）；

E——照明度（勒克斯）；

S——房屋面积（平方米）；

η——利用系数，根据室内涂料的明暗取 0.20～0.55，一般取 0.45；

O——储备系数，根据库房清洁程度，可取 1.3～2.0；

Z——库房照明分配不平衡系数，可取 1.0～1.4；

n——库房内照明灯数；

a——灯间距离（米）。

钨丝灯标准规格如表 3－6 所示。

表 3－6　钨丝灯标准规格

功率（瓦）	光通量（流明）	
	110 伏	220 伏
10	66	—
15	124	95
25	225	191
40	380	336
60	645	540

仓库照明标准如表 3－7 所示。

表 3－7　仓库照明标准

序号	工作场所	照明标准（勒克斯/平方米）
1	库房	10～20
2	办公室	20～30
3	楼梯及走廊	6～15
4	库区界内	1～5
5	装卸场	3～15

（3）取暖设施。根据商品储存的要求和当地的气温条件，仓库内可设置取暖设施。取暖设施分为汽暖和水暖两种。汽暖会导致库内空气过分干燥，水暖能保持一定的湿度要求，有利于商品的存储。

五、仓库设备配置

（一）装卸搬运设备配置

1. 常见的装卸搬运设备

（1）叉车。由于具有一副水平伸出的叉臂，叉臂可做上下移动，因此叉车具有装载货物的功能，并能携带货物做水平或垂直方向的移动。由于叉车在堆码、卸货作业和搬运、移动作业两方面灵活、便利，这就使叉车成为目前使用最广泛的装卸机械之一。叉车的类型很多，仓储企业应根据货物的特征、货架的高度、库区的通道宽度合理选取。

叉车可按构造和动力进行分类（见图 3－6）。

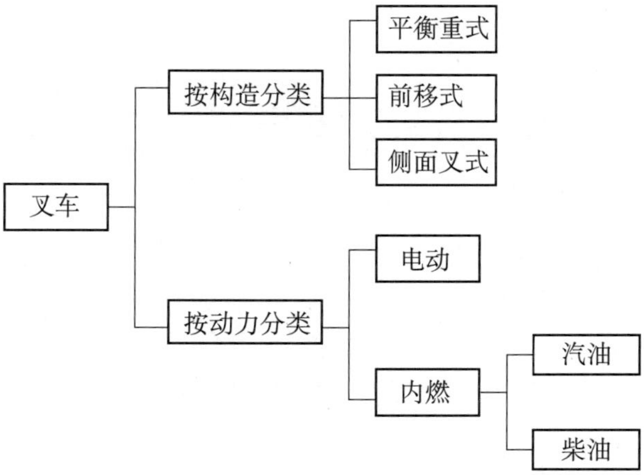

图 3-6 叉车分类

（2）电瓶车。这类运输工具以蓄电池为动力源，装载重量为 1 吨左右。电瓶车的优点是：启动快而稳、无废气、无噪声、操作简单、驾驶灵活，适宜在库区内进行短途运输。缺点是运量小，在港口码头、货车月台等货物运输量大的场合，如果使用电瓶车，则运输效率就会低很多。

（3）牵引车。这种设备只有动力，没有装载能力。牵引车主要用于拖带货车或挂车，可做较长距离的运输，一台牵引车可拖很长一列挂车。

（4）挂车。这种设备自身没有动力，有一个载物平台，仅用于装载货物。载满货物的挂车连成一列后，由牵引车拖到目标库区。车列可长可短，可任意组合、十分灵活。缺点是需要大量人员参与，而且经常闲置、使用率低。挂车适用于运输量大、稳定的场合，如码头和铁路的中心货站、大型企业的原料仓库等。挂车必须和牵引车配套使用。

（5）输送机。输送机的类型较多，适用于不同的场合。输送机可按重力式、滚轴式、皮带式分类。输送机的动力为电力，经济方便，被广泛用于短距离的出入库运输，它是分拣系统的基本组成部分。这种运输设备可实现连续运输，效率高，只在输送机两端需要人员看管，人力成本较低。

（6）回转货架。这种设备既是货架，可存储货物，又能做回转运动，起到运输的作用。回转货架主要为了方便货物分拣作业。它由一系列储物箱组成，可以在一个封闭的轨道上移动，通过移动将储物箱传送给分拣操作人员。因此，该系统可以减少人员走动的时间。回转货架分为水平回转和垂直回转两种。

（7）装卸搬运设备系统。装卸搬运设备系统有半自动化系统和自动化系统两种。半自动化系统是指在机械化的基础上，在局部关键的作业面上采用自动化设备，以提高作业效率，一般在分拣、运输环节实现自动化。常见的自动化设备有自动导引搬运车、自动分拣设备等。

自动导引搬运车的用途是库内运输，由控制机构和行驶机构组成一个自动化系统。它具有无人操作的特点，能自动定位和行走，所以需要在库内安装一套导引系统，典型的导引方式有光导和磁导两种。在光导系统中，库区地面的行车路径上装有发光装置，其发出的光束可引导搬运车行驶到指定的位置。在磁导系统中，路径地面上安装有磁性物体，靠磁场来引导搬运车行驶。由于省去了驾驶员，自动导引搬运车可减少人力成本。

自动分拣设备是指受到自动控制的一套机械分拣装置，由接受分拣指令的控制装置、将到达分拣位置的货物取出的搬送装置、在分拣位置将货物分送的分支装置和在分拣位置存放货物的暂存装置等组成。操作人员只需通过键盘向控制装置输入分拣指令，其余的全部由机械装置执行完成。目前比较常用的分拣控制技术是扫描识别技术，在货物的固定位置上贴有某种标识，货物到达分拣位置，扫描仪对标识扫描识别，然后按事先设定的程序操作，使货物按照指定路线运到指定的位置。自动分拣设备有助于提高分拣处理能力，分类数量大、准确率提高。

随着仓库规模的扩大、库存品种与库存量的不断增大，为了减轻劳动强度、降低误差率，近年来，库区作业的自动化程度越来越高。当库区的物料处理的全部功能都实现自动作业，并且各作业环节相互连成一体，从入库到出库在整体上实现自动控制时，这样的物料处理系统称为自动化系统。自动化的优势来自应用大量的自动化设备。由于使用计算机系统，需要大量的投资和配备专门的技术人才，因此自动化系统的缺点十分明显，主要是投资额大、开发和应用技术比较复杂、维护工作难度大。

2. 装卸搬运设备配置的原则

（1）以满足现场作业为前提。

1）装卸机械首先要符合现场作业的性质和物资特点、特性要求。例如，在有铁路专用线的车站、仓库等，可选择门式起重机；在库房内，可选择桥式起重机；在使用托盘和集装箱作业的生产条件下，可选择叉车、跨载起重机。

2）装卸机械的作业能力（吨位）与现场作业量之间要形成最佳的配合状态。仓储企业具体确定装卸机械吨位时，应对现场要求进行周密的计算、分析。在能完成同样作业效能的前提下，应选择性能好、节省能源、便于维修、利于配套、成本较低的装卸机械。

3）其他影响条件。影响物流现场装卸机械作业量的基本因素是吞吐量，此外还要考虑堆码/卸垛作业量、装卸作业的高峰量等因素的影响。

（2）控制作业费用。装卸机械作业发生的费用主要有设备投资额、运营费用和装卸作业成本等。

1）设备投资额。设备投资额是平均每台机械设备投资的总和（包括购置费用、安装费用和直接相关的附属设备费用）。

2）运营费用。运营费用是指某种机械一年运营总支出（包括维修费用、劳动工资、动力消耗、照明等项）。

3）装卸作业成本。装卸作业成本是指在某一物流作业现场，某种机械每装卸一吨货物所支出的费用，即每年平均设备投资支出和运营支出的总和与每年装卸机械作业现场完成的装卸总吨数之比。

（3）装卸搬运机械的配套。装卸搬运机械的配套是指根据现场作业性质、运送形式、速度、搬运距离等要求，合理选择不同类型的相关设备。仓储企业应按装卸作业量和被装卸物资的种类进行机械配套，在确定各种机械生产能力的基础上，按每年装卸1万吨货物需要的机械台数和每台机械所担任装卸物资的种类和每年完成装卸货物的吨数进行配套。

此外，仓储企业还可以采用线性规划方法来设计装卸作业机械的配套方案，即根据装卸作业现场的要求，列出数个线性不等式，并确定目标函数，然后求出最优的各种设备台数。

3. 优化装卸搬运设备配置的步骤

（1）作业流程分析。仓库或配送中心的作业流程分析是明确作业类型、作业环节之间的衔接关系，进而确定装卸搬运设备类型，明确各装卸搬运设备之间的配比关系的必要环节。在这一步骤，仓储企业需要明确仓库的布局、货物的出入库流程和库内作业流程，确定各环节中所需设备的基本类型，如是否需要吊车作业、需要何种类型的叉车、是否需要连续输送设备等。

（2）设备类型分析。在作业流程分析的基础上，仓储企业需要进一步明确各种装卸搬运设备的类型。例如，需要吊车作业时，仓储企业要明确使用的吊车类型，如塔吊、龙门吊、汽车吊等；仓储企业要根据叉车的动力装置和用途明确所需叉车的类型，如手动叉车、电动叉车、内燃叉车。

（3）设备品牌选择。设备品牌选择是设备配置优化中的重要环节。通过对各种装卸搬运设备品牌的初步选择，仓储企业可以大大减少最优配置的搜索范围，提高优化模型的效率。在设备的品牌选择中，仓储企业需要对供应商的资质、设备的各种技术参数、作业性能等进行综合评价，并可以结合现场操作人员的口碑，对设备品牌和供应商初步进行筛选，确定备选的设备品牌与供应商的范围。

（二）保管设备配置

1. 保管设备的种类

保管设备根据其在商品在库期间对其保管、养护中所起的作用，可分为苫垫用品、存货用具、计量设备、养护检验设备、通风/保暖/照明设备、消防安全设备、劳动防护用品以及其他用途设备和工具等。

（1）苫垫用品。苫垫用品起遮挡雨水和隔潮、通风等作用，包括苫布（油布、塑料布）、苫席、枕木、石条等。苫布、苫席用于露天堆场。

（2）存货用具。存货用具包括各种类型的货架、货橱。货架，即存放货物的敞开式格架。根据仓库内的布置方式不同，货架可采用组合式或整体焊接式两种。整体焊接式货架的制造成本较高，不便于货架的组合变化，因此较少采用。货架在批发、零售量大的仓库，特别是立体仓库中起很大的作用，它既便于货物的进出，又能提高仓库容积利用率。货橱，即存放货物的封闭式格架，主要用于存放比较贵重的或者需要特别养护的商品。

（3）计量设备。计量设备用于商品进出时的计量、点数，以及货存期间的盘点、检查等，如地秤、轨道衡、电子秤、电子计数器、流量仪、皮带秤、天平仪以及较原始的磅秤、卷尺等。随着仓储管理现代化水平的提高，现代化的自动计量设备将会得到更多的应用。

（4）养护检验设备。养护检验设备是指商品进入仓库验收和在库内保管测试、化验以及防止商品变质、失效的机具、仪器，如温度仪、测潮仪、吸潮器、烘干箱、风幕、空气调节器、商品质量化验仪器等。在规模较大的仓库中这类设备使用较多。

（5）通风、保暖、照明设备。仓储企业可根据商品保管和仓储作业的需要而设置通风、保暖、照明设备。

（6）消防安全设备。消防安全设备是仓库必不可少的设备，包括报警器、消防车、手动抽水器、水枪、消防水源、沙土箱、消防云梯等。

（7）劳动防护用品。劳动防护用品用于确保仓库员工在作业中的人身安全，包括工作服、防护眼镜、防寒用品、防毒面具等。

（8）其他用途设备和工具。

在仓库设备的具体管理中，仓储企业应根据仓库规模的大小进行恰当的分类。在现代化仓库管理中，货物保管的主要设备是货架。

2. 各种货架存储系统

（1）托盘货架（见图 3－7）。托盘货架是机械化、自动化货架仓库的主要组成部分。托盘货架使用广泛、通用性强。其结构是货架沿仓库的宽度方向分成若干排，其间有一条巷道，供堆垛起重机、叉车或其他搬运机械运行，每排货架沿仓库纵长方向分为若干列，在垂直方向又分成若干层，从而形成大量的货格，实现用托盘存储货物。

图 3－7　托盘货架

托盘货架的特点是：每一块托盘能单独存入或移动，而无须移动其他托盘；能够适应各种类型的货物，可按货物尺寸要求调整横梁高度；配套设备简单、成本低，能快速安装及拆除；货物装卸迅速，主要适用于整托盘出入库或手工拣选的场合。这种货架适用于品种中量、批量一般的储存，通常在高 6 米以下以 3～5 层为宜。此外，托盘货架的出入库不受先后顺序的影响，一般的叉车都可以使用。

（2）窄巷道型货架（见图 3－8）。窄巷道型货架的通道比托盘货架稍宽，其具有对托盘存储布局无严格要求的特点，能充分利用仓库面积和高度，具有中等存储密度，但是窄巷道型货架需要用特殊的叉车或起重机等搬运机械进行存取作业。

图 3-8　窄巷道型货架

窄巷道型货架的特点是：周转时间比传统的货架相对较长。由于货架不仅有储存托盘的功能，还须有支撑和加固搬运设备的功能，因此对结构强度和公差配合要求极为严格，仓储企业必须综合考虑，精确设计、安装。窄巷道型货架也可以同时集成货物暂存平台，大幅提高存储效率。

图 3-9　驶入式货架

(3) 驶入式货架（见图 3-9）。驶入式货架是一种不以通道分割的、连续性的整栋式货架。在支撑导轨上，托盘按深度方向存放，一个紧接着一个，这使得高密度存储成为可能。存取货物时，操作人员及设备从货架同一侧进出，先存后取，后存先取。平衡重式叉车及前移式叉车可方便地驶入货架中间存取货物。驶入式货架的投资成本相对较低，因为叉车作业通道与货物保管场所合一，仓库面积利用率大大提高，但是同一通道内的货物品种必须相同或同一通道内的货物必须一次完成出入库作业。

驶入式货架的特点是：储存密度高、存取性差；适合少品种大批量储存；不易做到先进先出管理；不宜储存太长太重的物品。驶入式货架适用于横向尺寸较大、品种较少、数量较多且货物存取模式可预定的情况，常用来存储大批相同类型货物。由于存储密度大、对地面空间利用率较高，驶入式货架常用在冷库等储存空间成本较高的地方。

(4) 驶出式货架（见图 3-10）。驶出式货架与驶入式货架的不同之处在于驶出式货架是贯通的，前后均可安排存取通道，可实现先进先出管理。

图 3-10　驶出式货架

(5) 流动式货架（见图 3-11）。流动式货架的一端较高，其通道用于放置大型货架，另一侧较低，倾斜布置，其通道作为出货用。由于货物放在滚轮上，货架向出货方向倾斜，因此可以利用重力使货物向出口方向自动下滑，以待取出。操作人员存货时，托盘从货架斜坡高端送入滑道，通过滚轮下滑，逐个存放；取货时，从斜坡底端取出货物，其后的托盘逐一向下滑动待取，托盘货物在每一条滑道中一次流入流出。这种存储方式在排与排之间没有作业通道，大大提高了仓库面积利用率。但使用时，最好同一排、同一层上的货物应为相同的货物或一次同时入库和出库的货物。此外，通道较长时，在导轨上要设置制动滚道，以防止终端加速度太大。

图 3-11　流动式货架

流动式货架的特点是：适用于大量储存短时发货的货物；适用先进先出的货物；空间利用率可达 85%；适合与叉车配套存取货物；高度受限，一般在 6 米以下。

(6) 移动式货架（见图 3-12）。这是一种在货架的底部安装有运行车轮，可在地面上运行的货架。按驱动方式不同，移动式货架可分为人力推动式、摇把驱动式和电动式。移动式货架因为只需一个作业通道，可大大提高仓库面积的利用率。其广泛应用于办公室存放文档、图书馆存放档案文献、金融部门存放票据，以及工厂车间、仓库存放工具物料等。

图 3-12　移动式货架

移动式货架的特点是：比一般固定式货架储存量大很多，节省空间；适合少品种、大批量、低频率保管；节省地板面积，地面使用率可达 80%；可直接存取每一项货品，不受先进先出的限制；高度可达 12 米，单位面积的储存量可达托盘货架的 2 倍左右。移动式货架适用于库存品种多、出入库频率较低的仓库或库存频率高，但可按巷道顺序出入库的仓库。

（7）后推式货架（见图 3-13）。后推式货架是一种高密度托盘储存系统，它是将相同货物的托盘存入 2 倍、3 倍或 4 倍深度，稍微向上倾斜可伸缩的轨道货架上，托盘的存放和取出是在同一通道上进行的。存入时，叉车将托盘逐个推入货架深处；取出时，托盘借重力逐个前移，因而最先放入的托盘是在最后取出的。该系统既能达到驶入式货架的库容，又能达到托盘自滑动型货架的取出能力。

图 3-13　后推式货架

后推式货架的特点是：当某产品的托盘数量较大而又不要求先进先出时，能简化工作程序，效益极为显著；可缩短拣取时间，不需要特殊的搬运设备；由于储存面积较多、通道较少，因此空间利用率和生产率都很高；能避免高密度储存货架在装卸作业中常易产生的货损。

（8）旋转式货架（见图 3-14）。旋转式货架操作简单、存取作业迅速，适用于电子元件、精密机械等少批量、多品种、小物品的储存及管理。通过计算机控制，旋转式货架可实现自动存取和自动管理。此外，旋转式货架的空间利用率很高。

旋转式货架的特点是：节省人力，增加空间；由标准化的组件构成，可适用于各种空间配置；存取出入口固定，货品不易丢失；计算机快速检索和寻找储位，拣货快捷；取料口高度符合人机工程学，作业人员可长时间工作。

(9) 悬臂式货架（见图 3－15）。悬臂式货架适合存储长、大件货物和不规则货物，如钢铁、木材、塑料等。

悬臂式货架的特点是：悬臂具有结构轻巧、载重能力好的特点。悬臂式货架特别适合空间小、高度低的库房，一般高度以 6 米以下为宜，空间利用率低。

图 3－14　旋转式货架

图 3－15　悬臂式货架

(10) 阁楼式货架（见图 3－16）。阁楼式货架采用木板、花纹板、钢板等材料做楼板，可灵活设计成二层及多层，适用于五金工具、电子器材、机械零配件等物品的小包装散件储存。存放多品种、少批量货物时可充分利用空间。

阁楼式货架的特点是：提高储存高度，增加空间利用率；上层仅放轻量物品。例如，上层存放箱、整包和散件，下层存放托盘。

图 3－16　阁楼式货架

六、仓库面积及主要参数

（一）仓库面积的确定

仓库面积主要由储存货物的数量确定，但还受到其他因素的制约，如地面结构的承重能力、货物的包装强度、库房内装卸搬运机械化程度等。相关计算公式如下：

$$A=\frac{E}{\lambda q}$$

$$E=\frac{Q\times K}{T}\times t$$

$$K=H_{max}/H$$

式中：A——仓库总面积（平方米）；

E——仓库堆存容量（吨）；

Q——年仓库货物总储量（吨）；

K——仓库不平衡系数；

H_{max}——月最大货物堆存吨天数（吨·天）；

H——月平均货物堆存吨天数（吨·天）；

t——货物在仓库的平均堆存期（天）；

T——仓库年营运天数，一般为350～365天；

λ——仓库面积总利用系数，为有效面积占总面积的百分比；

q——单位有效面积货物堆存量（吨/平方米）。仓储企业可以根据实际堆存情况测定该值（见表3-8），也可以在有关手册中查到。

有效面积是实际可供堆存货物的面积，等于总面积中扣除办公室、通道、堆货间距和货堆与墙之间的面积。

表3-8 单位有效面积货物堆存量

货物名称	包装	单位有效面积货物堆存定额	
		仓库	堆场
糖、水泥、大米、棉花、纸	袋（捆）	1.5～2.0	1.5～2.0
盐、化肥	袋	1.8～2.5	1.8～2.5
面粉	袋	1.3～1.8	1.3～1.8
小五金	箱	1.2～1.5	1.2～1.5
橡胶	块	0.5～0.8	0.5～0.8
日用百货	箱	0.3～0.5	0.3～0.5
杂货	箱	0.7～1.0	0.7～1.0
生铁	块	2.5～4.0	2.5～4.0
铝、铜、锌	块	2.0～2.5	2.0～2.5
钢板	件	4.0～6.0	4.0～6.0
钢制品	—	3.0～5.0	3.0～5.0

库房面积取决于储存商品的总量、种类以及构成。对于单间的无大型设备的仓库，取 500～700 平方米为宜，而对于机械化程度高的大型仓库，其面积可达 1 000～2 000 平方米。库房的长度应大于装卸线长度，库房的宽度可取长度的 1/8 到 1/3。小型仓库的宽度一般在 10～13 米，中型仓库为 20～25 米。库房的高度视库内使用设备以及货物堆存高度而定，单层仓库一般为 5 米，多层仓库的底层为 4～5 米，上层为 3.5～4 米，一些采用起重机的库房，其高度可达 8 米以上。

（二）仓库主要参数的确定

影响具体的设备配置与空间设计的因素包括三方面：第一，影响货架摆放、搬运车辆移动和输送分类设备安置的柱子距离；第二，影响货架高度和商品堆放高度的梁下高度；第三，影响保管使用面积及搬运作业方便性的通道布局。

1. 库内柱间距的确定

影响柱间距设计的因素主要有三个：

（1）进入库区内的货车数量及种类。不同的车型，其体积长度不同，要求的停靠空间不一样。

（2）保管区存储设备的种类及尺寸。保管区的空间设计应尽可能保证完整地安放设备，因此，必须配合存储设备的规划决定柱间距。

（3）保管区出入口的影响。受自动输送机及叉车、吊车设备的限制，柱间距必须依据走道宽度及存储设备间距等尺寸来计算。

1）货车停靠站台柱间排列：

$$W_z = W_h \times N + C_h \times (N-1) + 2C_g$$

式中：W_z——柱间距（内部尺寸）；

W_h——货车宽度；

N——货车台数；

C_h——货车的间隔；

C_g——侧面余隙尺寸。

［例 3-1］

货车宽度为 2.2 米，平均停靠货车台数为 3 台，货车间隔为 1.5 米，侧面余隙尺寸为 0.85 米，求柱间尺寸。

解：柱间尺寸为：

$$\begin{aligned} W_z &= W_h \times N + C_h \times (N-1) + 2C_g \\ &= 2.2 \times 3 + 1.5 \times 2 + 2 \times 0.85 \\ &= 11.3 \text{（米）} \end{aligned}$$

2）托盘堆码或货架正面宽度方向柱间排列：

$$W_z = W_p \times N_p + C_p \times (N_p - 1) + 2C_g$$

式中：W_z——柱间距（内部尺寸）；

W_p——托盘（货架）宽度；

N_p——托盘数；

C_p——托盘间的间隔；

C_g——侧面余隙尺寸。

[例 3-2]

托盘宽度为 1.2 米，码放托盘数为 7 板，托盘间间隔为 0.1 米，侧面余隙尺寸为 0.05 米，求内部柱间距尺寸。

解： 内部柱间距尺寸为：

$$\begin{aligned} W_z &= W_p \times N_p + C_p \times (N_p - 1) + 2C_g \\ &= 1.2 \times 7 + 0.1 \times 6 + 2 \times 0.05 \\ &= 9.1\text{（米）} \end{aligned}$$

3）托盘货架纵深方向柱间排列：

$$W_d = (W_l + 2L_p + C_r) \times N$$

式中：W_d——柱间距（内部尺寸）；

W_l——通道宽度；

L_p——托盘（货架）深度；

C_r——托盘（货架）背面间隔；

N——双排货架列数。

[例 3-3]

托盘深度为 1.2 米，通道宽度为 2.6 米，托盘（货架）背面间隔为 0.05 米，平房建筑，柱子间隔为二节距（$N=2$），求内部柱间距尺寸。

解： 内部柱间距尺寸为：

$$\begin{aligned} W_d &= (W_l + 2L_p + C_r) \times N \\ &= (2.6 + 2 \times 1.2 + 0.05) \times 2 \\ &= 10.1\text{（米）} \end{aligned}$$

2. 库内梁下高度的确定

在存储空间中，库内梁下高度太低会影响空间利用率，太高又会增加管理费用和投资成本，而且货物堆码具有一定的高度极限，叉车的最大举升高度及货架高度也都有一定界限。从存储保管的角度来看，影响库内梁下高度的因素主要有：

（1）保管货物的形态和堆积高度。不同的货物形态，其堆码方式不同，堆码高度极限也不一样，耐叠压的货物与不耐叠压的货物对库房空间高度的要求不同。

（2）搬运设备的种类和型号。各类升降叉车、吊车、卡车等搬运设备具有不同的设计规格。例如，升降叉车的最大举升高度直接影响货物堆码的高度。

（3）存储保管设备的设计高度。各种货架等储物设施都有其基本架设高度。仓储企业装设货架时只有达到基本架设高度，才能符合设备的技术性和经济性。

（4）梁下余隙的尺寸。为了消防、空调、采光等设施的安装，在库内梁下需要预留空间，而预留空间的大小对库房高度的利用率会产生影响。

3. 库内通道布局

（1）影响通道位置及宽度的因素。作为存储保管作业区的通道，其设计应能提供使货物快速存取、装卸设备进出便利和其他必需的服务区间。影响通道位置及宽度的因素主要有：

1）通道样式；

2）搬运设备的型号、尺寸、回转半径；

3）存储货物的批量、尺寸；

4）进出作业的简易与便利；

5）行列空间及柱间距；

6）防火墙、服务区、设备、电梯、斜道等位置；

7）地板负载能量。

（2）通道的类型。

1）工作通道。工作通道是仓储作业和进出库房作业的主要通道。工作通道包括主通道和辅助通道。主通道连接库房的进出口和各作业区，道路最宽。辅助通道连接主通道和各作业区内的通道，一般是平行或垂直于主通道。

2）员工进出特殊区域的人行道。

3）电梯通道。进出电梯的通道距主通道为 3～4.5 米。

4）其他性质的通道。其主要是指公共设施通道，如防火设备或紧急逃生需要的进出道路。

（3）通道设计要点。

1）通道设计顺序。仓储企业应先确定主通道的位置及宽度，再依次规划服务设施通道和其他次要通道。

2）确定通道方向。主通道一般沿库房长度方向；交叉通道沿宽度方向；其他为存货或验货提供物品进出的服务通道以及人员、消防、电梯等次要通道应尽可能限制。

3）确定通道宽度。6 米宽的库房可以设一条宽 1.5～2 米的主通道，通常占有效地面面积的 20%～25%；180 米宽的大型库房可以设 3 条宽 3.6 米的主通道，约占有效地面面积的 6%，再加上辅助通道，共占有效地面面积的 10%～12%。通常面积越大的库房，地面的利用率就越高。

4）流量经济性，即让库房通道的人、物的移动路径最短。

5）安全条件。仓库内必须保持通道畅通且具有足够的宽度以应对各种危险情况。

此外，不同储区的通道空间比例也不一样。多数配送中心采用中枢通道式，只要通道穿过库房中央，即可有效利用空间。

通道宽度设计应根据不同作业区域、人员或车辆行走速度、单位时间通行人数、搬运物品体积等因素而定。以人员行走通道为例，设人员通过速度为 v（米/分钟），单位时间（分钟）通过人数为 n 人，两人前后最短距离为 d（米），平均每人身宽为 w（米），则每人在通道上所占空间为 $d\times w$（平方米），为此通道宽度 W 公式如下：

$$W=d\times w\times n/v$$

[例 3-4]

设两人行走时需要的前后距离为 $d=1.5$ 米，平均人身宽度 $w=0.75$ 米，一般人行走速度 $v=53$ 米/分钟，每分钟通过 105 人，把这些数据代入上述公式，即：

$$W=d\times w\times n/v=1.5\times 0.75\times 105/53\approx 2.3\text{（米）}$$

库房通道宽度参考值如表 3-9 所示。

表 3-9　库房通道宽度参考值

通道种类或用途	宽度（米）	通道种类或用途	宽度（米）
中枢主通道	3.5～6	堆垛机（直角转弯）	2～2.5
辅助通道	3	堆垛机（直角堆叠）	3.5～4
人行通道	0.75～1	伸臂式堆垛机	2～3
小型台车（人员可于周围走动）	车宽+0.5～0.7	跨立式堆垛机	2～3
手动叉车	1.5～2.5	转柱式堆垛机	2～3
堆垛机（直线单行道）	1.5～2	巷道式堆垛机	1.6～2

注：托盘宽度为 1.1 米×1.1 米。

4. 储区空间计算

（1）影响储区空间计算的主要因素包括：

1）货物尺寸、数量；

2）托盘尺寸、货架空间；

3）使用的机械设备（型号、尺寸、回转半径）；

4）通道宽度、位置及所需空间；

5）行列空间（柱与柱的距离）；

6）建筑尺寸与形式；

7）进出货及搬运位置；

8）补货服务设施位置。

（2）存货空间需求。

仓储企业应依据货物尺寸及数量、堆码方式、托盘尺寸、货架储位空间等因素来确定仓库存货所需占用空间的大小。

1）地面平置堆码。如果仓库货物为大批量出货，仓库多采用借助托盘在地面上平置堆码的存储方式，则计算存货空间时须考虑货物尺寸及数量、托盘尺寸。

设：托盘尺寸为 $A\times A$（平方米）。

由货物尺寸及托盘尺寸算出每托盘平均可堆码 N 箱货物，如果仓库平均存货量约为 Q，则存货空间需求 D 为：

$$D=(\text{平均存货量}/\text{平均每托盘堆码货物箱数})\times\text{托盘尺寸}$$
$$=(Q/N)\times A\times A$$

2）使用托盘货架储放。如果仓库使用货架来存储货物，仓储企业计算存货空间时须考虑货物尺寸、数量、托盘尺寸、货架样式及层数。

设：托盘尺寸为 $A\times A$（平方米），货架为 L 层。

结合货架负载能力及货物尺寸，估计每托盘可堆码 N 箱货，如果仓库平均存货量为 Q，则存货空间需求 D 为：

$$D=(\text{平均存货量}\times\text{托盘尺寸})/(\text{平均每托盘堆码箱数}\times\text{货架层数})$$
$$=(Q\times A\times A)/(L\times N)$$

3）使用中小型货架无托盘存放。如果库存货物尺寸不大，且属于少量多品种出货，则仓库可以采用中小型货架，以箱为单位存储。此时仓储企业须考虑的因素有货物的尺寸及数量、货架样式及层数、货架储位空间大小。

设：选用货架高度为 m 层，而每一储位平面空间为 $a\times b$（平方米）。

结合货架负载能力及货物尺寸，估计每一储位约可堆放 N 箱货物，如果仓库平均存货量约为 Q，则存货空间需求 D 为：

$$D=(\text{平均存货量}\times\text{每一储位尺寸})/(\text{平均每一储位堆放货物箱数}\times\text{货架层数})$$
$$=(Q\times a\times b)/(m\times N)$$

5. 确定仓库使用面积

为满足通道设备的安置和使用及其他作业区域的需要，仓库的实际使用面积必须大于实际存货面积。仓库面积利用率的高低取决于商品保管要求、仓库建筑结构、仓库机械化水平、库房布置和仓库管理水平等多种因素。仓库使用面积的计算公式为：

$$S=D/\eta$$

式中：S——仓库的实际面积；

D——存货空间需求；

η——仓库面积利用系数。

6. 仓库面积利用率与仓库容积利用率

仓库面积利用率是仓库库存商品实际堆放面积与仓库建筑总面积的比率。仓库面积利用率是衡量仓库利用程度的重要指标，是反映仓库管理工作水平的主要经济指标之一，它为分析仓库的实际利用效率高低提供了依据。其计算公式为：

$$仓库面积利用率=\frac{报告期商品实际堆放面积}{报告期仓库总面积}\times 100\%$$

式中，报告期商品实际堆放面积是指报告期仓库中商品储存堆放所实际占据的有效面积之和；报告期仓库总面积是指从仓库围墙线算起，整个围墙所占有的面积。

仓库容积利用率是平均库存商品实际容积与仓库有效容积的比率。仓库容积利用率表示仓库有效容积中实际使用的容积所占的比率。其计算公式为：

$$仓库容积利用率=\frac{报告期平均每日使用的容积}{报告期仓库的有效容积}\times 100\%$$

$$报告期平均每日使用的容积=\frac{报告期储存商品体积之和}{报告期日历天数}$$

式中，报告期储存商品体积之和等于报告期仓库中每天储存的商品的体积之和。

［例 3-5］

客户 1：产品品种单一，无批号管理等其他存储要求，采用托盘存放，托盘尺寸为 1.2 米×1.0 米×1.5 米，产品堆高限制为 4 层。

［平库情况］假设仓库额定面积为 11 000 平方米，高度超过 6 米，无须留通道（由门口即可出货）。在理想状况下，并且在不考虑由于进出时间差产生的空位前提下，可摆放托盘数为：11 000÷(1.2×1.0)×4=36 666（托）。

［五层平衡式货架仓库情况］以某 11 000 平方米货架仓库为例，在货架规划时设计的托盘货位数是一定的，在不考虑由于进出时间差产生的空位前提下，可摆放托盘数为 11 000 托。

通常而言，立体库房在使用平衡式货架时，在一般通用托盘位尺寸的前提下，基本上托盘数与库房面积之比为 80∶100，做到 100∶100 或更高的前提是尽量压缩理货区面积。

客户 2：产品品种需要批号管理（不考虑不同品种，单纯要求进出批号管理），每批次数量为 2 托盘，托盘尺寸为 1.2 米×1.0 米×1.5 米，产品堆高限制为 2 层。

［平库情况］仍假设仓库额定面积 11 000 平方米、高度超过 6 米，由于指定批号出货，仓库中必须预留叉车或液压搬运车等装卸搬运设备的进出通道，以便能够将仓库最深处的托盘商品搬运至门口。为了满足盘点等存货管理的要求，托盘与托盘之间还须预留盘点通道。

按照实践中的经验模型，在平库储存面积利用最为紧张时（预留进出装卸通道部分被堵），11 000 平方米可利用的有效储存面积一般不大于 30%，储存托盘数约为：11 000×30%÷(1.2×1.0)×2=5 500（托）。

以上数据在处理特定的需要批号管理的食品或药品时，是完全可以被证实的。

［五层平衡式货架仓库情况］以前述 11 000 平方米立体库房为例，货架的托盘货位数是定数，仓库的叉车通道不仅可以随机存储装卸至每一托盘位，而且叉车通道也可利用为盘点通道，在不考虑由于进出时间差产生的空位前提下，可摆放托盘数仍为11 000托。

初步结论：

（1）针对不同商品的存储属性，平库的仓库面积利用率指标变动较大；而仓库容积利用率中的分母“报告期仓库的有效容积”也是变动的，在一定的存储管理操作经验的基础上，“报告期仓库的有效容积”可以给出针对某种客户商品的额定数量，然后按实际情况核算仓库容量利用率。

（2）货架式仓库建造完毕后，固有托盘货位一般不会变动，因此，仓库的存储容量一般不会因商品属性不同而变动，其仓库资源利用的指标一般不会变动（不考虑商品周转特性对库位利用的影响）。

（3）强调货架式仓库资源利用率比平库的资源利用率有提高，应是针对特定商品才能给出的，而针对某些特殊存储要求（如品种单一、批次数量大），仓库资源利用率会有下降的情况。

（4）在选择用何种仓库类型来处理特定商品时，仓储企业应充分考虑商品存储管理的要求，选择合适的、具有针对性的仓库形式，以及科学、合理的存储设备，达到资源利用最大化目标，并降低投资风险。

相关链接

IE 方法在物料仓库布局中的应用

任务实施

背景资料：

各组根据成立的仓储公司，进行选址后，开始建造仓库。仓储企业应根据客户业务规模，设计仓库内部平面规划图，并确定各仓库的位置及相邻关系，从而形成仓库布局规划方案。

操作过程：

（1）学生每 4 人为一个小组，每组选一名学生作为组长。

（2）能上网的计算机每人一台、Word 软件。

（3）白纸、铅笔、橡皮、绘图用的直尺或三角板。

（4）初步确定仓库布局规划（见表 3－10）。

表 3－10　确定仓库布局规划（学生自用）

仓库布局整体规划方案	
仓库布局平面规划图	

（5）小组讨论后确定最终仓库布局规划方案和平面规划图（见表 3－11）。

表 3－11　仓库布局规划（小组用）

组长：______　成员：______________________ 仓库布局规划方案陈述： 最终仓库布局平面规划图：

任务评价：

（1）由教师和学生共同讨论，根据各组的方案设计和实施情况进行评价（见表 3－12），给出成绩（小组互评、学生自评、教师评价相结合）。

表 3－12　任务评价表

项目名称	内容	分值（分）	实际得分
评价标准	工作态度	10	
	沟通、协调能力	10	
	自学任务的完成情况	10	
	各组成员实操分工合理、相互合作	10	
	仓库布局平面规划图设计的合理性	10	
	仓库主体建筑与辅助设施	10	
	各仓库的位置及相邻关系	10	
	仓库布局规划方案的可行性	20	
	节能环保意识	10	
合计		100	

测评小组：　　　　　　　　被测评人：

（2）仓库布局规划方案调整与建议：根据小组互评、学生自评以及教师给出的建议改进和调整（具体内容见表 3－13）。

表 3-13　仓库布局规划方案调整与建议

<table>
<tr><td>需要改进和
调整的内容</td><td colspan="2"></td></tr>
<tr><td rowspan="2">学习成果提交</td><td>项目</td><td>签字</td></tr>
<tr><td>仓库布局规划方案</td><td></td></tr>
<tr><td colspan="3">学习收获及心得体会：</td></tr>
</table>

任务小结

本任务介绍了仓库布局要求、仓库的总体构成、仓库布局应遵循的原则，仓储企业应将整个仓库所有设施进行用途规划，划分生产、辅助生产、行政等场所，确定仓库、作业、道路、门卫等分布，并对各类设施和建筑进行区别。同时仓储企业要根据企业业务量及设施设备配置来确定仓库面积及主要参数，包括仓储面积、库内柱间距、库内梁下高度、库内通道布局、储区空间、仓库使用面积、仓库面积利用率与仓库容积利用率等。

任务三 仓库存储规划

任务导入

A物流公司背景资料同任务二。请同学们根据以上该超市的年销售资料做出库房内部的存储规划。

任务分析

仓库在投入使用前要进行库房分区与储位编号。仓储企业应首先收集分区分类所需资料，然后选择分区分类的方法，同时要考虑分区分类的注意事项。在根据一定的规则完成仓库分区以后，接下来的任务就是对储位进行编号。学生在互联网上查询各种库内保管设备与库内装卸搬运设备，并确定仓库内柱子与通道，然后将库房进行分区，确定货架的摆放，绘制动线图，最后以小组为单位完成仓库存储规划方案。

课前预习

1. 仓库如何分区分类？

2. 货位的指派法则有哪些？

3. 常见储位编号的规则是什么？

4. 货物的堆码方式有哪几种？

相关知识

一、库房分区与储位编号

在确定货物存放地点时，仓库应注意对危险品和一般货物、有毒货物和食品、性能抵触及互相串味的货物、养护方法不同的货物分开存放，确保货物存储安全。同时，库房分区还应便于检查、养护和取货。为此，仓库应对货物分区分类存放，并对储位进行编号，进行统一管理。分区是指存放性质相似货物的一组仓库建筑物和设备。仓库可根据库房、货场、货棚和货架等存货场所划分若干货位，按地点和位置的顺序排列，采用统一规定的顺序编号，并置于明显之处，以利于货物进出。

（一）库房分区

1. 分区分类的定义和意义

分区分类是根据商品性质、保管要求、消防要求及设备条件，将库房、货棚、货场划分为若干保管商品的区域，进行分类储存的方法。分区分类可以使储存条件和环境适应商品储存保管的需要。仓库根据商品的自然属性、保管要求及其在消费上的连带性将商品划分为若干类别，有利于分类集中保管。因此，分区分类有利于商品安全保管；有利于合理使用仓容；有利于缩短商品收发作业时间；有利于保管员掌握商品进出库活动规律，熟悉商品性能，提高保管技术水平；有利于业务管理。仓库应有计划地安排使用储位，配备各项设备及用品，合理组织劳动力，加强商品养护，为贯彻责任制以及实行其他科学管理方法创造条件。

2. 收集分区分类所需资料及分区分类的方法

（1）收集分区分类所需资料。仓库要调查研究购销业务部门需要入库储存的商品情况，主要包括经营的品种、数量与进出库的批量；商品性能、包装状况及商品所需的保管条件、消防要求；商品收发、装卸、搬运等所需的机器设备和工作量的大小；仓储商品收发方式、大致流向和周转期；有无特殊的保管、验收和理货要求等。

通过对购销业务活动的调查与分析，仓库可以明确在性能、养护和消防方法上一致的各类商品所需仓容，考虑对储存、吞吐条件的要求，结合仓库具体设备条件，即可进行分区分类。

（2）分区分类的方法选择。

1）按货物种类和性质分区。这种方法即按货物的自然属性归类，并将其集中存放在适当场所。

2）按不同货主分区分类。当仓库为几个大货主服务时，为便于与货主工作的衔接，防止货物混淆，便于货物存取，往往采用这种方法。

3）按货物流向分区分类。这种方法适用于短期中转存储的货物，如在各种交通场站、码头一般可采用这种方法。

4）按货物危险性质分区分类。这种方法适用于对化学品、危险品的存放。这里应注意不同性质的危险品之间相互引发危险的可能。

（3）分区分类的注意事项。

1）凡一个单位经营的商品，只要性质相近，有消费连带关系的，要尽量安排在一起储存。

2）按商品性质和仓库设备条件安排储存。例如，对于怕热的商品，要存放在保温库、地下室、半地下室和温度较低的库房内；对于怕冻的商品，要安排在保温库或暖库储存；对于怕潮、易溶、易锈的商品，要安排在楼仓的上层或比较干燥的库房内储存。

3）互相影响、不宜混存的商品，一定要隔离存放。化学品、危险品与一般商品不能混存一库；相互串味、影响质量的商品不得混存一库；有毒物品与食品要严格分存；含水量不同的商品不能混存一库。

4）按作业安全、方便分区分类。例如，对于出入库频繁的商品，要安排在靠近库门处；对于笨重、长、大的商品，不宜放在库房深处；易碎商品避免与笨重商品存放在一起，以免在搬运时影响易碎商品安全。

（二）储位编号

在根据一定的规则完成仓库分区以后，接下来的任务就是对储位进行编号。储位编号就是对商品存放场所按照位置的排列，采用统一标记编上顺序号码，并作出明显标志。

科学、合理的储位编号在整个仓储管理中具有重要的作用。在商品保管过程中，根据储位编号可以对库存商品进行科学、合理的养护，有利于对商品采取相应的保管措施；在商品收发作业过程中，按照储位编号可以迅速、准确、方便地进行查找，不仅提高了作业效率，而且可以减少差错。

储位编号应按一定的规则和方法进行。首先，确定编号的先后顺序规则，规定好库区、编排方向及顺序排列。其次，采用统一的方法进行编排，要求在编排过程中所用的代号、连接符号必须一致，每种代号的先后顺序必须固定，每一个代号必须代表特定的位置。常用的编号方式有以下几种：

（1）区段式编号，即将储区分成几个区段，再对每个区段编号。这种方式是以区段为单位，每个号码代表不同的储区。区段式编号适用于单位化商品和大量商品而保管期短的商品。区域大小根据物流量大小确定。

（2）品项群式编号，即将一些相关性强的商品经过集合后，分成几个品项群，再对每个品项群进行编号。这种方式适用于容易按商品群保管和品牌差异大的商品，如服饰群、五金群等。

（3）地址式编号，即利用保管区仓库、区段、排、行、层、格等进行编码。如在货架存放的仓库，可采用4组数字来表示商品存在的位置，4组数字分别代表库房的编号、货架的编号、货架层数的编号和每一层中各格的编号。对于如1-11-1-3的编号，可以知道编号的含义是：1 号库房、第 11 个货架、第一层中的第三格。根据储位编号，保管员就可以迅速地确定某种商品具体存放的位置。具体编号顺序如下：

1）对整个仓库各储存场所的编号。仓库可根据储区所在地面位置按顺序编号，将编码数字写在醒目处（如仓库外墙、库门上）。

2）货位编号。库房可按干支道的分布划分若干货位，按顺序编号，并标于明显处。货场货位一般可将货场划分排号，再对各排按顺序编上货位号，货位号可直接标在地上。对于集装箱堆场，应对每个箱位进行编号，并画出箱位四角位置标记。

3）货架上各货位编号。仓库可先按一个仓库内的货架进行编号，然后对每个货架的货位按层、位进行编号。顺序应是从上到下、从左到右、从里到外。

此外，为了方便管理，仓库可基于储位编号和储位规划绘制平面布置图。这样不仅可以全面反映库房和货场的商品储存分布情况，而且仓库可以及时掌握商品储存动态，便于仓库结合实际情况调整安排。

二、货位管理

传统的仓储作业管理常常将物品放到物品到达时最近的储位（即货位），或按照沿袭多年的习惯和经验来放置物品，而不考虑物品动态变化的需求，往往造成物品空间利用不足、搬运效率低及服务时间长。

货位管理是指寻求恰当的物品储存方式和恰当的空间货位分配，结合物品的批量、体积、重量、进出量等数据进行分析和计算，根据各种储存策略和储存指派法则进行货位的优化分配。

（一）储存策略

合理的储存策略不仅可以减少进出库移动的距离、缩短作业时间，而且能够充分利用储存空间。

1. 定位储存

由于在定位储存策略下，每一项储存物品都有固定储位，物品不能互用储位，因此在规划设计时每一项物品的储位容量不得小于其可能的最大在库量。

（1）选用定位储存的原因：

1）物品尺寸及重量差别大，不适于随机储存；

2）物品储存的温湿度条件差别大，如有些品项必须控制温度；

3）易燃物与一般物品由于消防条件差别大必须分开存放；

4）储存物品的性质不相容，必须分开存放，如化学原料和药品；

5）保护重要物品的需要；

6）每项物品的储区能被记忆，容易提取。

（2）定位储存的优点：

1）每项物品都有固定的储存位置，拣货人员容易熟悉物品储位；

2）物品的储位可按周转率大小（畅销程度）安排，以缩短进出库搬运距离；

3）可针对各种物品的特性做储位的安排和调整，将不同物品特性问题的相互影响减至最小。

（3）定位储存的缺点：由于储位必须按各项物品的最大在库量设计，因此储区空间平时的利用率较低。

（4）定位储存的适用性：

1）储区空间大；

2）多种少量物品的储存。

2. 随机储存

在随机储存策略下，每一项物品被指派储存的位置都是随机产生的，并且可经常改变。也就是说，任何品项都可以被存放在任何可利用的位置。储存人员按习惯来储存物品，且通常可与靠进出口法则连用，按物品入库的时间顺序储存在靠近出入口的储位。

（1）随机储存的优点。由于储位可共用，因此只要按所有库存物品最大在库量设计即可，储区空间的使用效率较高。

（2）随机储存的缺点：

1）物品的进出库管理及盘点工作进行困难；

2）周转率高的物品可能被储存在离出入口较远的位置，增加了进出库的搬运距离；

3）具有相互影响特性的物品可能相邻储存，造成物品的损害或发生危险。

（3）随机储存的适用性：一个良好的储位系统中，采用随机存储能使货架空间得到最有效的利用，因此储位数目得以减少。随机储存较适用于下列两种情况：

1）厂房空间有限，需要尽量利用储存空间；

2）种类较少或体积较大的物品。

3. 分类储存

在分类储存策略下，所有储存物品均按照一定的特性加以分类，每一类物品都有固定存放的位置，而同属一类的不同物品又按一定的法则来指派储位。分类储存通常按产品相关性、流动性、产品尺寸、重量或产品特性来分类。

（1）分类储存的优点：

1）便于畅销品的存取，具有定位储存的各项优点；

2）各分类的储存区域可根据物品特性进行设计，有助于物品的储存管理。

（2）分类储存的缺点：由于储位必须按各项物品的最大在库量设计，因此储区空间平均使用率低。

（3）分类储存的适用性：

1）产品关联性大，经常被同时订购；

2）周转率差别大；

3）产品尺寸相差大。

4. 分类随机储存

在分类随机储存策略下，每一类物品有固定存放的储区，但在各类储区内，每个储位指派是随机的。

分类随机储存的优点：既有分类储存的部分优点，又可节省储位数量，提高储区利用率。

分类随机储存的缺点：物品进出库管理及盘点工作的进行难度较大。

分类随机储存兼具分类储存及随机储存的特色，需要的储存空间介于两者之间。

5. 共同储存

共同储存是指根据库存货物及储位使用情况，随机安排和使用储位，每种物品的储位可随机改变。共同储存适用于各货物进出库时间确定的情况，不同货物共用相同的储位。共同储存在管理上虽然较复杂，但所需要的储存空间及搬运时间更经济。

（二）**储位指派法则**

储位指派法则决定了储存作业实际运作的模式。

1. 可与随机储存策略、共同储存策略相配合的法则

靠进出口法则，即将刚到达的物品指派到离进出口最近的空储位上。

2. 可与定位储存策略、分类（随机）储存策略相配合的法则

（1）周转率法则。按照物品在仓库的周转率（销售量除以存货量）来排定储位。首先依周转率从大到小排序，再将此一序列分为若干段，通常分为3～5段。同属于一段中的物品列为同一级，依照定位或分类储存策略的原则，指定储存区域给每一级的物品。物品周转率越高，应离进出口越近。

（2）相关性法则。物品相关性大者在订购时经常被同时订购，所以应尽可能存放在相邻位置。根据相关性法则，储存物品可以缩短提取物品时的路程，减少工作人员的工作量。

（3）同一性法则。同一性法则是指将同一物品储存在同一保管位置。将同一物品保管在同一场所来加以管理，能够让仓库保管员熟悉物品的保管位置，花费最少的搬运时间来取出货物，有利于提高盘点作业的准确性。

（4）类似性法则。类似性法则是指将重量体积接近、养护方法类似的物品靠近保管。

（5）替代性法则。替代性法则是指互补性高的物品应存放于邻近位置，以便缺货时可迅速以另一品项替代。

（6）相容性法则。相容性低的物品绝不可放置在一起，以免损害品质，如烟、香皂、茶不可放在一起。

（7）先进先出法则。先进先出法则是指先保管的物品先出库。这一法则一般适用于保质期较短的物品，如感光纸、软片、食品等。

（8）叠高法则。叠高法则是指利用托盘、货架等工具将物品叠高，以充分利用仓库空间。

（9）面向通道法则。面向通道法则是将物品面对通道来保管，将可识别的标号、名

称让仓库保管员容易、简单地辨识，使物品的存取能够方便、有效地进行。

（10）产品尺寸法则。在仓库布置时，仓库保管员应考虑物品单位大小以及相同的一群物品所构成的整批形状，以便能供应适当的空间满足某一特定要求。所以在存储物品时，仓库必须有不同的大小位置变化，用以容纳不同大小的物品。运用此法则可以使物品储存数量和位置适当，有助于物品迅速分发，减少搬运工作及时间。如果未考虑储存物品单位大小，就可能造成储存空间太大而浪费空间，或储存空间太小而无法存放；未考虑储存物品整批形状则可能造成物品因整批形状太大而无法同处存放。

（11）重量特性法则。重量特性法则是指按照物品重量的不同来决定储存物品的位置高低。一般而言，重物应保管在地面上或货架的下层位置，而重量轻的物品则保管在货架的上层位置；如果由人工进行搬运作业，则人的腰部以下的高度应用于保管重物或大型物品，而腰部以上的高度则用来保管重量轻的物品或小型物品。

3. 物品特性法则

物品特性不仅涉及物品本身的危险及易腐性质，同时影响其他的物品，因此在仓库布局设计时需要考虑。以下列举五种特殊物品的基本储存方法。

（1）易燃物品：应储存在具有高度防护性能的建筑物内，并配备适当的防火设备。

（2）易丢失物品：应储存在加锁的笼子、箱、柜或房间内。

（3）易腐物品：应储存在冷冻、冷藏或其他特殊设备内。

（4）易污物品：可使用帆布等覆盖。

（5）一般物品：应储存在干燥且管理良好的库房，以方便客户随时提取。

三、货物堆码要求与原则

货物验收入库，仓库保管员根据仓库货物储存计划确定货位后，便可进行堆码和苫垫等堆垛工作。妥善的堆码、苫垫不仅是货物保管中的一项重要工作，也是确保货物质量和提高仓库利用率的必要措施。

货物堆码是根据货物的包装、外形、保管要求，结合仓库设备条件、储存时间长短，将货物按一定规律堆成各种形状货垛的方法。

货物的堆码方式直接影响货物的保管。合理的堆码，不仅能使货物不变形、不变质，保证货物质量的完好及储存安全，还能提高仓容利用率，并便利货物的保管保养和收发。

（一）货物堆码的基本要求

1. 货物的要求

（1）货物的数量、质量已彻底查清；

（2）包装完好、标识清楚；

（3）外表的污迹、尘土、雨雪等已清除，不影响货物质量；

（4）受潮、锈蚀以及已发生某些质量变化或质量不合格的部分，已经加工恢复或者已剔除另行处理，与合格品不相混杂；

（5）为便于机械化操作，金属材料等应打捆的已经打捆，机电产品和仪器仪表等可集中装箱的已装入适用的包装箱。

2. 堆码场地的要求

（1）库内堆码，货垛应在墙基线和柱基线以外，垛底须垫高。

（2）货棚内堆码，须防止雨雪渗漏，棚内两侧或四周必须有排水沟或管道，棚内地面应高于棚外地面，最好铺垫砂石并夯实。堆垛时要垫垛，一般垫高 20～40 厘米。

（3）露天堆垛，堆垛场地应坚实、平坦、干燥、无积水及杂草，场地必须高于四周地面，垛底还应垫高 40 厘米。四周必须排水畅通。

3. 货垛的要求

（1）合理。垛形必须适合货物性质特点，便于货物保管保养，并有利于货物的先进先出。

（2）牢固。货垛必须不偏不斜，不压坏底层货物和地坪。

（3）定量。货垛不得超出有效面积范围，其重量不得超过地坪最大承压能力，高度不得超出可用高度。货垛的每层数量也应定量，如码成各种总数为五的倍数的货垛的“五五化”堆码，以便于计数和发货。

（4）整齐。堆码货物的包装标识必须一致向外。货物沿走道、支道画线堆码，排列整齐、有序、清洁、美观。

（5）节省。操作人员要节省货位，提高仓容利用率，减少作业环节，提高作业效率。

（二）货物堆码原则

（1）面向通道进行保管。为使物品进出库方便，容易在仓库内移动，物品应面向通道进行保管。

（2）尽可能向高处码放，提高保管效率。为有效利用库内容积，操作人员应尽量向高处码放，为防止破损、保证安全，应当尽可能使用货架等保管设备。

（3）重下轻上原则。当货物重叠堆码时，应将重的物品放在下面，轻的物品放在上面。

（4）根据出库频率选定位置。出货和进货频率高的物品应放置在靠近进出口、易于作业的地方；流动性差的物品应放置在距离进出口稍远的地方；季节性物品则依其季节特性来选定放置的场所。

（5）同一品种在同一地方保管原则。为提高作业效率和保管效率，同一物品或类似物品应放在同一地方保管，员工对库内物品放置位置的熟悉程度直接影响出入库的时间，将类似的物品放在邻近的地方是提高效率的重要方法。

（6）便于识别原则。应将不同颜色、标记、分类、规格、样式的商品分别存放。

（7）便于点数原则。每垛商品可按五或五的倍数存放，以便于清点计数。

（8）依据形状安排保管方法。依据物品形状来保管也是很重要的，如标准形状的商品应放在托盘或货架上来保管。

四、货物堆码方式

货物堆码是商品入库存放的操作方法和方式，它关系到货物保管的安全、清点数量的便利，以及仓库容量利用率的提高。

货物堆码的方式主要有以下几种：

（一）散堆

散堆是将无包装的散货在仓库中堆成货堆的存放方式。这种方式适用于大宗散货，如煤炭、矿石、散粮和散化肥等。这种堆码方式简便，便于使用现代化的大型机械设备，节省包装费用，提高仓容利用率，降低运费。因此，散堆方式是目前货物仓库堆存的一种趋势。

（二）垛堆

垛堆是指对包装货物长、大件货物进行堆码的方式。垛堆方式应以增加堆高、提高仓容利用率、有利于保护货物质量为原则。垛堆方式有以下几种：

1. 重叠式

重叠式（见图 3－17）即货垛各层商品的排列方法和数量一致。这是仓库中常用的商品堆码的垛形，也是机械化作业的主要垛形之一，适用于体积较大、包装坚固的商品，如中厚钢板、集装箱及其他箱装货物。其优点是空间利用率高，配备托盘可采用机械化操作。

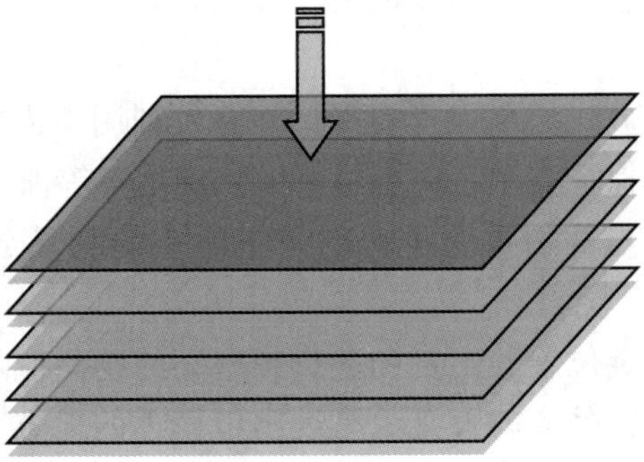

图 3－17　重叠式

2. 纵横交错式

纵横交错式（见图 3－18）是将长短一致、宽度排列能与长度相等的商品，一层横放、一层竖放，纵横交错堆码，形成方形垛。它适用于长短一致的长条形货物，如小型方钢、钢锭、长短一致的管材、棒材、狭长的箱装材料等。这种垛形也是机械码垛的主要垛形之一。

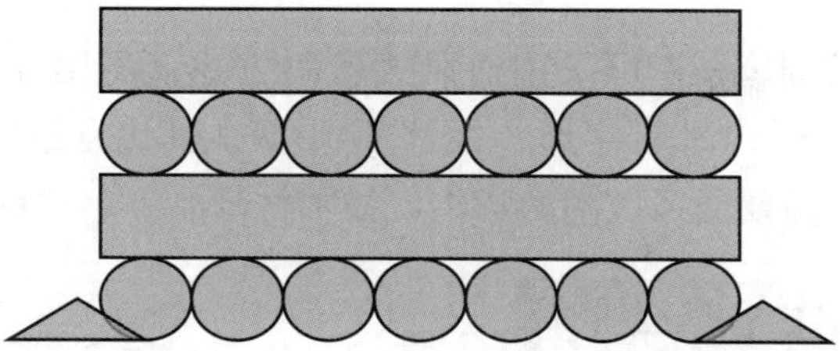

图 3-18　纵横交错式

3. 仰伏相间式

仰伏相间式（见图 3-19）是货物仰伏互相交错堆码，以使货垛牢固。它适用于钢轨、槽钢、角钢等货物，在露天货场堆码，应注意一头高一头低，以便于雨水排放。

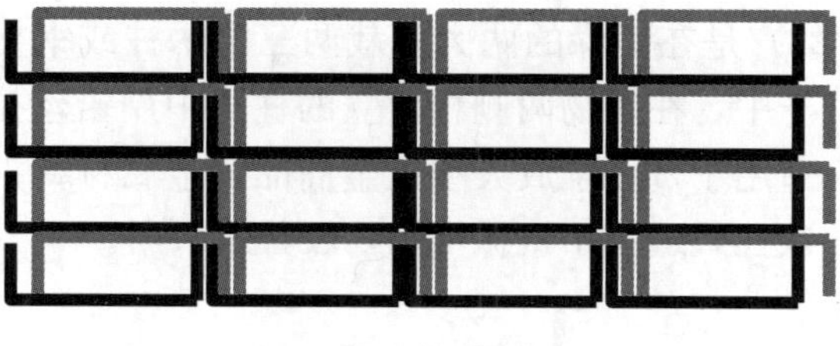

图 3-19　仰伏相间式

4. 压缝式

压缝式（见图 3-20）是长方形包装的商品普遍采用的堆码方式。每层商品有规则地排列，使每件商品跨压下层两件以上的商品，上下层每件商品形成十字交叉；每层商品件数相等、层层重叠，形成相对独立的小垛；若干小垛同样堆码，紧密相挨形成一个大货垛。这种堆码方式的优点是：层层压缝、货垛稳固、不易倒塌；储存大宗商品时便于分批出库，逐一腾出小垛占用的仓容。它适用于阀门、缸、建筑卫生陶瓷和桶装货物堆码。

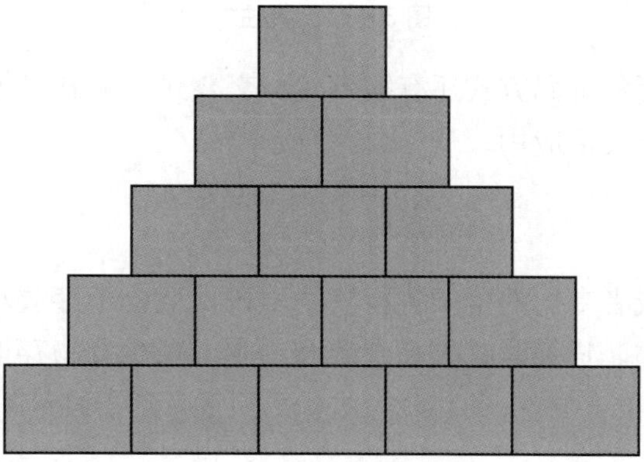

图 3-20　压缝式

5. 通风式

为便于商品通风散潮，仓库可采用通风式堆码方式（见图 3－21）。通风式垛形很多，常见的有“井”字形、“非”字形、“示”字形等。其优点是容易散发商品的温度和水分，适用于易霉变、需要通风散潮的货物，如木材制品等；缺点是占用空间较大。

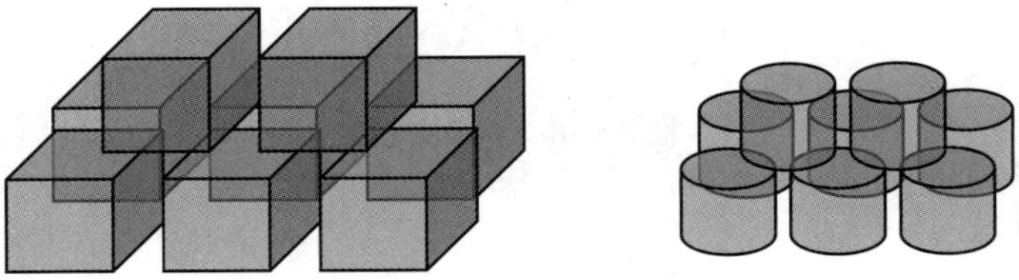

图 3－21　通风式

6. 栽柱式

栽柱式（见图 3－22）是在货垛的两旁各栽两三根木柱或钢棒，然后将中空钢、钢管等五金材料平铺在柱子中，在货物两侧相对立的柱子中用铅丝拉紧，以防倒塌。此种堆码方式多用于货场，适用于货场堆放大型五金商品、金属材料中的长条形材料，如圆钢、中空钢、钢管等。栽柱式适宜于机械堆码，较普遍采用。

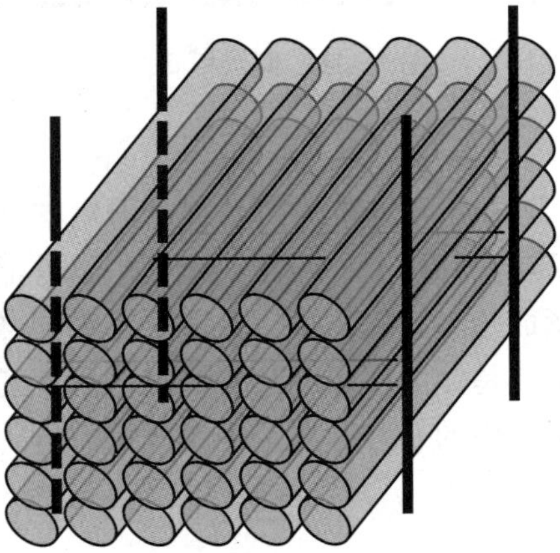

图 3－22　栽柱式

除上面几种外，货物堆码方式还有缩脚式、交叠式、牵制式等。在实际工作中可结合货物堆存的具体特点灵活应用。

（三）货架堆放

仓库可采用通用或者专用的货架进行货物堆码，适合于存放小件货物或不宜堆高的货物。货架能够提高仓容利用率，减少货物存取时的差错。

相关链接

仓库存放的 6S

（四）成组堆码

采用成组工具可使货物的堆存单元扩大。常用的成组工具有货板、托盘和网格等。成组堆码一般每垛 3～4 层，这种方式可以提高仓容利用率，实现货物的安全搬运和堆存，提高劳动效率，加快货物流转。

任务实施

背景资料：

各组根据“任务导入”中的 A 物流公司的情况，设计 1 000 平方米的普通仓库的存储规划方案。该仓库应具备入库、出库、在库保管的功能，同时配备设施设备，标出货架区、堆垛区、备货区、理货区、包装区。

操作过程：

（1）学生每 5 人为一个小组，每组选一名学生作为组长；

（2）能上网的计算机每人一台、Word 软件；

（3）初步确定仓库存储规划方案的基本思路（见表 3－14）。

表 3－14　仓库存储规划方案的基本思路（学生自用）

仓库存储规划方案的基本思路	

（4）小组讨论后确定仓库存储规划设计图（见表 3－15）。

表 3－15　仓库存储规划设计图（小组用）

组长：______　成员：______________________ 仓库存储规划设计图：

任务评价：

（1）由教师和学生共同讨论，根据各组的方案设计和实施情况进行评价（见表 3－16），给出成绩（小组互评、学生自评、教师评价相结合）。

表 3-16 任务评价表

项目名称	内容	分值（分）	实际得分
评价标准	工作态度	10	
	沟通、协调能力	10	
	自学任务的完成情况	10	
	设备搜索	10	
	确定仓库内柱子与通道	10	
	确定货架的摆放	10	
	标注出流程动线图	10	
	仓库存储规划方案的可行性	20	
	节能环保意识	10	
合计		100	

测评小组： 被测评人：

（2）仓库存储规划方案调整与建议：根据小组互评、学生自评以及教师给出的建议改进和调整（具体内容见表 3-17）。

表 3-17 仓库存储规划方案调整与建议

<table>
<tr><td>需要改进和
调整的内容</td><td colspan="2"></td></tr>
<tr><td rowspan="2">学习成果提交</td><td>项目</td><td>签字</td></tr>
<tr><td>仓库存储规划方案</td><td></td></tr>
<tr><td colspan="3">学习收获及心得体会：</td></tr>
</table>

任务小结

本任务介绍了仓库在投入使用前要进行的库房分区与储位编号工作。库房分区是根据商品性质、保管要求、消防方法及设备条件，将库房、货棚、货场划分为若干保管商品的区域，进行分类储存的方法。仓库应首先收集分区分类所需资料，然后选择分区分类的方法，同时要考虑分区分类的注意事项。

项目四
仓储库内作业

学习目标

※ 知识目标

1. 学会入库、出库、在库保管作业流程
2. 明确入库、出库、在库保管管理制度
3. 熟悉入库、出库、在库保管各岗位职责

※ 能力目标

1. 能够掌握库内作业操作
2. 能够按照仓库安全标准完成仓库管理工作
3. 能够按照入库、出库、在库管理标准，完成入库、出库、在库操作
4. 能够按仓储管理 6S 标准，清理现场垃圾并整理现场

※ 素养目标

1. 培养沟通能力、团队合作意识
2. 培养表达能力、创新能力
3. 培养分析问题和解决问题的能力
4. 培养诚实守信、踏实认真的态度和节能环保的意识

学习导图

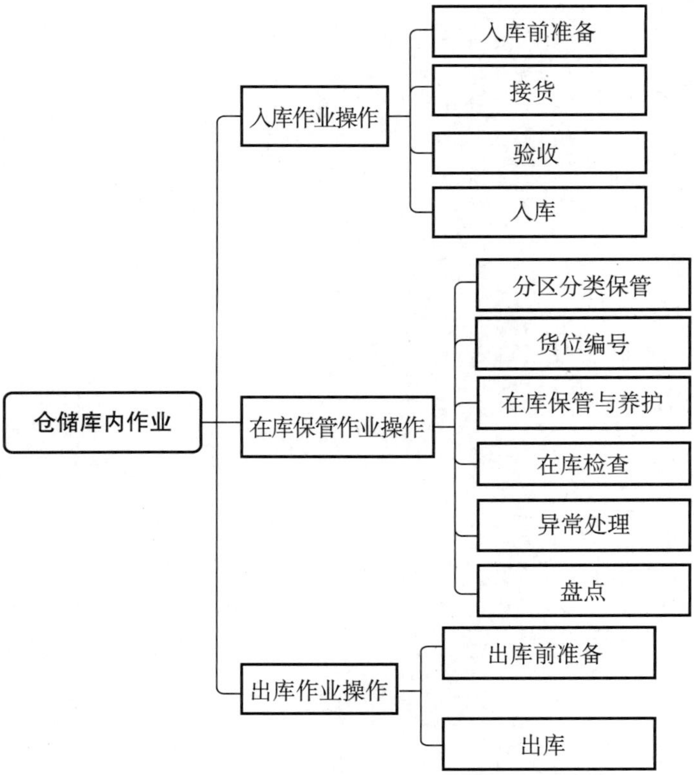

任务一
入库作业操作

任务导入

中粮集团有限公司将一批福临门食用油委托给以仓储为主要业务的三鑫物流公司，由其负责入库、出库、在库保管作业。如表 4 - 1 所示，2023 年 3 月 20 日入库25 000 箱福临门食用油。你作为三鑫物流公司的库管员，应如何做好入库准备？请编制本次入库作业方案，并组织实施，确保安全、准确地将物品存入合适的储位。

表 4 - 1　进货单

商品名称	规格	单位	数量	单价	金额	备注
福临门油	500ml	箱	10 000	65.3	653 000	葵花籽油
福临门油	500ml	箱	5 000	85	425 000	花生油
福临门油	500ml	箱	10 000	71	710 000	花生调和油

任务分析

库管员在进行入库作业计划设计时，应参照《仓储物资验收标准》，按照客户的需求、货物的特性进行设计。所以，库管员需要先了解即将入库的货物品类、货物对环境的要求、在仓库停留的时间、验收方法、上架方法、组托方法，明确货物在入库前所做的人、空间、物的准备。本任务的学习重点是入库流程和验收的方法。

课前预习

1.《仓储物资验收标准》的内容有哪些？

____

____

2. 入库作业的基本步骤是什么？

____

____

3. 货物入库前库管员应该做哪些准备工作?

____

____

4. 库管员在验收货物时应注意哪些问题?

____

____

相关知识

入库作业流程是仓库作业的开始。入库作业流程主要包括入库前准备、接货、验收、入库等步骤。入库作业流程如图 4－1 所示。

微课

入库作业

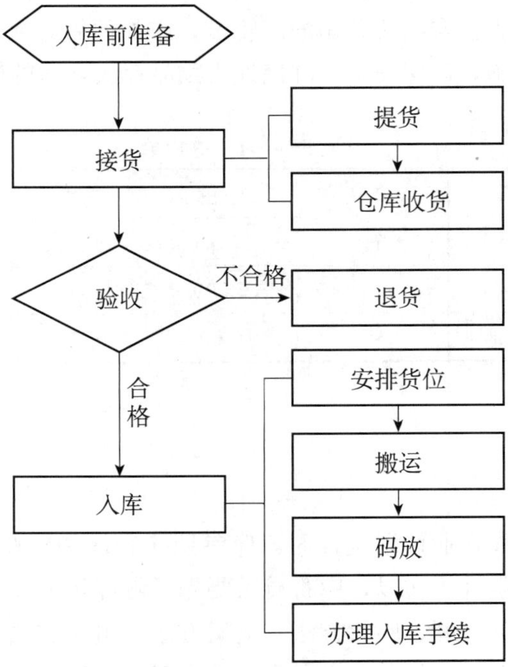

图 4－1　入库作业流程

一、入库前准备

仓库管理人员应根据合同、计划和入库单进行库、区、储位的安排与准备，当货物到达时，以便货物能顺利验收，并及时入库。具体工作包括以下几项：

(一) 了解入库的货物

仓库管理人员应了解入库货物的品种、规格、数量、包装、单件体积、到货时间、存储期限、货物特性和保管要求，便于安排货场。

（二）制订入库计划

仓库业务部门根据货主预入库的信息，仓库本身的储存能力、设备条件、劳动力情况和各种仓库业务操作需用的时间来制订入库计划（见表 4－2），并将任务下达到相应的作业单位和相关主管部门。

表 4－2　入库计划

预计到库时间			客户名称				
预计存储期			入库类型				
入库方式			其他要求				
库房			优先级		紧急程度		
货品编码	货品名称	规格	批次	单位	数量	体积	重量

制单：

（三）妥善安排仓位

仓库管理人员根据货物的品种、性能、数量、存放时间等，结合货物堆码层次要求，计算占用仓位面积，并进行腾仓、清扫，准备入库场地。

（四）备足苫垫用品

仓库管理人员根据入库货物的性能、存储要求以及保管场所的具体条件等，确定入库货物的堆码形式和苫盖方式，准备好苫垫物料，做到货物堆放与苫垫工作同时间内一次性完成，确保货物安全。

（五）准备装卸搬运工具

仓库管理人员根据入库货物的种类、包装、数量等情况及接运方式，确定搬运、检验、计量等工作，配备所用车辆、检验器材、度量器材，以及装卸、搬运、堆码、苫垫的工具及保护货物散落的用具等。

（六）准备仓库单证

仓库管理人员应妥善保管货物入库所需的各种单证、明细账等，如验收单（见表 4－3）、入库单（见表 4－4）、退货单（见表 4－5）等。

表 4-3 验收单

订单编号：　　　　　　　　　　　　　　　　　　　　　　日期：

货号	名称	数量	规格符合		单位	实收数量	单价	总价
			是	否				
检查	抽 样	%不良	验收结果		检验主管		检验员	
	全 数	个不良						

主管：　　　　　　核算：　　　　　　收货：　　　　　　制单：

表 4-4 入库单

货主单位：　　　　　　　　　　　　　　　　　　　　　　日期：

货号	品名	规格	单位	数量	检验	实收数量	备注

会计：　　　　　　　　库管员：　　　　　　　　制单：

表 4-5 退货单

退货单位：　　　　　　　　　　　　　　　　　　　　　　日期：

货物名称	货号	退货量	实收量	退货原因					
				多发	错发	串货	品质差	过期	其他

会计：　　　　　　　　库管员：　　　　　　　　制单：

二、接货

接运人员与托运人或者承运人办理入库交接手续，及时将货物安全接运回库。具体工作包括以下两项：

（一）提货

（1）到车站、码头提货。提货人员凭提货单到车站、码头提货时，应根据运单上所列的货物的名称、规格、货号、数量、质量、收货单位、包装等内容，进行仔细核对，无误后，办理提货手续，进行提货。货物到库后，提货人员应及时将货物、运单一并交给保管人员当面点清，并办理交接手续。

（2）到货主单位提货。提货人员接受货主委托直接到供货单位提货时，应根据委托书，了解货物的性能、规格、数量、货号等信息，当场检验货物质量、清点数量，并做好验收记录，发现问题及时调换，提货验收一次完成。

（3）托运单位送货到库。这种接货方式通常是在托运单位与仓库在同一城市，不需要长途运输时采用。当托运人送货到货栈后，提货人员应根据托运单办理接货验收手续，检查外包装，清点数量，做好验收记录。如出现货损、缺货等问题，提货人员应在验收记录上签字，并要求对方签字。

（二）仓库收货

货物到场后，仓库收货人员首先检查货物入库凭证，根据入库凭证开列的收货单位、货物名称、规格、数量、货号等内容与送交的货物进行核对。如果在验收时无异常情况，收货人员在送货回单上签字表示货物收讫，并办理交接手续。如果发现有短缺、货损、单货不符等情况，收货人员需要在送货单上详细注明并由送货人员签字。

三、验收

办完交接手续后，仓库管理人员就可以对入库的货物进行全面验收了。验收是仓库作业的起点，是分清仓库与客户责任的界限，为日后的保管养护打下基础。只有验收后的货物才能入库保管，手续不全的货物不得验收入库。验收的内容具体包括以下两个方面：

（一）资料核对

供货单位提供的质量证明书、合格证、发货明细表等均须与入库实物相符。货物质量以货物采用的统一标准进行验收。若发现问题，仓库管理人员应请相关部门检验和鉴定，并按规定办理索赔。具体资料包括：

（1）货物的入库通知单、仓储合同等；

（2）供货单位提供的质量证明书、合格证、装箱单、磅码单、发货明细表；

（3）运输部门提供的运单，若入库前在运输中发生残损情况，必须有记录。

（二）检验货物

检验货物是仓储业务中的一个重要环节，包括数量检验和质量检验。

1. 数量检验

数量检验是确保货物入库数量准确不可缺少的措施。一般情况下，数量检验主要有计件、检尺求积、检斤等形式。仓库验收人员在进行数量验收时，必须与供货方采用相同的计量方法。采用何种方法计量，要在验收记录中做出记载，出库时也按同样的方法计量，避免出现误差。

（1）计件货物验收。对于以件数为计量单位的货物，仓库验收人员应直接码盘，货号标识朝外，同一种货物码在相同托盘上，每层的件数相同，清点完毕后，再统一计数。

（2）检尺求积。检尺求积，即对以面积或以体积为计量单位的货物（如木材、竹子、玻璃等），先检尺后求积来进行数量验收。

（3）检验重量。对于以重量为计量单位的货物，如蔬菜、化工产品等，仓库验收人员进行数量验收时需要称重以检斤验收，并填写磅码单。

2. 质量检验

质量检验包括外观检验、尺寸检验和理化检验三种形式。仓库一般只做外观检验和尺寸检验，理化检验由仓库检验技术人员取样，进行检验。

（1）外观检验。外观检验，又称感官检验，验收人员利用视觉、听觉、触觉、嗅觉和味觉等感觉器官，检验货物包装外观，查看其有无二次封箱、包装是否牢固、有无渗漏现象；检查货物有无残损；检查货物是否被雨、雪、油等污染，有无潮湿、霉腐、生虫等现象。

（2）尺寸检验。对于需要进行尺寸检验的货物，如金属材料的直径和圆度、管材的壁厚、内径和机电产品等，由于尺寸检验是一项技术性很强而又费时的工作，验收人员在实际工作中可根据商品价值的大小和供应商的信誉等进行抽检。

（3）理化检验。理化检验，又称仪器检验，是指验收人员借助各种试剂、仪器和设备对货物的内在质量和物理、化学性质进行的检验。

3. 问题货物的处理

在货物验收过程中，验收人员如果发现货品数量或质量存在问题，应该严格按照有关制度进行处理。

（1）必要的单证不齐时，保管人员可对已到库货品做待检处理，进行临时保管，待证件齐全后再进行验收。保管人员应及时与有关方面联系，催收相关单证。

（2）供应商送交的货物的规格、质量和包装与规定的标准或与订货合同不符时，对于不合格品，保管人员应单独存放并进行查对，核实后记录不合格情况、残损情况，并将这些记录提供给货主，货主可凭此与供货单位交涉处理。

（3）当重量发生溢、缺时，在规定的“衡器公差”以内，保管人员可按实际验收重量验收。超出规定的“衡器公差”时，保管人员应进行核实并填制验收记录和磅码单，然后提交货主，货主可凭此与供货单位交涉处理。

微课

退货作业

（4）订货合同对进口物资规定了索赔期限、使用保证期。货主若发现质量、规格、性能、数量和重量等有关问题，应在索赔期内对外提出索赔。合同定有使用保证期的，货主若发现内在质量低劣、零件残损和性能不符合合同规定，属于对方责任的，在使用保证期内也可对外提出索赔。对货主已提出索赔的进口物资，保管人员要及早对验收报告及其他随货同来的资料转交货主，由货主申请检验检疫部门检验并出证。在未经检验检疫部门检验、出证，或虽经检验、出证提出退货、换货期间，保管人员都应妥善保管货物，并保留好原包装物，以便供应商复检，或国外取样或来人复验。

四、入库

货物验收后，保管人员应对收到的货物向送货人进行确认，表示货物已接收，办理交接手续，明确双方的责任，随后进行安排货位、搬运、堆码等相关工作。

（一）安排货位

保管人员要根据货物自身的自然属性和储位分配单（见表 4－6）来安排货位，如有的货物怕冻、有的货物怕热、有的货物怕潮、有的货物怕虫等。如果储存货物的特性不能适应存储条件，就会出现霉腐、锈蚀、干裂、挥发等变化。此外，保管人员还要遵循方便出入库作业、缩短收发货作业时间、力求节约仓容等原则安排货位。

表 4－6　储位分配单

作业单号			库房			
位置	货品编码	货品名称	应放	实放	质量	备注

制单人：　　　　　　　　　　　　　　　　　　库工：

（二）搬运

安排货位后，搬运工按照每批入库单填制的数量和相同的品唛将点验合格的货物集中起来，分批送到预先安排的货位，做到进一批、清一批，严格防止品唛互串或数量溢缺。在搬运过程中，搬运工应尽量做到一次连续搬运到位，力求避免入库货物在搬运时的停顿和重复劳动。对有些批量大、包装整齐的货物，送货单位可使用托盘一体化作业，便于点数，加快货物入库速度，减少货损。

（三）堆码

货物堆码方式会直接影响货物保管是否安全、清点数量是否便利以及仓容利用率是否提高。常用的堆码方式有：

1. 散堆方式

散堆方式是将无包装的散货在库场上堆成货堆的存放方式，是目前货物库场堆存的一种趋势。散堆方式适用于大宗散货，如煤炭、矿石和沙子等。这种堆码方式简单，可以节约包装费用，提高仓容利用率。

2. 堆垛方式

堆垛方式是指将货物以垂直方式堆放，以节省空间或便于存储、运输和管理。作业人员应根据货物承重情况进行合理堆码，以提高仓容利用率，保护货物质量。具体方式有直叠式、压缝式、通风式、缩脚式、交叠式、牵制式等。

3. 货架方式

货架方式是指采用通用或专用货架进行货物堆码。货架方式适合于存放小件货物或不宜堆高的货物，便于机械化作业，提高作业效率，提高仓容利用率。

（四）办理入库手续

对于验收合格的货物，保管人员应及时办理入库手续，并建立各种资料，给货主货物验收回执单，进行入库信息处理。

1. 建卡

“卡”又称料卡或货物明细卡（见表4－7），能够直接反映该垛货物的品名、编码、存放位置、单位，并体现进、出、存的动态数量变化。建卡时，保管人员应按入库单所列内容逐项填写，做到一品一卡。对于卡片的存放通常有两种方式：一是集中式管理，即由保管人员集中保存管理，这种方式专人专责，但是不便于操作；二是分散式管理，保管人员将填制的料卡直接挂在物资垛位上，挂放要明显、牢固，这种方式便于卡物核对，有利于出入库作业并提高作业效率。随着计算机的应用，卡片的登录管理也可以通过计算机系统来实现。

表4－7　货物明细卡

日期：

货物名称	货号	存放位置	单位	入库记录	出库记录	结存	核对

记账：　　　　制单：

2. 登账

货物入库后，由保管人员登记实物保管明细账（见表4－8），及时反映货物进、出、存的详细情况。实物保管明细账通常按货物的品名、编码、规格、单位、货主等分别建账，一般多采用活页账，货物严格按照入库、出库凭证及时登记，保管人员要填写清楚、准确。当一张账页记完后，在过次页行将入库、出库合计数和结存数结转到下一页的承前页行，旧账页保管好，以备查账。

表 4-8　实物保管明细账

货主单位：　　　　　　　　　　　　　　　　　　　　日期：

货物名称	货号	规格	单位	单价	入库数量	出库数量	结存	经手人

记账：　　　　　　　　　　　　　　制单：

3. 入库信息处理建档

保管人员应将入库作业全过程的有关资料进行整理、核对，输入计算机，建立资料档案，以便货物管理和保持客户联系，为将来的纠纷处理提供依据；同时也为货物的保管、出库业务创造良好的条件。

4. 签单

商品验收入库后，保管人员应按要求签回单，以便向供货单位和货主说明收到货物的具体情况。如果在验收时出现短缺、残损等情况，保管人员需要在回单上注明。

任务实施

背景资料：

同任务导入，2023 年 3 月 20 日入库 25 000 箱福临门食用油，其中花生油 5 000 箱、葵花籽油 10 000 箱、花生调和油 10 000 箱。你作为三鑫物流公司的库管员，应如何设计入库作业方案？

操作过程：

（1）学生每 4 人为一个小组，每组选一名学生作为组长。

（2）以小组为单位完成货物入库作业方案并实施（有实训条件）。

（3）教师进行现场指导，体现以学生为主体的教学特色。

（4）准备叉车、托盘、苫垫材料、账、卡、单等。

（5）制订入库计划（见表 4－9）。

表 4－9　入库计划（学生自用）

<table>
<tr><td>预计到库时间</td><td></td><td>客户需求</td><td colspan="3"></td></tr>
<tr><td>预计存储期</td><td></td><td>存储要求</td><td colspan="3"></td></tr>
<tr><td>货品的类型</td><td></td><td>存储数量</td><td colspan="3"></td></tr>
<tr><td>库房</td><td></td><td>优先级</td><td></td><td>紧急程度</td><td></td></tr>
<tr><td colspan="6">简单描述入库作业方案：</td></tr>
<tr><td colspan="6">入库需要的人员、材料、设备</td></tr>
<tr><td>入库需要的人员</td><td colspan="5"></td></tr>
<tr><td>入库需要的材料</td><td colspan="5"></td></tr>
<tr><td>入库需要的设备</td><td colspan="5"></td></tr>
</table>

制单：

（6）小组讨论后确定最终入库作业方案（见表 4－10）。

表 4－10　入库作业方案（小组用）

<table>
<tr><td colspan="5">组长：______　　成员：________________________
入库作业方案调整的内容：

最终入库作业方案：</td></tr>
<tr><td>人员岗位分工及进度安排</td><td>人员</td><td>实施情况</td><td>完成时间</td><td>备注</td></tr>
<tr><td>验收人员</td><td></td><td></td><td></td><td></td></tr>
<tr><td>理货人员</td><td></td><td></td><td></td><td></td></tr>
<tr><td>叉车工</td><td></td><td></td><td></td><td></td></tr>
</table>

制单：

任务评价：

（1）由教师和学生共同讨论，根据各组的方案设计和实施情况进行评价（见表 4－11），给出成绩（小组互评、学生自评、教师评价相结合）。

表 4-11　任务评价表

项目名称	内容	分值（分）	实际得分
评价标准	工作态度	10	
	沟通、协调能力	10	
	入库方案设计的合理性	25	
	各组成员实操分工合理、相互合作	10	
	入库作业完成的规范性	25	
	岗位职责的明确性	10	
	6S 管理，清理现场	10	
合计		100	

测评小组：　　　　　　　　　　　　被测评人：

（2）入库作业方案调整与建议：根据小组互评、学生自评以及教师给出的建议改进和调整（具体内容见表 4-12）。

表 4-12　入库作业方案调整与建议

需要改进和调整的内容		
学习成果提交	项目	签字
	入库计划	
	入库作业方案	
学习收获及心得体会：		

任务小结

本任务介绍了货物入库的整个作业流程。货物入库是仓储业务的第一阶段，有计划、有组织进行入库作业，有利于保证入库货物数量准确、质量符合要求、包装完好无损、手续完备清晰、入库迅速。货物入库作业的基本流程包括以下步骤：入库前准备、接货、验收（资料核对、检验货物）、办理入库手续。货物验收入库要及时、准确、细心，同时还要合理利用仓容，保管好货物，加速货物的流转。

任务二
在库保管作业操作

任务导入

三鑫物流公司的库管员的职责是确保货物安全、质量完好、数量准确无误。库管员要根据货物的特性，结合仓库的条件，采用科学的手段对货物进行分区分类保管。库管员应对货物进行定期和不定期盘点，发现货物异常问题及时上报。根据表 4－13，作为库管员的你认为应如何进行货物的在库保管？

表 4－13　仓库货物明细表

货物名称		数量（箱）
农夫山泉		21
		5
三元牛奶		30
		15
新疆大枣		10
		10
陈道明龙须面		19
百岁山矿泉水		18
福临门油	葵花籽油	10 000
	花生油	5 000
	花生调和油	10 000
金龙鱼花生油		14
鲁花花生油		100
燕京啤酒		130
古船面粉		12

任务分析

仓库保管人员在进行在库货物保管保养设计时，应按照《商品储藏养护技术规范》进行操作。所以，仓库保管人员首先应了解《商品储藏养护技术规范》的内容，了解易燃易爆品、鲜活商品及冷冻货物的保管要求；根据货物特性，创造适宜的温湿度环境。同时，仓库保管人员应对货物进行定期和不定期的盘点，确保账实相符，并拟定应急预案。本任务学习的核心是货物在库保管养护、库内货物盘点方法和仓库安全管理措施。

课前预习

1.《商品储藏养护技术规范》的内容有哪些？

2. 盘点的基本步骤是什么？

3. 确保仓库安全的具体措施有哪些？

4. 商品养护应注意哪些问题？

相关知识

货物保管阶段的工作主要是确保货物安全、质量完好、数量准确。仓库保管人员应对货物进行分类分区保管；对每种货物进行编号管理；定期和不定期地对货物进行检查和盘点，确保账实相符，及时发现问题及时解决问题。货物在库作业流程如图 4-2 所示。

微课

在库作业

一、分区分类保管

分区是指根据仓库保管场所的建筑结构、设备等，将库房、货场、货架等划分为若干保管区，按区储存一定种类的货物。分类是指根据货物的性质、养护需要、消防要求的一致性，将仓库中的货物划分若干种类。分区分类的方法有：按货物的性质分区分

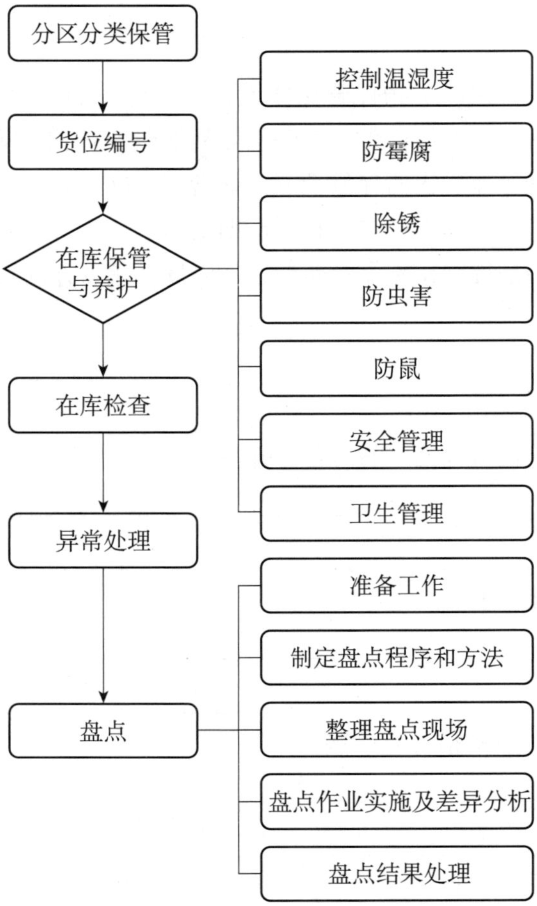

图 4－2　货物在库作业流程

类；按不同客户分区分类，防止客户间的货物混淆，便于货物的存取与管理；按吞吐快慢分区分类，对于快进快出的货物，要选择出库方便的货位，长期存储的货物不宜靠近库门。

在存放货物时，保管人员应根据货物性能、保管与养护要求，合理选择库房，妥善安排储位。保管人员安排储位时应注意以下几个问题：

（1）对于性能相互抵触、有毒货物和食品、互相串味的货物要分开存放。

（2）易燃、易爆、有毒、腐蚀性、放射性等危险品，如酒精、硫酸和苯等，应该专库专储存放。

（3）对于怕潮、易霉、易锈的货物，如茶叶、烟草、五金等，应选择干燥、密封区域储存。

（4）对于怕光、怕热的货物，如巧克力、面包、橡胶制品等，应放在低温区域储存。

（5）对于怕冻货物，如化妆品、洗涤用品、油等，要选择在 0℃以上仓库存放。

二、货位编号

在货物分区分类存放时，保管人员应对货位进行编号。货位编号是将仓库、货场、货架及货物存放的具体位置顺序进行统一编号，并标示统一标志。具体编号方法为：

（1）仓库内的货位编号。保管人员可以按库房干支道的分布，划分若干货位，按顺序编号，并标于明显的地方。

（2）货场中的货位编号。一般先划分排号，再对各排按顺序编上货位号。有的物流公司直接标在地上。

（3）货架上的货位编号。保管人员可以先将货架进行编号，然后将每个货架的货位按层、位进行编号。

三、在库保管与养护

（一）控制温湿度作业

温度、湿度是影响货物安全储存的决定性因素。各种货物由于其本身特性，对温湿度一般都有一定的适应范围，超过这个范围，货物就有可能变质。因此，仓库保管人员应该根据库存货物性能要求，适当采取密封、通风、吸潮等办法，调节仓库的温湿度，使其达到适应货物储存的范围，确保货物的质量。保管人员应每天观测并记录温湿度（见表 4－14）。

表 4－14　温湿度观测记录表

库号：　　　　　　　　　　　　　　　　　　　　　储存货品：

日期	天气	干球 ℃	湿球 ℃	绝对湿度 g/m^3		记录时间	原因分析	调节措施
				库内	库外			

（1）密封。密封是将货物尽可能封闭起来，减少或阻止外界不良气候和其他不利因素的影响，是仓库内温湿度控制和调节的基础。密封后，保管人员要加强检查和管理工作。当发现货物出现异状时，保管人员要及时采取措施，确保货物的质量安全。

（2）通风。通风，即利用库内外空气温度不同而形成的气压差，使库内外空气形成对流，达到调节库内温湿度的目的。正常的通风不仅能够调节库内外与改善库内的温湿度，还能够使商品和包装物蒸发多余的水分。但是在库房通风时，保管人员还要考虑货物的性质要求和库房内外温湿度的实际情况而定，否则，不合理的通风会影响货物的存储质量。

（3）吸潮。吸潮，即利用物理或化学的方法，将库内潮湿空气中的水汽除去，降低库内湿度。目前，大部分仓库通过吸湿机将库内的湿气排出。

（二）防霉腐作业

霉腐是指当空气相对湿度达到75%以上时，有可能引起微生物生长，货物在储存期间，由于受到微生物的影响而引起的生霉、腐烂、腐臭等质量变化的现象。在进行仓储管理时，保管人员应结合货物自身的特性和库内外环境，采取必要的措施，抑制霉菌的生长，如：加强温湿度的控制；合理安排储存场所；合理堆码，下垫隔潮垫；安全密封；做好仓库的安全卫生等工作。

（三）防锈作业

锈蚀是指金属货物表面在环境介质的作用下，发生物理体积与化学性质的缺失与变化。一般而言，仓库可以将湿度控制在65%～70%。在货物入库时，保管人员应严格检查，及时除去入库金属表面残留的水渍、油污、泥灰等脏物，减少金属锈蚀的概率。对已有锈迹的，保管人员应采用手工、机械、化学等方法除锈。

（四）防虫害作业

仓库内虫害的防治是做好货物保管保养工作的一个重要环节。常见的货物感染途径、预防方法和防治措施如表4-15所示。

表4-15　常见的货物感染途径、预防方法和防治措施

感染途径	预防方法	防治措施
货物入库前已有虫害潜伏	做好检疫工作	根据货物的特性采用驱避剂、杀虫剂、熏蒸剂、高低温杀虫、缺氧剂、辐射防治等措施
包装内有害虫	对包装物进行消毒	采用驱避剂、杀虫剂、熏蒸剂等药物对包装进行消毒
仓库内建筑的缝隙或器具有害虫潜伏	库内外环境清洁	对库房进行定期消毒
货垛（货架）间相互感染	对已经感染虫害的货垛单独储存	采用驱避剂、杀虫剂、熏蒸剂等药物对包装进行消毒

（五）防鼠作业

对鼠的防治可采用捕鼠器、加门挡板等措施。

（六）安全管理

仓储的安全工作主要包括防火、防盗、防各种自然灾害。仓库保管人员应严格遵守仓库的安全管理制度，保证仓库及仓库内货物的安全。具体内容包括：

微课

仓库安全作业

（1）制定完善的仓库安全管理制度，减少各种事故给仓库货物带来的安全隐患。

（2）库房内严禁烟火和明火作业，在仓库内配备消防器材和工具，并定期检查这些消防器材和工具能否正常使用。

（3）下班前要检查电源是否关好、门窗是否上锁。

（4）仓库内安装监控设备、自动报警设备，避免出现丢失盗窃。

（七）　卫生管理

库房内外环境卫生要有专人负责，保持清洁干净，做到无粉尘、无蜘蛛网、无杂草、无废弃包装物；库内作业人员要保持良好的个人卫生，穿着统一的工作服，并定期清洗；保管人员应码放整齐库内外的物资，对已收发的货物要及时清理，确保货物无尘土。

四、在库检查

仓库保管人员应每天对仓库的各项工作进行检查并做好记录（见表4-16）。具体检查的内容包括作业通道的畅通情况、库房的温湿度、照明设施、消防设施等。

表4-16　仓库巡查记录表

巡查项目	月　日	月　日	月　日	月　日	月　日	月　日	月　日
	星期一	星期二	星期三	星期四	星期五	星期六	星期日
库房清洁							
用具归位							
消防设施							
照明设施							
货物状态							
作业通道							
库房温度							
库房湿度							
设备维护							
检查人员							

五、异常处理

保管人员应及时填报货物异常情况报告（见表4-17），并分析异常原因，根据产生异常的原因及时采取措施，进行防治和处理。

表4-17 货物异常情况报告

报告日期	货物名称	货号	异常情况	原因分析	处理结果

经办人： 主管：

六、盘点

盘点在仓储作业中是非常重要的一个环节。仓库保管人员应该每天都进行盘点，通过与计算机系统的结存数核对、与财务部门的账存数核对，确保账实相符。在盘点过程中发现问题，保管人员应及时处理。从时间上，盘点可分为定期盘点和随时盘点；从内容上，盘点可分为全面盘点和部分盘点。

（一）准备工作

（1）人员安排。通常情况下，仓库保管人员每天都要进行盘点，确保账实相符；对于定期盘点，由仓储企业统一安排人员，并编制盘点人员编组表，最好有企业负责人、财务人员、信息录入人员、保管人员共同参与。

（2）工具准备。手持终端、碳素笔、库存对照表、财务明细账、货卡（见表4-18）、盘存单（见表4-19）、盘点表（见表4-20）、量尺等工具。

表4-18 货卡

货物名称： 规格： 单位： 单价：

年		送货（提货）单位	入库	出库	库存	经手人
月	日					

表 4－19　盘存单

编号：　　　　　　　　　　　填表人：　　　　　　　　　　　盘点日期：

货号	货物名称	规格	单位	账面数量	实存数量	盘点人员	复盘数量

主盘人：　　　　　　　　　　　盘点人：　　　　　　　　　　　复盘人：

表 4－20　盘点表

盘点范围：　　　　　　　　　　　填表人：　　　　　　　　　　　盘点日期：

货号	货物名称	规格	单位	账面数量	盘点数量	差异	责任人

主盘人：　　　　　　　　　　　盘点人：　　　　　　　　　　　复盘人：

（二）制定盘点程序和方法

由盘点负责人确定盘点程序。盘点程序包括盘点准备、物资清理、盘点作业实施、盘点差异分析、盘点结果处理等（见图 4－3）。

图 4－3　盘点程序

盘点方法如表 4－21 所示。

表 4－21　盘点方法

方法	盘点时间	盘点方式	备注
全面盘点法	节假日	定期	对全部商品进行盘点
部分盘点法	随机	不定期	对部分商品进行盘点
循环盘点法	按月或周规定时间	定期循环	适当划分库内区域，循环盘点

（三）整理盘点现场

保管人员在盘点前应做好仓库的清理工作，做到货垛、货架整齐有序，应清楚标注尚未办理入库手续的货物。同时，保管人员应对变质的物资加以标识、单独存放、单独盘点。具体包括以下几个方面：

（1）在盘点前，保管人员对货主交来的物资必须明确具体数量，如已验收完成，应及时整理归库；若尚未完成验收程序，应划分清楚，避免混淆。

（2）储存场所整理整顿完成。

（3）预先鉴定呆料、废品、不良品。

（4）账卡、单据、资料均应整理后加以结清。

（5）储存场所的管理人员在盘点前应自行预盘。

（四）盘点作业实施及差异分析

1. 盘点作业实施

（1）保管人员发放盘点单，记下发放的盘点单的编号数。

（2）初盘人员初盘并填写盘点表。

（3）复盘人员确认初盘数量。对于数量有差异者，复盘人员应与初盘人员做好复核确认。

（4）复盘人员将确认后的数据记录于盘点记录表（见表 4－22）。

表 4－22　盘点记录表

盘点日期：

序号	盘点票号	货物编号	品名	规格	单位	初盘数量	复盘数量	确认数量	备注

（5）盘点人员按照编号发出并收回盘点表，核对盘点记录表上的实盘数据。

（6）盘点人员核对实盘数据与账目。

（7）若发生盘点盈亏，盘点人员分析盈亏原因，编制盘点盈亏汇总表（见表 4－23）。

表 4－23　盘点盈亏汇总表

<table>
<tr><td rowspan="2">公司名称</td><td rowspan="2"></td><td colspan="6">存货放置地点</td><td colspan="2">盘点日期</td><td>填表人</td><td>复核人</td></tr>
<tr><td colspan="6"></td><td colspan="2"></td><td></td><td></td></tr>
<tr><td>盘点人员</td><td colspan="11"></td></tr>
<tr><td rowspan="2">货号</td><td rowspan="2">存货名称</td><td rowspan="2">单位</td><td rowspan="2">规格</td><td rowspan="2">账存数量</td><td rowspan="2">实存数量</td><td rowspan="2">毁损数量</td><td rowspan="2">报废数量</td><td colspan="2">溢余</td><td colspan="2">短缺</td></tr>
<tr><td>数量</td><td>金额</td><td>数量</td><td>金额</td></tr>
<tr><td></td><td></td><td></td><td></td><td></td><td></td><td></td><td></td><td></td><td></td><td></td><td></td></tr>
<tr><td></td><td></td><td></td><td></td><td></td><td></td><td></td><td></td><td></td><td></td><td></td><td></td></tr>
<tr><td></td><td></td><td></td><td></td><td></td><td></td><td></td><td></td><td></td><td></td><td></td><td></td></tr>
<tr><td></td><td></td><td></td><td></td><td></td><td></td><td></td><td></td><td></td><td></td><td></td><td></td></tr>
<tr><td>原因说明</td><td colspan="11"></td></tr>
</table>

2. 盘点差异分析

（1）是否因记账员素质不高记错账或出现退货没有及时处理而导致差异。

（2）是否因货物堆放混乱造成货损而导致差异。

（3）是否因盘点制度不完善、管理混乱而导致货账不符。

（4）是否产生漏盘、重盘、错盘等情况。

（5）盘点的差异是否可事先预防，是否可以降低账实差异的程度。

（6）盘点所得的数据与账簿资料的差异是否在允许误差内。

相关链接

货品移库操作步骤

（五）盘点结果处理

（1）编制盘点盈亏表报主管部门，按盘盈盘亏总金额和货物重要程度逐级上报。

（2）上级批准后对盘盈进行入账处理，对盘亏进行销账处理。

（3）保管人员及管理人员要对报损承担一定责任。

任务实施

背景资料：

对仓库现有货物农夫山泉、三元牛奶、新疆大枣、陈道明龙须面、百岁山矿泉水、福临门油（花生油、葵花籽油、花生调和油）、金龙鱼花生油、鲁花花生油、燕京啤酒、古船面粉等货物进行盘点。

操作过程：

（1）学生每 4 人为一个小组，每组选一名学生作为组长。

（2）以小组为单位完成货物盘点方案并实施（有实训条件）。

（3）教师进行现场指导，体现以学生为主体的教学特色。

（4）准备包装材料、笔、账、卡、单等。

（5）制订盘点计划表（见表 4－24）。

表 4－24　盘点计划表（学生自用）

<table>
<tr><td>盘点时间</td><td></td><td>参与人员</td><td></td></tr>
<tr><td>工具</td><td></td><td rowspan="2">盘点前准备</td><td rowspan="2"></td></tr>
<tr><td>库房</td><td></td></tr>
<tr><td colspan="4">简单描述盘点作业方案：</td></tr>
<tr><td colspan="4">描述仓库养护措施：</td></tr>
</table>

（6）小组讨论后确定最终盘点作业方案（见表 4－25）。

表 4-25 盘点作业方案（小组用）

<table>
<tr><td colspan="5">组长：______ 成员：______________________________
盘点作业方案调整的内容：

盘点作业方案：</td></tr>
<tr><td>货品名称</td><td>账面数量</td><td>实存数量</td><td>差异</td><td>备注</td></tr>
<tr><td></td><td></td><td></td><td></td><td></td></tr>
<tr><td></td><td></td><td></td><td></td><td></td></tr>
</table>

（7）按照确定的盘点作业方案进行盘点。当出现账实不符时，需要进行复盘，根据盘点结果填写盘点盈亏表，并对盈亏情况加以说明，上报有关领导，进行批准处理，将情况记录填入表 4-26。

表 4-26 盘点作业流程设计表

<table>
<tr><td>序号</td><td>主要内容</td><td>盈亏情况</td><td>说明</td></tr>
<tr><td></td><td></td><td></td><td></td></tr>
<tr><td></td><td></td><td></td><td></td></tr>
<tr><td colspan="4">画出盘点作业流程图：</td></tr>
<tr><td colspan="4">阐述加强仓库安全管理的重要性：</td></tr>
</table>

任务评价：

（1）由教师和学生共同讨论，根据各组的方案设计和实施情况进行评价（见表 4-27），给出成绩（小组互评、学生自评、教师评价相结合）。

表 4－27　任务评价表

项目名称	内容	分值（分）	实际得分
评价标准	工作态度	10	
	沟通、协调能力	10	
	盘点作业方案设计的合理性	25	
	各组成员实操分工合理，相互合作	10	
	盘点作业完成的规范性	25	
	岗位职责的明确性	10	
	6S 管理，清理现场	10	
合计		100	

测评小组：　　　　　　　　　　　　被测评人：

（2）盘点作业方案调整与建议：根据小组互评、学生自评以及教师给出的建议改进和调整（具体内容见表 4－28）。

表 4－28　盘点作业方案调整与建议

需要改进和调整的内容		
学习成果提交	项目	签字
	盘点计划	
	盘点作业方案	
学习收获及心得体会：		

任务小结

货物验收合格入库后，就进入货物在库的保管阶段。货物的养护是一项综合性的应用技术。本任务介绍了货物到库后的货位安排、货位编号、库内温湿度的控制、仓库虫害和霉变的防治、货物的盘点等。在货品的储存保管保养作业中，仓库保管人员应根据货物自身的特性，尽量做好事前的准备和事中的控制工作，确保各种物资储存环境和安全得以保障，将货物的损耗降到最低。

任务三 出库作业操作

任务导入

2023 年 5 月 12 日，有一笔业务是三鑫物流公司为北京地区的物美、京客隆、家乐福等超市送货。出库订单汇总表如表 4 - 29 所示。你作为三鑫物流公司的库管员，应如何进行出库作业操作？

表 4 - 29 出库订单汇总表

商品名称	规格	单位	数量	单价	金额	备注
福临门油	500ml	箱	1 000	65.3	65 300	葵花籽油
福临门油	500ml	箱	100	85	8 500	花生油
福临门油	500ml	箱	100	71	7 100	花生调和油

任务分析

在进行出库作业计划设计时，应按照货物特性和仓储作业操作规范进行规范操作。所以，库管员应先了解仓储作业操作规范，了解即将出库的货物品类、库存数量能否满足订单要求。如果库存不能满足订单需求，库管员应及时与客户沟通。在出库环节，复核是关键，库管员应确保单货一致，避免出现错发、多发、少发等情况。同时，库管员应知晓出库分拣方法、如何备货、如何包装，以及出库前需要做哪些准备工作。本任务的学习重点是出库流程、分拣的方法、复核的方法。

课前预习

1. 《仓储作业标准》的内容有哪些？

____

____

2. 出库作业的基本步骤是什么？

3. 分拣方法有哪些？这些方法应该如何应用？

4. 库管员在复核时应注意哪些问题？

相关知识

货物出库是货物仓储过程的最后一个环节，也是仓储企业对外的一个窗口。货物出库作业水平和作业质量在一定程度上反映了仓储企业的形象，直接影响仓储企业的信誉和效益。出库作业流程包括出库前准备（包装整理、准备包装材料等）和出库（备货、复核、理货、货物出库、登账等）（见图 4－4）。

微课

出库作业

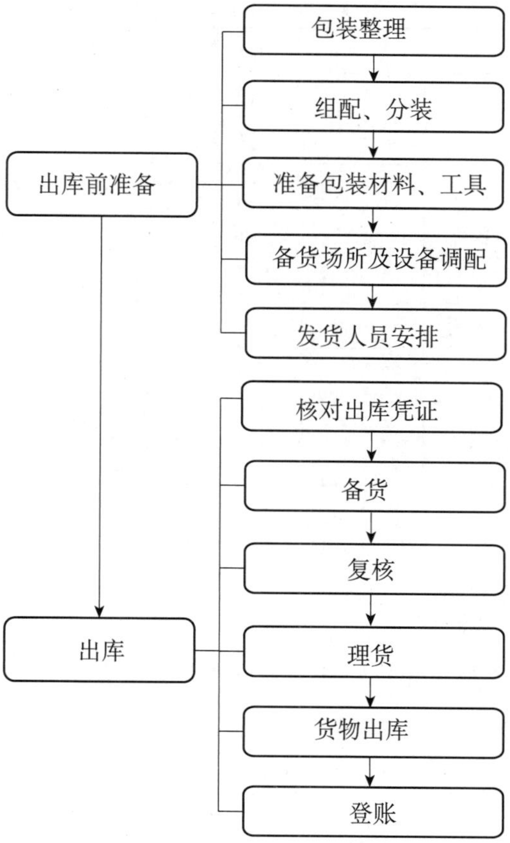

图 4－4　出库作业流程

一、出库前准备

（一）包装整理

由于货物进行多次装卸搬运、堆码、移库、拆检，会使部分包装受损，不宜出库运输，因此保管人员必须对包装进行加固或更换包装。

（二）组配、分装

根据客户的订单需求，有些货物需要拆零再出库，有些货物则需要拼箱出库，为此保管人员要做好分类、整理等工作。

（三）准备包装材料、工具

对于拼箱、改装的货物，保管人员需要准备包装材料和包装工具，如打包机、打包带、标签、纸箱等工具，并制订出库作业计划（见表 4－30）。

表 4－30　出库作业计划

预计出库时间			客户名称				
预计存储期			出库类型				
出库方式			其他要求				
库房			优先级		紧急程度		
货品编码	货品名称	规格	批次	单位	数量	体积	重量

制单：

（四）备货场所及设备调配

货物出库时，保管人员应先找好备货的场所，并准备必要的出库设备，如叉车、托盘、地牛、包装设备等。

（五）发货人员安排

当出库量较多时，仓库管理人员应合理安排人员，如分拣人员、理货人员、复核人员、包装人员、装卸搬运人员等，以确保按时发货，减少错发或串货等现象。

二、出库

（一）核对出库凭证

仓库接到出库凭证后，保管人员应审核订货单上的印章是否齐全、有无涂改，核对出库凭证上的货物品名、规格、数量与仓库的账目无误后，签发发货单（见表4-31）。信息处理部门制作发货通知单（见表4-32）给仓库，仓库收到发货通知单后，对其准确性进行复核，无误后进行货物的出库准备工作。仓库如发现货物名称不符、规格不对，数量有涂改、手续不全，均不予发货。

表4-31　发货单

客户：　　　　　　　　　　　　　　　　　　　　　　　　　　发货日期：

货号	品名	规格	产地	单位	数量	单价	总价	备注

财务：　　　　　　　　　　　　　　　　　　　　　制单：

表4-32　发货通知单

客户：　　　　　　　　　　　　　　　　　　　　　　　　　　发货日期：

货号	品名	规格	单位	数量	备注

财务：　　　　　　　　　　　　　　　　　　　　　制单：

如果客户持提货单到仓库提货，仓库相关人员应审核提货单的真实性、准确性，审核完成后，收回提货单，留作记账凭证，同时签发出库单（见表4-33）。

表4-33　出库单

客户：　　　　　　　　　　　年　　月　　日　　　　　　　　发货日期：

货号	品名	规格	单位	数量	批次	储位	计划数量	实发数量

财务：　　　　　　　　　　　　　　　　　　　　　制单：

（二）备货

仓库拣货人员应根据拣选单（见表 4－34），按其所列的项目内容，与编号的货位进行核对，按批次备货。首先，拣货人员按照出库单所列的储位，找到货位，按先进先出法的原则将货物分拣出来，要以单对卡，以卡对货，进行单、卡、货三核对，仔细清点出库的数量，防止差错。理货人员将备好的货物按照地区代号搬运到备货区。每拣完一单货，拣货人员还要在出库凭证上做销卡标记，表示货物的减少。

表 4－34　拣选单

作业单号			库房			
位置	货品编码	货品名称	应拣	实拣	数量	备注

制单人：　　　　　　　　　　　　　　　　　　　　　　　拣货员：

（三）复核

复核人员按照出库凭证所列的项目，对在备货区待出库的货物品名、货号、规格、数量等进行再次核对，确保单货相符。

（四）理货

仓库理货人员应检查货物的原包装。如果包装已残损，需要更新包装。如果是拆箱散货出库，理货人员在复核后应重新包装，避免散货出库。另外，为了明确责任，方便收货方收转，理货人员必须在货物的包装上注明收货单位、货号和数量等标识，避免出现丢货或发错货。

（五）货物出库

如果客户到仓库提货，仓库管理人员应同提货人共同验货，逐件、逐箱清点，确认无误后，将货物交给提货人。如果是送货，在装车时，理货人员应在现场监督装车全过程，并与随车人员一起清点货物装车数量，避免出现错装、漏装，并与送货人员办理交接手续。

（六）登账

出库的货物按订单发出后，保管人员应及时将货物从仓库保管账上核销，以便仓库做到账、卡、物一致，并整理提货单、送货单、订单等资料，留存备查。

三、出库业务应注意的问题

在出库时，由于备货人员和复核人员工作疏忽，有时会造成串货、错发等情况，给客户带来麻烦和不必要的损失，因此，在实际工作中仓库工作人员应该注意以下几个方面的问题。

（一）串货和错发货

串货和错发货是指发货人员由于对物品种类、规格不很熟悉，或者由于工作中的疏漏，将错误规格、数量的物品发出库的情况。如果物品尚未离库，仓库管理人员应立即组织人员重新备货。如果物品已经离开仓库，保管人员应及时向主管部门和送货人员通报串货和错发货的品名、规格、数量、客户等情况，如果货物尚未送到，应与客户及时协商处理；如果货物已交接完毕，一般在无直接经济损失的情况下，保管人员应重新按实际订货数，次日按准确的货物名称将货物送至准确的送货地点。

（二）包装破损

包装破损是指在发货过程中，因物品外包装破损引起的渗漏、商品丢失等情况。这类问题主要是在储存过程中因堆垛挤压或装卸操作不慎等情况引起的，发货时保管人员应经过整理或更换包装后才可出库，否则客户会拒收，所造成的损失应由相关责任人来承担。

（三）出库漏记账和错记账

漏记账是指在出库作业中，由于没有及时核销库存明细账，造成账面数量大于实存数量的情况。错记账是指在商品出库后核销明细账时，没有按实际发货出库的商品名称、数量等登记，从而造成账实不相符的情况。无论是漏记账还是错记账，一经发现，应及时调整。保管人员应做到每天盘点，按时记账，确保账实相符。

相关链接

货品出库原则

任务实施

背景资料：

2023 年 5 月 12 日，有一笔业务是三鑫物流公司为北京地区的物美超市配送福临门葵花籽油 400 箱、福临门花生油 50 箱、福临门花生调和油 30 箱；为京客隆超市配送福临门葵花籽油 350 箱、福临门花生油 30 箱、福临门花生调和油 20 箱；为家乐福超市配送福临门葵花籽油 250 箱、福临门花生油 20 箱、福临门花生调和油 50 箱。你作为三鑫物流公司的库管员，应如何进行出库作业？

操作过程：

（1）学生每 4 人为一个小组，每组选一名学生作为组长。

（2）以小组为单位完成货物出库作业方案并实施（有实训条件）。

（3）教师进行现场指导，体现以学生为主体的教学特色。

（4）准备叉车、托盘、包装材料、笔、账、卡、单等。

（5）制定出库作业方案（见表4-35）。

表4-35 出库作业方案（学生自用）

预计出库时间		客户需求			
货品的类型		出库数量			
库房		优先级		紧急程度	
简单描述出库作业方案：					
出库需要的人员、材料、设备					
出库需要的人员					
出库需要的材料					
出库需要的设备					

制单：

（6）小组讨论后确定最终出库作业方案（见表4-36）。

表4-36 出库作业方案（小组用）

组长：＿＿＿ 成员：＿＿＿＿＿＿＿＿ 出库作业方案调整的内容： 出库作业方案：				
人员岗位分工及进度安排	人员	实施情况	完成时间	备注
分拣人员				
包装人员				
叉车工				
复核人员				

制单：

任务评价：

（1）由教师和学生共同讨论，根据各组的方案设计和实施情况进行评价（见表4-37），给出成绩（小组互评、学生自评、教师评价相结合）。

表 4 - 37　任务评价表

项目名称	内容	分值（分）	实际得分
评价标准	工作态度	10	
	沟通、协调能力	10	
	出库方案设计的合理性	15	
	各组成员实操分工合理，相互合作	10	
	出库作业完成的规范性	15	
	岗位职责的明确性	10	
	6S 管理，清理现场	10	
	操作规范	10	
	安全意识	10	
合计		100	

测评小组：　　　　　　　　　　　　　　被测评人：

（2）出库作业方案调整与建议：根据小组互评、学生自评以及教师给出的建议改进和调整（具体内容见表 4 - 38）。

表 4 - 38　方案调整与建议

需要改进和调整的内容		
学习成果提交	项目	签字
	出库计划	
	出库作业方案	
学习收获及心得体会：		

任务小结

货物出库是仓储过程的最后一个环节，也是一个关键环节。本任务介绍了货物出库的流程，通常包括出库前准备（包装整理、组配、分装、准备包装材料和工具、备货物所及设备调配、发货人员安排）和出库作业（核对出库凭证、备货、复核、理货、货物出库、登账），以及货物出库常见问题如串货、错发货、包装破损、漏记账和错记账等问题的处理。

项目五
库存控制

学习目标

※ **知识目标**

1. 掌握 ABC 分类法的基本原理
2. 了解经济订货批量的含义
3. 掌握定量订货和定期订货的区别

※ **能力目标**

1. 能够掌握 ABC 分类法的分析步骤
2. 能够掌握经济订货批量的计算方法
3. 能够掌握定量订货和定期订货的计算方法

※ **素养目标**

1. 激发分析问题和解决问题的能力
2. 强化小组团队合作、培养团队合作精神
3. 培养创新能力以及爱岗敬业、肯于吃苦、节约的精神

学习导图

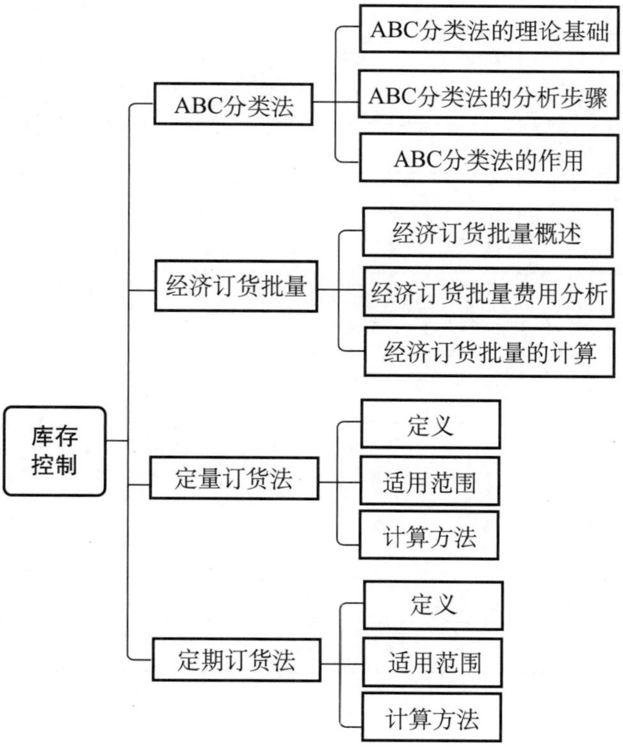

任务一
ABC 分类法

任务导入

现在仓库里有白酒甲、白酒乙、啤酒甲、啤酒乙、饮料甲、饮料乙、饮料丙、矿泉水甲、矿泉水乙、矿泉水丙，库管员需要根据表 5-1 中的数量、单价等资料，计算占用资金、占用资金百分比、资金占用累计百分比、数量占用累计百分比。根据计算结果，库管员需要将库存商品进行 ABC 分类。作为库管员，你认为表 5-1 的产品应该如何分类？

表 5-1 ABC 分析表

产品序号	产品名称	数量	单价（元）	占用资金	占用资金百分比（%）	资金占用累计百分比（%）	数量占用累计百分比（%）	分类
1	白酒甲	10	60					
2	白酒乙	5	20					
3	啤酒甲	10	10					
4	啤酒乙	10	5					
5	饮料甲	10	3					
6	饮料乙	10	3					
7	饮料丙	10	3					
8	矿泉水甲	10	2					
9	矿泉水乙	10	2					
10	矿泉水丙	15	1.3					
合计								

任务分析

按照 ABC 分析表，将数量占用累计百分比为 5%～15%，而资金占用累计百分比为

60%～80%的物品，确定为A类；将数量占用累计百分比为20%～30%，而资金占用累计百分比为20%～30%的物品，确定为B类；其余为C类，C类情况与A类相反，其数量占用累计百分比为60%～80%，而资金占用累计百分比仅为5%～15%。

课前预习

1. ABC分类的基本步骤有哪些？

____

____

2. A类货物应如何进行管理？

____

____

3. B类货物应如何进行管理？

____

____

4. C类货物应如何进行管理？

____

____

相关知识

提高物流管理水平是企业提升竞争力的重要手段，库存管理在企业的物流管理中起着至关重要的作用。现代库存管理的理论和方法很多，ABC分类法就是其中的一个，并且在实际工作中被广泛地应用。

一、ABC分类法的理论基础

（一）ABC分类法的产生

ABC分类法是源于ABC曲线的一种管理方法。ABC曲线又称帕累托曲线，是由意大利经济学家维尔弗雷多·帕累托提出的。其在研究人口与收入的关系问题时，经过对一些统计资料的分析后提出了一个关于收入分配的法则：社会财富的80%掌握在20%的人手中，而余下80%的人只占有20%的财富，即我们平时所提到的80/20法则。如果将此情况通过以横坐标为人口比例、纵坐标为收入比例的曲线加以描述，就得到了如图5-1所示的帕累托曲线。

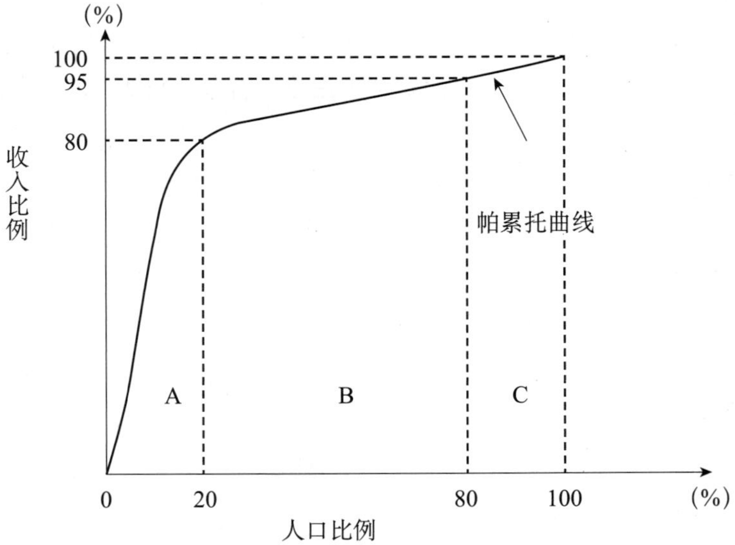

图 5-1　帕累托曲线

（二）**ABC 分类法在仓储管理中的定义**

ABC 分类法，又称帕累托分析法、主次因素分析法，是项目管理中常用的一种方法。它是根据事物在技术或经济方面的主要特征进行分类排队，分清重点、次重点和一般，从而有区别地确定管理方式的一种分析方法。由于其将分析对象分成 A、B、C 三类，因此又称为 ABC 分析法。如图 5-2 所示，分析人员可以绘出这些品种的两种累计率的对应图。

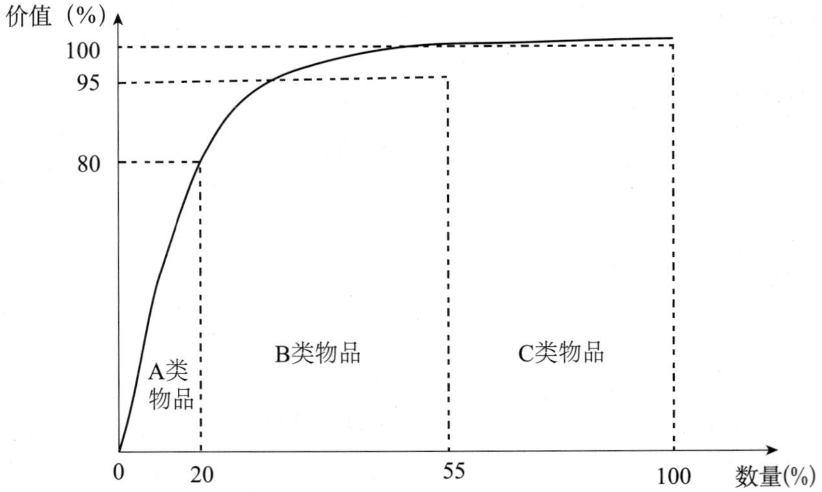

图 5-2　ABC 曲线图

二、ABC 分类法的分析步骤

下面以经营酒类、饮料类的某物流公司仓库为例进行相应的数据说明。

（一）收集数据

分析人员按照分析对象和分析内容收集产品成本构成等有关数据。

（二）处理数据

分析人员应对收集来的数据资料进行整理，按要求计算和汇总。首先，根据产品的名称、数量、单价，计算出每个单品占用的资金；其次，根据单品的资金成本占总资金成本的比重计算出资金占用累计百分比；最后，根据每个单品数量占总数量的比重计算出数量占用累计百分比。

（三）编制 ABC 分类表

根据计算结果，分析人员将货品的价值从大到小进行排序，设计 ABC 分类表。该表具体构成如表 5-2 所示。

表 5-2 ABC 分类表

产品序号	产品名称	数量	单价（元）	占用资金	占用资金百分比（%）	资金占用累计百分比（%）	数量占用累计百分比（%）	分类
1	白酒甲	10	60	600	60	60	10	A
2	白酒乙	5	20	100	10	70	15	B
3	啤酒甲	10	10	100	10	80	25	B
4	啤酒乙	10	5	50	5	85	35	B
5	饮料甲	10	3	30	3	88	45	C
6	饮料乙	10	3	30	3	91	55	C
7	饮料丙	10	3	30	3	94	65	C
8	矿泉水甲	10	2	20	2	96	75	C
9	矿泉水乙	10	2	20	2	98	85	C
10	矿泉水丙	15	1.3	20	2	100	100	C
合计		100		1 000	100			

（四）根据 ABC 分类表确定分类

依据 ABC 分类表，将数量占用累计百分比为 5%～15%，而资金占用累计百分比为 60%～80%的物品，即白酒甲确定为 A 类；将数量占用累计百分比为 20%～30%，而资金占用累计百分比也为20%～30%的物品，即白酒乙、啤酒甲、啤酒乙确定为 B 类；其余为 C 类，C 类情况正和 A 类相反，其数量占用累计百分比为 60%～80%，而资金占用累计百分比仅为 5%～15%。

（五）绘制 ABC 分析图

以累计品种百分比为横坐标，以累计资金占用额百分比为纵坐标，按 ABC 分类表所提供的数据，在坐标图上取点，并连接各点曲线，绘成 ABC 曲线（见图 5-3）。

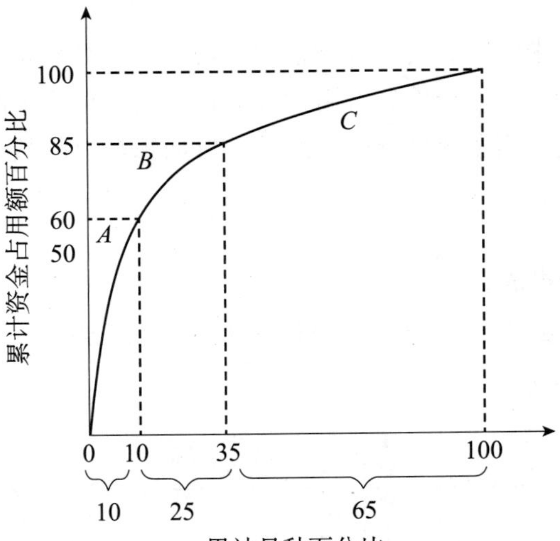

图 5-3 ABC 分类图

三、ABC 分类法在库存控制中的作用

（一）A 类货物管理方法

（1）由于 A 类货物价值较大，因此企业应恰当选择安全系统，使 A 类货物安全库存量尽可能减少，做到小批量、多批次进货。

（2）企业应与客户保持密切联系，及时了解客户需求的动向，保证良好的客户服务水平。

（3）企业应与供应商保持密切联系，保持和供应商的良好关系，避免随意更换供应商的情况发生。

（二）B 类货物管理方法

对于 B 类货物，企业应进行常规控制，可采用定量订货方式为主、定期订货方式为辅的方式，并按经济订货批量进行订货。

（三）C 类货物管理方法

对于 C 类货物，企业应运用比较粗放的定量控制方式，按较大的订货批量进行订货，一次补充到最大库存量，并适当增加安全库存量。

ABC 分类法作为一种常用的库存管理方法，为仓储工作提供了指导性作用。ABC 分类管理表如表 5-3 所示。

表 5-3　ABC 分类管理表

分类项目	A	B	C
价值	高	中	低
管理要点	将库存压缩到最低水平	库存控制可严可松	集中大量订货，以较高库存来节约订货费用
订货量	少	较多	多
订购量计算方法	按经济批量计算	按过去的记录计算	按经验估算
定额综合程度	按品种或规格	按大类品种	按总金额
检查库存情况	经常检查	一般检查	季度或年度检查
进出统计	详细统计	一般统计	按金额统计
保险储备量	低	较大	允许较高
控制程度	严格控制	一般控制	控制总金额
控制系统	连续型库存观测系统	综合控制法或连续、定期法	定期型库存观测系统

任务实施

背景资料：

三鑫物流公司的发展受限于库存问题，现在其对库存的 20 种商品进行了分类，各库存品种占用的资金及相应的库存金额占比如表 5-4 所示。

表 5-4　三鑫物流公司库存商品

品名	库存金额（千元）	累计库存金额（千元）	库存金额占比（%）	累计库存金额占比（%）	品种占比（%）	累计品种占比（%）
f	1 200	1 200	30	30	5	5
i	1 000	2 200	25	55	5	10
n	320	2 520	8	63	5	15
e	280	2 800	7	70	5	20
j	220	3 020	6	76	5	25
o	180	3 200	5	81	5	30
k	160	3 360	4	85	5	35
d	120	3 480	3	88	5	40
p	70	3 550	1	89	5	45
r	50	3 600	1	90	5	50
c	48	3 648	1	91	5	55
b	46	3 694	1	92	5	60
q	46	3 740	1	93	5	65

续表

品名	库存金额（千元）	累计库存金额（千元）	库存金额占比（%）	累计库存金额占比（%）	品种占比（%）	累计品种占比（%）
a	44	3 784	1	94	5	70
s	44	3 828	1	95	5	75
t	42	3 870	1	96	5	80
g	40	3 910	1	97	5	85
l	32	3 942	1	98	5	90
h	30	3 972	1	99	5	95
m	28	4 000	1	100	5	100

要求：以小组为单位对该物流企业库存的20种商品进行ABC分类，绘制ABC分类表，确定A类、B类以及C类商品，绘制ABC分类图。

备注：按商品价值从大到小排序。

操作过程：

（1）学生每3人为一个小组，每组选一名学生作为组长。

（2）以小组为单位完成货物ABC分类。

（3）教师进行现场指导，体现以学生为主体的教学特色。

（4）准备电脑、笔、尺、计算器、本等。

（5）对表5－4的数据资料进行ABC分类（见表5－5）。

表5－5　ABC分类（小组共同完成）

ABC分类结果汇总	
ABC分类图	
A类、B类、C类货物管理内容	A类货物管理：
	B类货物管理：
	C类货物管理：

任务评价：

（1）由教师和学生共同讨论，根据各组ABC分类的完成情况进行评价（见表5－6），给出成绩（小组互评、学生自评、教师评价相结合）。

表 5-6　任务评价表

项目名称	内容	分值（分）	实际得分
评价标准	工作态度	10	
	沟通、协调能力	10	
	各组讨论的全面性	10	
	具体计算和分析过程	30	
	分析表的计算结果	15	
	分析图的绘制准确性	10	
	如何对 A 类、B 类、C 类货物进行管理	15	
合计		100	

测评小组：　　　　　　　　　　　　被测评人：

（2）方案调整与建议：根据小组互评、学生自评以及教师给出的建议改进和调整（具体内容见表 5-7）。

表 5-7　方案调整与建议

需要改进和调整的内容		
学习成果提交	项目	签字
	ABC 分类表	
	ABC 分类图	
	A 类货物管理：	
	B 类货物管理：	
	C 类货物管理：	
学习收获及心得体会：		

任务小结

ABC 分类法，又称帕累托分析法、主次因素分析法、ABC 分析法，是由意大利经济学家维尔弗雷多·帕累托提出的。本任务对 ABC 分类法的产生、具体分析步骤以及该方法的应用进行了详细的阐述，以便学生可以准确地掌握该方法在库存中的应用，进而将其运用在日常的学习和工作之中。

任务二
在库商品存储策略

任务导入

某仓库某种物料的订购批量为 1 000 个，平均提前期为 10 天，平均每日正常需用量为 20 个，预计日最大消耗量为 50 个。作为库管员，你认为库存量为多少时是最安全的？当库存量达到多少时，需要进行订货？如果企业某种物资年需求量为 18 000 个，单位物资年保管费用为 20 元，每次订货成本为 200 元，则该企业每次采购多少付出的成本最低？多少天采购一次？

任务分析

对库存物品进行 ABC 分类后，根据不同分类物品主要涉及的存储策略有经济订货批量、定量订货和定期订货。根据这三种方法的计算，我们就可以确定经济订货批量、订货周期、安全库存和订货点等相关指标。

课前预习

1. 经济订货批量的计算公式是什么？

____

____

2. 什么是安全库存？

____

____

3. 什么是订货点？

____

____

4. 定期订货法与定量订货法的区别有哪些？

____

____

相关知识

一、经济订货批量概述

（一）经济订货批量的含义

经济订货批量（Economic Order Quantity，EOQ），又称整批间隔进货，是目前大多数企业采用的货物订购方式。经济订货批量适用于整批间隔进货、不允许缺货的储存情况。假设某种物资单位时间的需求量为 D，存储量以单位时间消耗数量 D 的速度逐渐下降，经过时间 T 后，储存量下降到零，此时开始订货并随即到货，库存量由零上升为最高库存量 Q，然后开始下一个存储周期，形成多周期存储模型。

（二）EOQ 模型的假设条件

经济订货批量模型最早是由哈里斯于 1915 年提出的，该模型的应用有如下假设：

（1）需求稳定，单位时间内的系统需求稳定。

（2）每次订货批量 Q 一定。

（3）订货提前期 L 不变。

（4）每批订货一次入库，入库过程在极短的时间内完成。

（5）订货成本、单位存储成本和单价固定不变。

（6）不允许出现缺货现象。

（三）经济订货批量的产生

订货成本（进货费用）是指从发出订单到收到存货整个过程中所付出的成本，如订单处理成本（包括办公成本和文书成本）、运输费、保险费以及装卸费等。存货成本是指物资存放在仓库经过一定时期后所发生的全部成本，即为保持存货而发生的成本，如仓库的折旧费、保险费、修理费、冷暖气费、通风照明费等仓储费用，以及仓库内部的装卸搬运费、仓库管理费等，此外还包括为储存物资占用资金而支付的利息或占用费、物资因陈旧变质和损耗所发生的损失等。

物资订货成本与其订购的次数成正比，而与每次购买物资量的多少关系不大，保管仓储成本则与每次订购物资的数量成正比。如图 5－4 所示，假如一段时期内所需订购的物资量一定，订货成本会随着订货批量增大而减少，而储存费用却随订货批量增大而增加，在两者相加所构成的数学关系中，存在一个使采购成本与储存费用之和最低的点，该点对应的物资订

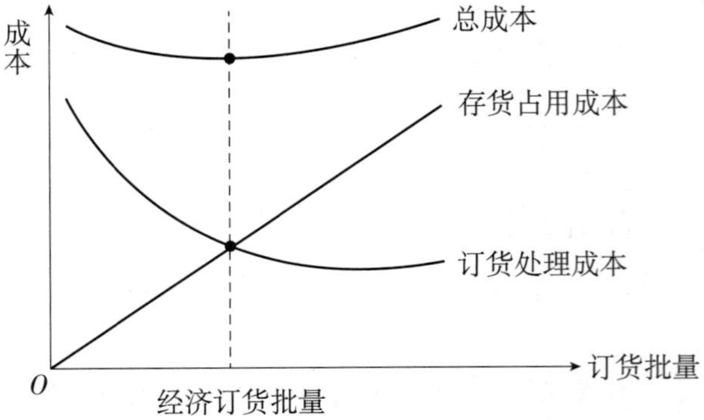

图 5－4　经济订货批量

购数量就是经济订货批量。

（四）EOQ 模型的总费用分析

订货与收货在企业中是循环往复的。假设其中一个循环始于收到 Q 单位的订货批量，随着时间的推移，由于是以固定的速度均匀消耗并且订货提前期不变，订货就会在库存量降为零时及时收到，即从最大库存到零库存期间的平均库存量等于 $\frac{1}{2}Q$，此时订货时机和订货批量安排合理，避免了多余的库存，也避免了缺货的风险。如图 5－5 所示，假设 $Q=460$，则平均库存量就是 $460\times\frac{1}{2}=230$。

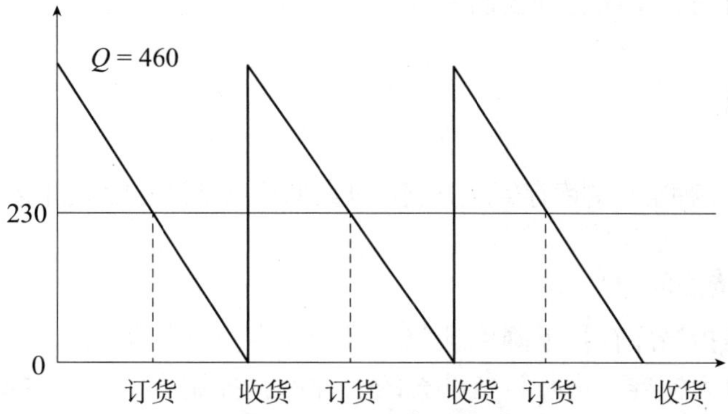

图 5－5　EOQ 费用模型

经济订货批量反映了库存成本与订货成本之间的平衡：当订货批量变化时，一种成本会上升，同时另一种成本会下降。例如，订货批量小，平均库存就会比较低，但同时增加了订货成本；订货批量大，可以减少订货成本，但增加了库存成本。因此，理想的方案是：订货批量既不能特别少次多量，又不能多次少量，订货批量取决于订购费用、储存费用及货物的单价等因素。

（五）计算经济订货批量

$$EOQ=\sqrt{\frac{2DK}{C}}=\sqrt{\frac{2DK}{PF}}$$

式中：EOQ——经济订货批量；

P——单位商品的购入成本（元）；

D——某商品的年需求量；

K——每次订货的订购成本（元）；

C——单位储存成本；

PF——单位商品的购入成本×成本系数。

［例 5－1］

甲仓库 A 商品年需求量为 30 000 个，单位商品的购买价格为 20 元，每次订货成本为 240 元，单位商品的年存储费率为价格的 50%，年保管费为 10 元。求该商品的经济订货批量。

解：$EOQ=\sqrt{\frac{2\times 240\times 30\ 000}{20\times 50\%}}=1\ 200$（个）

EOQ模型曾经广泛地应用于国外企业的存货管理，且收到良好的经济效果。目前，我国企业管理者也早已熟悉EOQ理论，并且尽可能地采用EOQ模型提高制定存货管理有关决策的质量。然而EOQ模型的应用要求相当严格的假设条件，现代企业的生产与销售大多面临着不确定的需求，此时EOQ的应用受到了很多限制。

库存控制的重点是对库存量的控制，订货点技术是传统的库存控制方法，它是从影响实际库存量的两个方面，即销售的数量和时间以及进货的数量和时间入手，来确定商品订购的数量和时间，从而达到控制库存量的目的。

二、定量订货法

定量订货法是一种常见的库存管理方法，其典型特点是订购批量固定、订购时间不定。

（一）定量订货法的定义

定量订货法是指当库存量下降到预定的最低库存量（订货点）时，按规定数量（一般以经济订货批量为标准）进行订货补充的一种库存控制方法，它主要靠控制订货点和订货批量两个参数来控制订货，达到既能最好地满足库存需求，又能使总费用最低的目的。

（二）定量订货模型

如图5-6所示，当库存控制系统的现有库存量降到订货点（Reorder Point，RP）及以下时，库存控制系统就向供应厂家发出订货，每次订货量均为一个固定的量（Q）。订货发生后必须经过一段时间货物才能够到达，其中包括货物的生产时间、运输时间等，具体涵盖订货准备、发出订单、供方接受订货、供方生产、产品发运、产品到达、提货、验收、入库等过程。我们将从订货时间到货物到达之间的时间间隔称为提前期（Lead Time，LT）。在货物到达后，库存量将增加Q（假设在运输途中货物没有任何毁损）。提前期一般为随机变量。

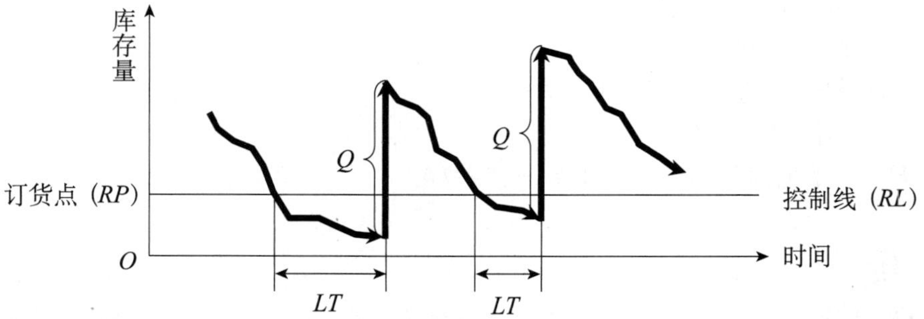

图5-6 定量订货模型

（三）定量订货法的参数确定

实施定量订货法时，需要确定两个参数，即订货点和订货批量。

1. 订货点的确定

在定量订货下，订货点是指发出某物料订单时，该物料实际的存储数量，它等于从发出订单到物资到库并能投入使用之前这段时间的物资需要量以及安全库存量之和。在日常工作中，由于每次的订货提前期如上文所述是一个随机变量，因此我们一般选取其平均数，称为平均提前期。平均提前期一般包括办理订货手续需要的时间、供应商发运物资所需时间、在途运输时间、到货验收入库时间以及使用前准备时间等。

订货点可用以下公式计算：

订货点＝提前期需用量＋安全库存量

＝平均提前期×平均日需用量＋安全库存量

其中，安全库存量的确定可以参考以下公式计算：

安全库存量＝(预计日最大消耗量－平均日需用量)×平均提前期

［例 5－2］

仓库某种物料的订购批量为 2 000 件，平均提前期为 5 天，平均每日正常需用量为 10 件，预计日最大消耗量为 30 件，计算安全库存量和订货点。

解： 安全库存量＝(30－10)×5＝100（件）

订购点＝5×10＋100＝150（件）

2. 订货批量的确定

在定量订货下，对每个具体的品种而言，由于每次订货批量都是相同的，因此对每个品种都要制定一个订货批量，通常是以经济订货批量作为订货批量。

（四）定量订货法的适用范围

（1）单价比较便宜，不便于少量订货的产品，如螺栓、螺母等。

（2）需求预测比较困难的维修材料。

（3）品种数量繁多及库房管理事务量大的商品、消费量计算复杂的商品。

（4）通用性强、需求量比较稳定的商品。

（五）定量订货法的优缺点

1. 定量订货法的优点

（1）订货点和经济批量一经确定，则实际操作就变得简单。实际中，对于金额较小的消耗品经常采用“双堆法”和“双箱法”来处理。即将某商品库存分为两堆或两箱，首先使用其中一堆或一箱，当该堆或该箱消耗完就开始订货，并使用另一堆或另一箱，不断重复操作。这样可以减少经常盘点库存的次数，方便、可靠。

（2）当订货批量确定后，商品的验收、入库、保管和出库业务可以利用现有规格化器具和计算方式，有效地节约搬运、包装等方面的作业量。

（3）充分发挥了经济批量的作用，可降低成本、节约费用，提高经济效益。

2. 定量订货法的缺点

（1）仓库要随时掌握库存动态，严格控制安全库存和订货点库存，占用一定的人力和物力。

（2）订货模式过于机械，不具有灵活性。

（3）订货时间不能预先确定，对于人员、资金、工作业务的计划安排不利。

（4）受单一订货的限制，对于采用此方法进行多品种联合订货时还需要灵活掌握处理方法。

三、定期订货法

企业运用定量订货法时，需要随时监视库存变化，对于物资种类繁多且订货费用较高的情况，是很不经济的。定期订货法可以弥补定量订货法的不足，其典型特点是订货时间固定、订货批量不定。

（一）定期订货法的定义

定期订货法是指按预先确定的订货时间间隔按期进行订货，以补充库存的一种库存控制方法。定期订货法是基于时间的订货控制方法，它设定订货周期和最高库存量，从而达到控制库存量的目的。

（二）定期订货模型

如图 5-7 所示，当经过固定间隔时间 t 之后，发出订货，这时库存量降到 IP_1（Inventory Position 1：库存位置 1），需要的订货量为 $M-IP_1$；经过一段时间（LT）到货，库存量增加 $M-IP_1$；再经过固定间隔期 t 之后，又发出订货，这时库存量降到 IP_2，订货量为 $M-IP_2$，经过一段时间（LT）到货，库存量增加 $M-IP_2$，如此反复进行。在这一系统内，库存的订货点在横轴（时间轴）上。

然而固定间隔期订货的缺点是不论库存水平 IP 降得多还是少（即便企业消耗的库存量极小，无须发出订货），都要按期发出订货，当 IP 很高时，订货量是很少的。为了弥补该方法的缺陷，需要将订货点重新放回纵轴上，结合固定量系统，重新确定订货时间。此时就出现了修正的定期订货法——最大最小定期订货法。显然最大最小定期订货法仍然是一种固定间隔期订货方法，与初始的定期订货法不同的是它需要确定一个订货点，我们将其界定为补充订货点（Adjusted Reorder Point，ARP）。当经过时间间隔 t 时，如果库存量下降到 ARP 及以下，则企业开始发出订货；否则，企业会再经历一个 t

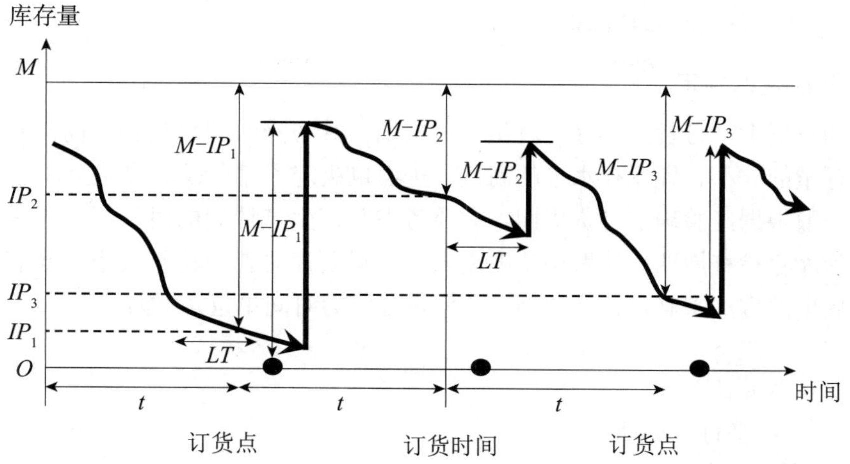

图 5-7 定期订货模型

周期并同时审查现有库存是否在 ARP 及以下，然后考虑是否发出订货。经过修正的固定间隔期订货方法又被称为最大最小定期订货法，如图 5-8 所示。

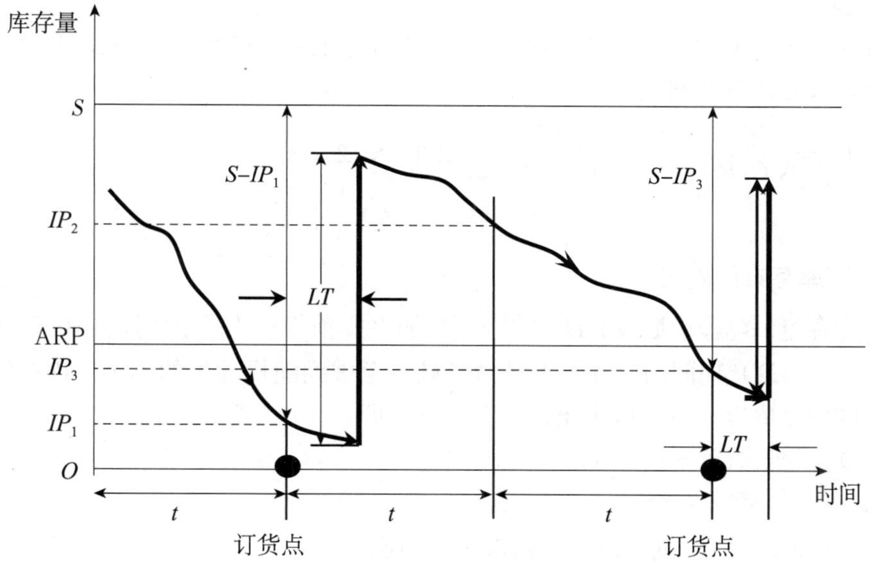

图 5-8 最大最小定期订货模型

按照图 5-8 所示，在经过时间间隔 t 之后，库存量降到 IP_1，显然 IP_1 小于 ARP，此时企业开始下达订货指令，订货量为 $S-IP_1$，在经过时间间隔 LT 后到货，此时库存量将增加 $S-IP_1$。再经过同样的时间 t 之后库存量将降到 IP_2，从图中可以看出 IP_2 大于 ARP，此时由于库存量在补充订货点以上，企业决定暂不订货，因而此时库存量随着时间的推移将继续下降。又经历另一个时间间隔 t 之后，库存量下降到 IP_3 水平，IP_3 小于 ARP，企业又开始发出订货，订货量为 $S-IP_3$，经过一段时间 LT 到货，库存量增加 $S-IP_3$，如此反复下去。

（三）定期订货法的参数确定

1. 订货周期的确定

在定期订货下，订货点实际上就是订货周期，其间隔时间总是相等的。它直接决定了最高库存量的大小，即库存水平的高低，进而也决定了库存成本的多少。

企业一般根据经验确定订货周期，主要考虑制订生产计划的时间周期，常选择月度或季度作为库存检查周期。从费用角度出发，如果要使总费用达到最小，我们可以采用经济订货周期的方法来确定订货周期 T（假设以年为时间单位），即：

$$T^{*}=\sqrt{\frac{2S}{C_0R}}$$

式中：T^{*}——经济订货周期；

S——单次订货成本；

C_0——单位商品年储存成本；

R——单位时间内库存商品需求量。

［例 5-3］

企业某种物资年需求量为 18 000 件，单位物资年保管费用为 20 元，每次订货成本为 200 元，求经济订货周期 T^{*}。

解：$T^{*}=\sqrt{\frac{2S}{C_0R}}=\sqrt{\frac{2\times 200}{20\times 18\,000}}=\frac{1}{30}$（年）≈12（天）

2. 最高库存量的确定

最高库存量（Q_{max}）是满足订货期（T）加上提前期（T_k）的时间内的需求量，所以可以用（$T+T_k$）期间的库存需求量为基础，考虑到随机发生的不确定库存需求，再设置一定的安全库存，就可以求出最高库存量，即：

$$Q_{max}=R\times(T+T_k)+Q_s$$

式中：Q_{max}——最高库存量；

R——（$T+T_k$）期间的库存需求量平均值；

T——订货周期；

T_k——平均订货提前期；

Q_s——安全库存量。

3. 订货量的确定

企业运用定期订货法时，每次的订货数量是不固定的，订货批量的多少都是由当时的实际库存量的大小决定的，考虑到订货点时的在途到货量和已发出出货指令尚未出货的待出货量，每次订货的订货量即：

$$Q_i=Q_{max}-Q_{ni}-Q_{ki}+Q_{mi}$$

式中：Q_i——第 i 次订货的订货量；

$Q_{\max}$——最高库存量；

Q_{ni}——第 i 次订货点的在途到货量；

Q_{ki}——第 i 次订货点的实际库存量；

Q_{mi}——第 i 次订货点的待出库货物数量。

［例 5－4］

某仓库 A 商品订货周期为 18 天，平均订货提前期为 3 天，平均库存需求量为每天 120 箱，安全库存量为 360 箱，另某次订货时在途到货量为 600 箱，实际库存量为 1 500 箱，待出库货物数量为 500 箱，求该仓库 A 商品最高库存量和该次订货时的订货批量。

解：$Q_{\max}=R\times(T+T_{\mathrm{k}})+Q_{\mathrm{s}}$

$=120\times(18+3)+360$

$=2\,880$（箱）

$Q_i=Q_{\max}-Q_{ni}-Q_{ki}+Q_{mi}$

$=2\,880-600-1\,500+500$

$=1\,280$（箱）

（四）定期订货法的适用范围

（1）消费金额高、需要实施严格管理的重点商品，如常见的 A 类商品。

（2）根据市场的状况和经营方针经常调整生产或采购数量的商品。

（3）需求量变动幅度大，但变动具有周期性，而且可以正确判断其周期的商品。

（4）建筑工程、出口等时间可以确定的商品。

（5）受交易习惯的影响，需要定期采购的商品。

（6）一起采购可以节省运输费用的多种商品。

（7）同一品种商品分散保管、同一品种物品向多家供货商订货、批量订货分期入库等订货、保管和入库不规则的商品。

（8）取得时间很长的商品、定期生产的商品。

（9）制造之前需要人员和物料的准备、只能定期制造的商品等。

（五）定期订货法的优缺点

1. 定期订货法的优点

（1）通过订货数量调整，减少超储。

（2）周期盘点比较彻底、精确，避免了定量订货法每天的盘存工作，减少了工作量，提高了工作效率。

（3）库存管理的计划性强，有利于工作计划的安排，实行计划管理。

2. 定期订货法的缺点

（1）安全库存量设置得较大，因为它的保险周期较长，此期间的需求量也较大，需求标准偏差也较大。

（2）每次订货的批量不固定，无法制定出经济订货批量，因而运营成本较高、经济性较差，只适合于 ABC 分类法中的 A 类重点商品。

相关链接

定期订货法与定量订货法的比较

任务实施

背景资料：

某企业计划年度需要原料 6 000 吨，每次订货的变动成本为 125 元，单位储存费用为 6 元，单位商品的购买价格为 20 元。计算该商品的经济订货批量、最低年总成本、每年的订货次数及平均订货间隔周期。

操作过程：

（1）独立完成，分别利用经济订货批量、定量订货法和定期订货法公式计算相关指标。

（2）通过计算让学生了解何时采购、采购多少，才能保障不积压、不断货，降低人、财、物的消耗。

（3）教师进行现场指导，体现以学生为主体的教学特色。

（4）完成经济订货批量、最低总成本、订货次数、订货周期的计算（见表 5－8）。

表 5－8　经济订货批量计算表（学生独立完成）

经济订货批量的计算	
最低总成本的计算	
订货次数的计算	
订货周期的计算	

任务评价：

（1）由教师和学生共同讨论，根据学生计算完成情况进行评价（见表 5－9），给出成绩（学生自评、教师评价）。

表 5-9　任务评价表

项目名称	内容	分值（分）	实际得分
评价标准	工作态度	10	
	沟通、协调能力	10	
	各组讨论的全面性	10	
	经济订货批量的计算与分析过程	25	
	最低总成本计算与分析过程	15	
	订货次数的计算与分析过程	15	
	订货周期的计算与分析过程	15	
合计		100	

测评小组：　　　　　　　　　　　　　　　被测评人：

（2）改进方案调整与建议：根据自评及教师给出的建议改进和调整（具体内容见表 5-10）。

表 5-10　改进方案调整与建议

需要改进和调整的内容		
学习成果提交	项目	签字
	经济订货批量的计算与分析过程：	
	最低总成本的计算与分析过程：	
	订货次数的计算与分析过程：	
	订货周期的计算与分析过程：	
学习收获及心得体会：		

任务小结

库存控制的重点是对库存量的控制。订货点技术是传统的库存控制方法，它是从影响实际库存量的两个方面，即销售的数量和时间以及进货的数量和时间入手，来确定商品订购的数量和时间，从而达到控制库存量的目的。本任务通过对两种典型的订货点技术，即定量订货法和定期订货法进行模型分析、参数设定以及公式推导，帮助学生迅速掌握订货点技术，以便其在实际工作中可以适当选用两者之一进行库存量的计算。

项目六
仓储成本管理

学习目标

※ **知识目标**

1. 仓储成本的含义
2. 仓储成本的构成
3. 仓储成本的特点

※ **能力目标**

1. 仓储成本的计算方法
2. 仓储成本的控制方法
3. 仓储成本的分析方法

※ **素养目标**

1. 培养节能环保的意识，降低各种损耗意识
2. 培养爱岗敬业、踏实吃苦
3. 提升分析问题和解决问题的能力、创新能力

学习导图

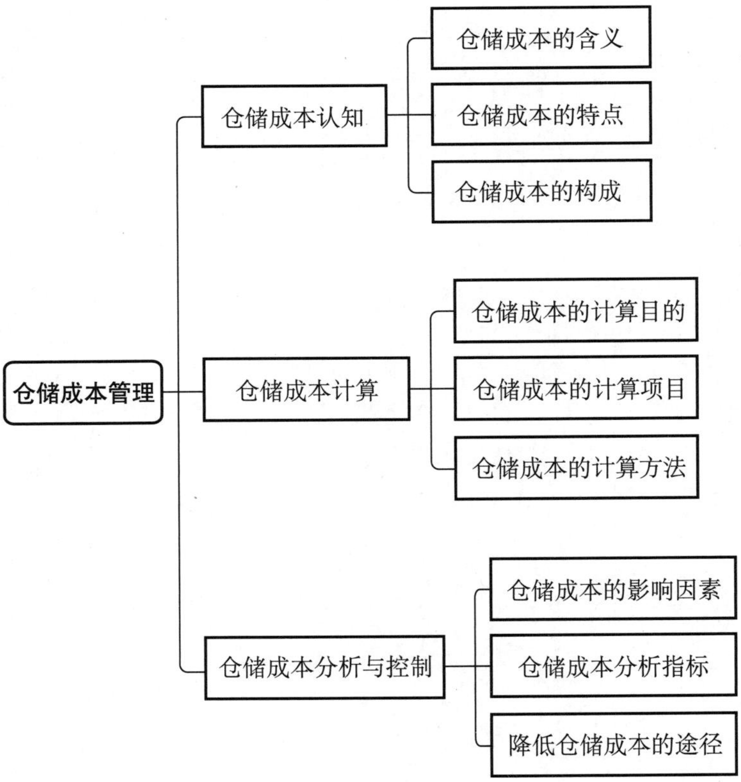

任务一
仓储成本认知

任务导入

在仓储方面，亚马逊仓具有哪些优势呢?《亚马逊赚钱“利器”：物流大师》一文谈到，物流执行成本（包括运输、订单处理、仓储、收发货和退换货等成本）是电子商务企业除销货成本外的最大支出。20 世纪 90 年代，亚马逊物流执行成本从 20%下降到了 10%，由于物流成本的降低，亚马逊扭亏为盈。以入库、品类管理为例，在入库环节，亚马逊具有一货一位、一货多位、多货多位的存储方式，表面上看比较零散，但在后台 IT 的支撑下，亚马逊实现了高效率。在品类管理方面，亚马逊建立了商品重量、长宽、体积等数据档案，与出库包装箱大小关联，涉及最后与供应商、第三方物流商的结算。在仓储设备方面，亚马逊设置了“落地框”，规定任何从货架上掉落的商品都不允许放回原货架，必须存放于“落地框”内，再统一上架。亚马逊物流中心的“地牛”（搬运车）也十分先进，“地牛”安装了地面识别装置，完成作业后能自动归位，黄线正常行驶，蓝线转弯慢行，遇到障碍会减速行驶。亚马逊开放物流平台也扮演着第三方物流服务商的角色，依靠零库存运转和建立配送中心来提升效率，将节约下来的钱补贴物流。

任务分析

仓储成本是物流成本的重要组成部分，对物流成本的高低有直接影响。亚马逊全球物流作为亚马逊供应链整体解决方案中的关键一环，为卖家提供稳定、高效、便捷的物流服务，依托亚马逊强大的物流网络和运输基础设施及先进的技术，将货物运输至多种仓储分销网络。

课前预习

1. 什么是仓储成本？

____

____

2. 仓储成本的特点有哪些？

____

____

3. 仓储成本由哪些项目构成?

4. 如何降低仓储成本?

相关知识

一、仓储成本的含义

仓储成本是指仓储企业在开展仓储业务活动中以货币计算的各种要素投入的总和。仓储成本是物流成本的重要组成部分，对物流成本的高低有直接影响。

大多数仓储成本不随存货水平变动而变动，而是随存储地点的多少而变动。仓储成本包括仓库租金、仓库折旧、设备折旧、装卸费用、货物包装材料费用和管理费用等。

二、仓储成本的特点

(一) 重要性

仓储成本是物流成本的重要组成部分。目前，我国物流成本占 GDP 比重相对较高，这与经济增长速度、物流系统的成熟度、地理条件、行业规范等密切相关。随着我国物流行业的不断发展，物流成本占 GDP 的比重将不断缩小。

(二) 效益背反性

为了降低仓储成本，采购次数增多，采购批量降低，运输成本就会随之增加；同样，为了提升客户满意度，提高物流服务水平，就会增加仓储的管理、人工等费用的支出。

(三) 复杂性

从成本核算角度看，企业物流系统成本的计算要素难以确定，标准不统一，这增加了仓储成本核算的复杂性和难度。

三、仓储成本的构成

仓储成本主要包括持有成本、订货成本或加工准备成本、缺货成本等。

（一）持有成本

持有成本是指保有和管理库存而需要承担的费用开支，具体可分为机会成本、库存服务成本、仓储空间成本和库存风险成本几个方面。

1. 机会成本

库存投资的资金成本是指库存商品占用了可以用于其他投资的资金，不管这种资金是从企业内部筹集的还是从外部筹集的（如销售股票或从银行贷款等），对于企业而言，都因为保持库存而丧失了其他投资的机会，因此，应以使用资金的机会成本来计算库存持有成本中的资金成本。事实上，资金成本往往占持有成本的大部分。

2. 库存服务成本

库存服务成本由按货物金额计算的税金和为维持库存而产生的火灾和盗窃保险组成。一般情况下，税金随库存水平的不同而不同。库存水平对保险费率没有影响。

3. 仓储空间成本

仓储空间成本包括随库存数量变动的成本。仓储空间成本通常和四类常见的设施有关，即工厂仓库、公共仓库、租用仓库、自营仓库。在不同仓储条件下，仓储空间成本是不同的。

（1）工厂仓库。因为使用工厂仓库，仓库成本并不随库存水平的变动而变动，所以仓储空间成本可以忽略不计。

（2）公共仓库。公共仓库的费用通常是基于移入和移出仓库的产品数量（搬运费用）以及储存的库存数量（储存费用）来计算的。

（3）租用仓库。租用仓库是指通过签约占用别人仓库的规定的使用时间计算库存持有成本。

（4）自营仓库。在公司自营或私人仓库条件下，一般直接计算库存物资的库存持有成本。

4. 库存风险成本

库存风险成本包括以下几项：

（1）废弃成本是由于再也不能以正常的价格出售而必须处理掉的成本。

（2）损坏成本是仓库营运过程中因产品损毁而丧失使用价值的那一部分产品成本。

（3）损耗成本是因为盗窃造成的产品缺失而损失的那一部分产品成本。

（4）移仓成本是为避免废弃而将库存从一个仓库所在地运至另一个仓库所在地时产生的成本。

（二）订货成本或加工准备成本

1. 订货成本

订货成本是指企业为了实现一次订货而进行的各种相关活动的费用，如办公费、差旅费等费用支出。订货成本中有一部分与订货次数无关，如采购部的基本支出，这部分费用属于固定成本；另一部分与订货次数密切相关，订购或运输次数越多，订货成本就越高，如差旅费、运费等支出就属于变动成本。

2. 加工准备成本

加工准备成本是指当库存的某些物资由企业自己生产而不是由外部供应时，企业为加工一批货物而更改生产线的成本，其中与加工产品数量有关的费用如材料费用、人工费用、其他直接费用等属于变动成本；另一部分如设备折旧费、保险费用、管理人员工资等属于固定成本。

（三）缺货成本

缺货成本是指由于库存供应中断而造成的损失，包括原材料供应中断造成的停工损失、产成品库存缺货造成的延迟发货损失和销售机会丧失带来的损失、失去客户的损失，企业采用紧急采购来解决库存的中断而承担的紧急额外采购成本等。

任务实施

背景资料：

根据本任务的内容，学生归纳和提炼仓储成本的概念、仓储成本的特点、仓储成本的构成等，并通过思维导图呈现出来。

操作过程：

（1）计算机每人一台。

（2）白纸、铅笔、橡皮、绘图用的直尺或三角板。

（3）根据任务一相关知识，学生独立画出思维导图（见表 6－1）。

（4）根据学习内容，对知识点进行归纳与总结。

表 6－1　仓储成本认知思维导图

仓储成本认知思维导图：

任务评价：

（1）由教师和学生共同讨论，教师根据学生完成情况进行评价（见表 6－2），给出成绩（学生自评、教师评价）。

表 6-2　任务评价表

项目名称	内容	分值（分）	实际得分
评价标准	工作态度	10	
	沟通、协调能力	10	
	自学任务的完成情况	10	
	知识点归纳的完整性	10	
	确定仓储成本构成	30	
	知识点归纳的准确性	30	
合计		100	

测评小组：　　　　　　　　　　　　被测评人：

（2）仓储成本认知思维导图调整与建议：根据学生自评及教师给出的建议改进和调整（具体内容见表 6-3）。

表 6-3　仓储成本认知思维导图调整与建议

需要改进和调整的内容		
学习成果提交	项目	签字
	仓储成本认知思维导图	
学习收获及心得体会：		

任务小结

本任务介绍了仓储成本的定义（仓储成本是物流成本的重要组成部分），仓储成本具有重要性、效益背反性和复杂性的特点，为学生学习仓储成本计算奠定了基础。

任务二
仓储成本计算

任务导入

2023 年三鑫物流公司发生的物流成本费用如表 6-4 所示，与 2022 年的物流成本费用相比有明显的上升趋势。仓库主管须准确计算 2023 年的仓储成本。

表 6-4　2023 年物流成本费用表

成本项目	成本额（元/年）
库房租金	900 000
货车租赁费	72 000
保管费用	18 200
运输车辆燃料费	153 600
车辆保险费	8 000
电瓶车费	5 000
库房水电费	180 600
仓库定损费	120 000
库管工资	110 000
库房办公费用	24 000
库房人工保险费	25 200
合计	

任务分析

仓储成本包括仓库租金、仓储保管费、材料费、人工费、保险费、仓储管理费、办公费、水电费等费用项目。我们应先计算出仓储部门的费用，再将本会计期间仓储成本总额与其他会计期间进行比较，针对超支项目分析原因，并提出改进建议。

课前预习

1. 为什么要计算仓储成本？

2. 仓储成本的计算项目包括哪些？

3. 仓储成本的计算方法有哪几种？

相关知识

一、仓储成本的计算目的

（一）编制库存保管费用预算

仓储企业核算仓储成本（仓储管理费用）的主要目的在于掌握和了解库存费用成本的状况、企业保管库存管理的绩效，据此合理地编制仓库管理成本预算。仓储企业可运用单位库存费用，预测计划期间内的保管数量及相关成本费用，编制库存保管费用预算，从而合理地调度企业的物流资源，评价和管理库管绩效，控制和管理物流成本。

（二）收益性分析的需要

企业能否合理、有效地分析仓储库存费用对企业的物流收益性分析至关重要。仓储库存费用的详细测算有助于企业正确地分析不同产品、不同客户以及不同配送路线的经济收益。此外，库存费用的合理计算对企业内不同部门的收益性分析也具有积极的作用。如果企业能够全面、细致地分析各种活动所产生的库存费用，就能将库存费用分摊到企业的不同领域或部门，从而更好地分析和判断企业各部门的运作效率以及对成本费用的影响。

（三）制订配送计划

库存成本的计算可以作为制订配送计划的工具。利用库存仓储费用的成本信息，企业可以合理规划配送路线或网络，确立自建仓库的依据和范围，以及合理规划各仓库对应的配送地区和半径。

二、仓储成本的计算项目

货物的仓储成本是货物保管的各种支出，其中一部分为仓储设施和设备的投资，另一部分为仓储保管作业中的活劳动或者物化劳动的消耗，主要包括工资和能源消耗等。根据货物在保管过程中的支出，可以将仓储成本分成以下几类：

（一）保管费用

保管费用是为储存货物所开支的货物养护、保管等费用。它包括用于货物保管的货架、货柜的费用开支，仓库场地的房产税等。

（二）仓库管理人员的工资和福利费用

仓库管理人员的工资包括固定工资、奖金和各种生活补贴。福利费用可按标准提取，一般包括住房基金、医疗以及退休养老支出等。

（三）折旧费或租赁费

有的仓储企业是以自己拥有所有权的仓库以及设备对外承接仓储业务，有的仓储企业是以向社会承包租赁的仓库及设备对外承接仓储业务。自营仓库的固定资产每年需要计提折旧，企业租赁的固定资产每年需要支付租赁费。折旧费或租赁费是仓储企业的重要的固定成本。仓储企业应对仓库固定资产按折旧期分年度计提折旧，主要包括库房、堆场等基础设施的折旧和机械设备的折旧等。

（四）修理费用

修理费用是因设备、设施和运输工具的定期大修理而产生的，仓储企业每年可以按设备、设施和运输工具投资额的一定比率提取。

（五）装卸搬运费用

装卸搬运费用是指货物入库、堆码和出库等环节发生的各项费用，包括搬运设备的运行费用和搬运工人的成本。

（六）管理费用

管理费用是指仓储企业为管理仓储活动或开展仓储业务而发生的各种间接费用，主要包括仓库设备的保险费用、办公费用、人员培训费用、差旅费用、招待费用、营销费用、水电费用等。

（七）仓储损失

仓储损失是指保管过程中因货物损失，仓储企业需要赔付的费用。造成货物损失的原因包括仓库本身的保管条件、管理人员的人为因素、货物本身的物理及化学性能损失、搬运过程中的机械损坏等。仓储企业应根据具体情况，按照企业的相关制度，分清责任，合理计入成本。

三、仓储成本的计算方法

仓储成本的计算方法包括按支付形态计算、按仓储项目计算、按适用对象计算。

（一）按支付形态计算仓储成本

将仓储成本分别按仓储搬运费、仓储保管费、材料费、人工费、仓储管理费、仓储占用资金利息等支付形态分类，就可以计算出仓储成本总额。这种计算方法是从利润表中“管理费用”“财务费用”“营业费用”等项目中，按规定比例提取一定数值乘以一定比率，如人数比率、面积比率、费用比率等，计算出仓储部门的费用，再将本会计期间仓储成本总额与其他会计期间进行比较，针对超支项目分析原因，并提出改进建议。

[例6-1]

速通快递公司现有职工200人，其中包括物流工作人员80人。公司面积为6 000平方米，其中物流设施面积为5 000平方米。仓储费用比例=(1)～(8)项的仓储成本之和除以(1)～(8)项管理等费用之和。按支付形态计算仓储成本见表6-5。

表6-5　速通快递公司××年××月仓储成本计算表　　金额单位：元

序号	项目	管理等费用	计算基准	仓储成本	备注
1	仓储租赁费用	15 000	100%	15 000	金额
2	材料耗用费用	10 000	100%	10 000	金额
3	人工费用	700 000	40%	280 000	人数比率
4	燃料动力费用	10 000	83.3%	8 330	面积比率
5	保险费用	10 000	83.3%	8 330	面积比率
6	维护维修费用	30 000	83.3%	24 990	面积比率
7	装卸搬运费用	20 000	83.3%	16 660	面积比率
8	仓储保管费用	50 000	83.3%	41 650	面积比率
9	仓储管理费用	30 000	47.9%	14 370	费用比率
10	低值易耗品费用	30 000	47.9%	14 370	费用比率
11	资金占用费用	28 000	47.9%	13 412	费用比率
12	税费	30 000	47.9%	14 370	费用比率
13	仓储成本合计	963 000		461 482	

计算基准公式：

人数比率=(物流工作人数÷全公司人数)×100%=80÷200×100%=40%

面积比率＝(物流设施面积÷全公司面积)×100%

＝5 000÷6 000×100%＝83.3%

费用比率＝(15 000＋10 000＋280 000＋8 330＋8 330＋24 990＋16 660＋41 650)÷(15 000＋10 000＋700 000＋10 000＋10 000＋30 000＋20 000＋50 000)×100%＝404 960÷845 000＝47.9%

(二) 按仓储项目计算仓储成本

仓储成本包括仓储租赁费用、仓储保管费用、材料耗用费用、装卸搬运费用、仓储管理费用等。

[例 6－2]

结合 [例 6－1] 中，速通快递公司××年 12 月按项目计算仓储成本（见表 6－6）。

表 6－6 速通快递公司××年 12 月仓储成本计算表 金额单位：元

序号	项目	管理等费用	仓储租赁费用	仓储保管费用	仓储管理费用	材料耗用费用	装卸搬运费用
1	仓储租赁费用	15 000	15 000				
2	材料耗用费用	10 000	2 000	2 000	1 000	4 000	1 000
3	人工费用	700 000	100 000	290 000	160 000		150 000
4	燃料动力费用	10 000	1 500	2 000	3 000	3 500	
5	保险费用	10 000	3 000	4 000	1 000		2 000
6	维护维修费用	30 000	5 000		3 000	2 000	
7	装卸搬运费用	20 000				5 000	15 000
8	仓储保管费用	50 000		50 000			
9	仓储管理费用	30 000	3 000	4 000	3 000	20 000	
10	低值易耗品费用	30 000				30 000	
11	资金占用费用	28 000	20 000	8 000			
12	税费	30 000	6 600	16 500	6 900		
13	仓储成本合计	963 000	156 100	376 500	177 900	64 500	168 000
14	仓储成本构成（%）	100	16.2	39.1	18.5	6.7	17.5

(三) 按适用对象计算仓储成本

按适用对象核算仓储成本，有利于仓储企业分析出仓储成本都用在哪一种对象上。例如，仓储企业可以分别将商品、地区、客户或营业单位作为适用对象来进行计算。

按客户计算仓储成本的方法又可分按标准单价计算和按实际单价计算两种计算方式。按客户计算仓储成本可用于选定客户、确定物流服务水平等仓储企业制定客户战略时的参考。

任务实施

背景资料：

2023 年三鑫物流公司发生库房租金 900 000 元、保管费用 18 200 元、库房水电费 180 600 元、仓库定损费 120 000 元、库管工资 110 000 元、库房办公费用 24 000 元、库房人工保险费 25 200 元。仓库主管需要准确计算 2023 年的仓储成本。

操作过程：

（1）学生每 4 人为一个小组，每组选一名学生作为组长。

（2）能上网的计算机每人一台、Word 软件。

（3）调研一家仓储企业的仓储成本。

（4）初步确定仓储成本构成思路（见表 6－7）。

表 6－7　确定仓储成本构成思路（学生自用）

仓储成本 （按支付形态） 成本项目	

（5）小组讨论后计算仓储成本（见表 6－8）。

表 6－8　仓储成本计算表（小组用）

组长：______　　成员：________________________ 仓储成本计算费用项目及计算结果（列表，可另附纸）：

任务评价：

（1）由教师和学生共同讨论，根据各组讨论情况进行评价（见表 6－9），给出成绩（小组互评、学生自评、教师评价相结合）。

表 6-9 任务评价表

项目名称	内容	分值（分）	实际得分
评价标准	工作态度	10	
	沟通、协调能力	10	
	自学任务的完成情况	10	
	成本项目的准确性	10	
	设计仓储成本计算表	10	
	计算仓储成本的准确性	20	
	沟通能力	20	
	团队合作	10	
合计		100	

测评小组：　　　　　　　　　　　　　　　　被测评人：

（2）仓储成本计算表调整与建议：根据小组互评、学生自评及教师给出的建议改进和调整（具体内容见表 6-10）。

表 6-10 仓储成本计算表调整与建议

需要改进和调整的内容		
学习成果提交	项目	签字
	仓储成本计算表	
学习收获及心得体会：		

任务小结

本任务介绍了仓储成本的计算目的，主要在于掌握和了解库存费用成本的状况、企业保管库存管理的绩效，据此合理地编制仓库管理成本预算；还介绍了仓储成本管理计算项目、仓储成本计算方法，仓储成本的计算可以采用按支付形态、按仓储项目、按适用对象三种方法，为学生步入社会、从事物流相关工作奠定基础。

任务三 仓储成本分析与控制

任务导入

2023 年三鑫物流公司发生仓储成本如表 6－11 所示，与 2022 年的仓储成本相比有明显上升趋势。仓库主管应根据计算结果找出存在的问题，提出改进措施。

表 6－11　仓储成本表

2022 年		2023 年
成本（元/年）		成本（元/年）
库房租金	900 000	900 000
保管费用	16 300	18 200
库房水电费用	170 985	180 600
仓库定损费用	108 900	120 000
库管工资	106 800	110 000
库房办公费用	24 800	24 000
库房人工保险费用	25 200	25 200
合计		

任务分析

通过表 6－11 我们可以看出，三鑫物流公司 2022 年与 2023 年的保管费用、库房水电费用、仓库定损费用、库管工资、库房办公费用存在差异。请找出超支项目，分析存在的问题，并提出改进措施。

课前预习

1. 你认为哪些因素会影响仓储成本？

____

____

2. 你认为可以通过哪些指标来分析仓储成本？

3. 你认为应该如何降低仓储成本？

相关知识

仓储成本分析是以会计核算资料为基础，结合业务核算和统计核算资料，采用多种分析计算方法，对仓储成本的静态结构和动态变化进行分析和研究，揭示降耗增效的机会和规律。通过仓储成本分析开发出的信息资料，是正确核算仓储成本、制定仓储服务收费价格等策略的依据。

一、仓储成本的影响因素

（一）商品的堆存期

物流需求方的商品在物流中心的堆存时间是影响仓储成本的一个因素，商品在物流中心堆存的时间越长，累计占用的仓库面积越大，仓储成本越高。

（二）商品的堆存量

物流需求方的商品在物流中心堆存的数量越多，占用的仓库面积越大，且入库、出库的工作量也越大，仓储成本越高；商品的堆存高度越高，占用的仓库面积越小，也会影响仓储成本。

（三）商品的周转率

在库商品的周转率越低，商品在仓库的平均堆存天数越高，占用仓库的面积越多，占用仓库的时间越长，仓库利用率越低，仓储成本会越高。

（四）商品的积载因数

商品的积载因数影响仓库利用率。商品的积载因数越高，表示每吨货物所需占用的仓库容量越大，仓库利用率就越低，仓储成本越高。

（五）商品的品种

物流需求方的商品的品种越多，需要码的垛就越多，实际占用仓库的面积越大，仓库利用率就越低，仓储成本越高。

（六）商品的保管条件

按照商品不同的保管要求，有些商品对温度要求很高，如奶制品、熟食品等，需要仓库配备相应的冷藏设备；有些商品对湿度也有要求，如糕点、饼干类产品要求仓库通风性强，保持干燥。仓库为满足不同客户的商品储存要求，须配备相应的设施、设备，仓储成本会随之升高。

二、仓储成本分析指标

（一）仓库利用率

1. 仓库面积利用率

$$仓库面积利用率=\frac{仓库可利用面积}{仓库建筑面积}\times 100\%$$

2. 仓库容积利用率

$$仓库容积利用率=\frac{库存商品实际占用容积}{仓库有效容积}\times 100\%$$

（二）平均保管损失

$$平均保管损失=\frac{保管损失金额}{平均储存量}$$

平均保管损失是衡量和考核仓库保管人员工作质量的重要指标。仓库可通过核算保管损失并追查原因，找出漏洞，加强保管人员的岗位责任制。

（三）商品损耗率

$$商品损耗率=\frac{商品损耗量}{库存商品总量}\times 100\%$$

商品损耗率主要用于对易干燥、风化、挥发、失重或破碎商品保管工作的考核。商品损耗通常指自然损耗。

（四）平均收发时间

$$平均收发时间=\frac{收发货的总时间}{收发货的总批次}$$

平均收发时间是反映仓库工作人员劳动效率的质量指标。注意：收货时间与发货时间的规定。

（五）收发货差错率

$$收发货差错率=\frac{收发货差错总量}{货物吞吐量}\times 100\%$$

收发货差错率可作为竞争上岗、考核奖金的依据。

（六）平均仓储成本

$$平均仓储成本=\frac{商品仓储成本}{平均储存量}$$

（七）仓储收入成本率

$$仓储收入成本率=\frac{商品仓储收入}{仓储成本费用}\times 100\%$$

三、降低仓储成本的途径

仓储成本管理是仓储企业管理的基础，对提高整体管理水平、提高经济效益有重大影响。由于仓储成本与物流成本的其他构成要素，如运输成本、配送成本，以及服务质量和水平之间存在二律背反的现象，因此，降低仓储成本要在保证物流总成本最低和不降低企业的总体服务质量和目标水平的前提下进行。降低仓储成本的途径包括以下几个方面：

（一）采用 ABC 分类法，降低仓储成本

存货的 ABC 分类法是运用数理统计原理，根据“关键的少数和一般的多数”理论，将仓储的货物分为 A、B、C 三类。A 类存货的品种数占总数的 5%～15%，而其资金占用较多，一般占储存总数的 60%～80%，应进行重点管理。B 类存货为一般存货，品种数占总数的 20%～30%，资金占用率是 20%～30%，应进行常规管理。C 类存货品种数量繁多，品种数占总数的 60%～80%，资金占用率为 5%～15%，不必花费太多精力，一般凭经验管理即可。

采用 ABC 分类法控制库存时，对于 A 类存货，由于占用资金较大，仓库管理人员应严格按照最佳库存量的方法，采取定期订货法，设法将库存降到最低限度，并对库存变动实行经常或定期检查，严格盘存。虽然 C 类存货品种数量较多，但占用资金不大，仓库管理人员可按订货点组织订货，定期盘点，适当控制库存。对于 B 类存货，仓库管理人员可进一步再分类，对金额偏高的可参照 A 类存货管理，对金额偏低的可参照 C 类存货管理。

（二）提高储存密度，提高仓库利用率

这样做的主要目的是减少储存设施的投资，提高单位存储面积的利用率，以降低成本、减少土地占用。具体有以下三种方法：

（1）采取高垛的方法，增加储存的高度。具体方法有采用高层货架仓库、集装箱等，可比一般堆存方法增加储存高度。

（2）缩小库内通道宽度以增加储存有效面积。具体方法有采用窄巷道式通道，配以轨道式装卸车辆，以减少车辆运行宽度要求，采用侧叉车、推拉式叉车，以减少叉车转弯所需的宽度。

（3）减少库内通道数量以增加有效储存面积。具体方法有采用密集型货架、采用不依靠通道可进车的可卸式货架、采用各种贯通式货架、采用不依靠通道的桥式起重机装卸技术等。

（三）充分利用现代仓储技术和设备，提高作业效率

仓储企业可运用计算机定位系统、计算机存取系统、计算机监控系统等计算机管理技术，以及仓储条形码技术、现代化货架、专业作业设备、叉车、新型托盘等。这些现代仓储技术和设备有助于仓储企业及时、准确地掌握实际储存情况，避免人工存取容易出现差错的弊端，提高作业效率。

仓储企业还可以通过电子计算机监控系统，利用计算机指示存取，以避免人工存取容易出现差错的弊端。如在储存物上采用条形码技术，使识别计数和计算机联结，每次存、取一件物品时，识别装置自动将条形码识别并将其输入计算机，计算机会自动做出存取记录。这样只需在计算机上查询，仓库管理人员就可以了解所存物品的准确情况。

（四）加速周转，提高单位仓容产出

储存现代化的重要课题是将静态储存变为动态储存，周转速度加快会带来一系列的好处，如资金周转快、资本效益高、货损货差小、仓库吞吐能力增加、成本下降等。具体做法如采用单元集装存储，建立快速分拣系统。

（五）加强劳动管理，降低管理成本

工资是仓储成本的重要组成部分，劳动力的合理使用是控制人员工资的基本原则。仓储企业应对劳动力进行有效管理。避免人浮于事、出工不出力或者效率低下是成本管理的重要方面。

任务实施

背景资料：

比较三鑫物流公司2023年、2022年发生的仓储费用（见表6-12），计算并分析差异，找出问题，并提出改进措施。

表6-12　仓储费用表

成本项目	2022年	2023年	差异	备注
	成本（元/年）	成本（元/年）	（超支+）（节约-）	
库房租金	900 000	900 000		
保管费用	16 300	18 200		
库房水电费用	170 985	180 600		
仓库定损费用	108 900	120 000		
库管工资	106 800	110 000		
库房办公费用	24 800	24 000		
库房人工保险费用	25 200	25 200		
合计				

操作过程：

（1）学生每5人为一个小组，每组选一名学生作为组长。

（2）能上网的计算机每人一台、Word软件。

（3）计算器。

（4）填制仓储成本分析表（见表6-13）。

表6-13 仓储成本分析表（学生自用）

2022年与2023年相比，仓储成本超支项目	
原因分析	

（5）小组讨论后确定仓储成本降低的途径（见表6-14）。

表6-14 仓储成本降低的途径（小组用）

组长：______ 成员：______________________ 仓储成本降低的途径：

任务评价：

（1）由教师和学生共同讨论，根据各组讨论情况进行评价（见表6-15），给出成绩（小组互评、学生自评、教师评价相结合）。

表 6-15　任务评价表

项目名称	内容	分值（分）	实际得分
评价标准	工作态度	10	
	沟通、协调能力	10	
	自学任务的完成情况	10	
	计算仓储成本差异	10	
	影响仓储成本的因素	10	
	仓储成本的分析方法	20	
	降低仓储成本的途径	20	
	团队合作	10	
合计		100	

测评小组：　　　　　　　　　　　　　　被测评人：

（2）降低仓储成本途径调整与建议：根据小组互评、学生自评以及教师给出的建议改进和调整（具体内容见表 6-16）。

表 6-16　降低仓储成本途径调整与建议

需要改进和调整的内容		
学习成果提交	项目	签字
	降低仓储成本途径	
学习收获及心得体会：		

任务小结

本任务介绍了仓储成本的影响因素、仓储成本分析指标，以及降低仓储成本的途径，以促使仓储企业有效控制仓储成本支出。

项目七
仓库货物配送组织

学习目标

※ 知识目标

1. 了解配送运输的作业流程
2. 掌握车辆调度的方法
3. 了解车辆积载的原则
4. 掌握配送路线优化的方法

※ 能力目标

1. 能够合理制订配送计划
2. 能够正确计算车辆装载量
3. 能够优化配送路线

※ 素养目标

1. 树立节能减排的环保意识
2. 培养团队合作精神
3. 培养吃苦耐劳、诚实守信的品质

学习导图

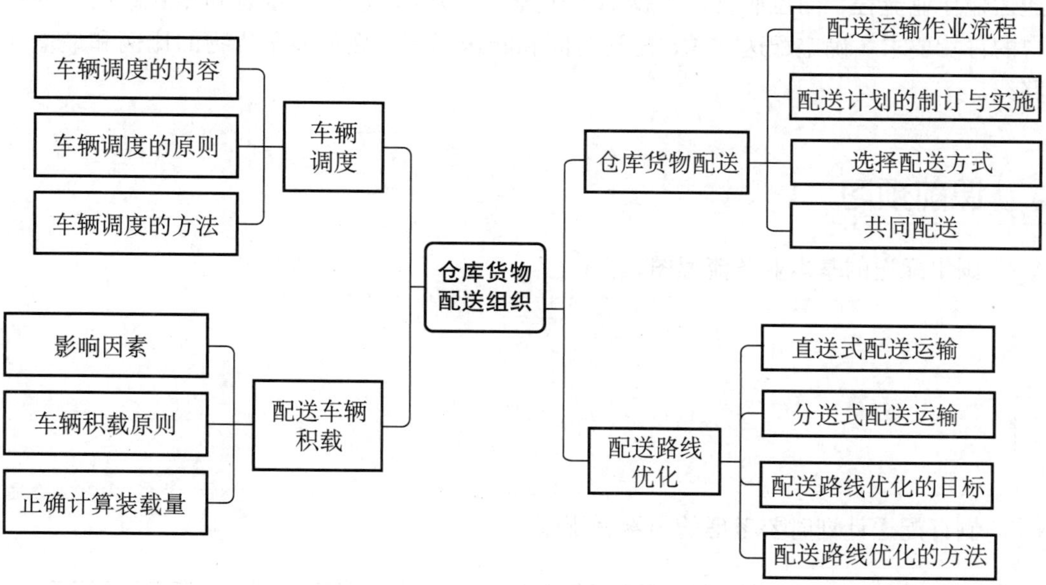

任务一
仓库货物配送

任务导入

2023 年 10 月 27 日，A 公司业务办公室接到客户的订单，具体信息如下：10 月 28 日，送 16 312 袋青椒丝、1 414 袋葱丝、3 922 袋黄瓜段、654 袋柠檬片、4 510 袋生菜丝、1 749 袋番茄丁。A 公司需要将订单中所列产品按指定时间分别配送到该客户的 10 家门店。

任务分析

假设每家门店的需求量相同，根据订单信息、客户要求以及蔬菜配送的特点，设计配送运输作业流程、岗位职责；根据 A 公司客户 10 家门店所在位置和相互距离，分析客户的订货要求，确定配送方式、配送时间和配送车辆，规定装车货物的比例和最佳配送路线。

课前预习

1. 画出配送的基本业务流程图。

2. 制订配送计划时要考虑的因素有哪些？

____

____

3. 配送方法有哪些？

____

____

4. 共同配送的优点有哪些？

相关知识

一、配送运输的基本作业流程

微课

配送作业

配送运输是指将被订购的货物使用汽车或其他运输工具从供应点送至客户手中的活动。通常而言，配送运输是一种短距离、小批量、高频率的运输形式，它以服务为目标，以尽可能满足客户要求为优先。如果单从运输的角度看，它是对干线运输的一种补充和完善，属于末端运输、支线运输，主要由汽车运输。具有城市轨道货运条件的可以采用轨道运输方式，对于跨城市的地区配送可以采用铁路运输方式，或者在河道水域通过船舶运输。在配送运输过程中，货物既可能是从工厂等生产地仓库直接送至客户，也可能通过批发商、经销商或由配送中心、物流中心转送至客户手中。

影响配送运输的因素很多，如道路交通网络布局、配送客户的分布区域范围及变动情况、可用调度的车辆变动情况等。仓储物流企业选择运输方式时，既要有利于客户的便捷、经济，又要有利于货物的安全，应尽量避免不合理运输。

（一）划分基本配送区域

为使整个配送有可循的基本依据，仓储物流企业应首先统计客户所在地的具体位置，并将其作业区域进行整体划分，将每一位客户都囊括在不同的基本配送区域之中，以作为下一步决策的基本参考。例如，按行政区域或者交通条件划分不同的配送区域，在这一区域划分的基础上再进行弹性调整来安排配送。

（二）车辆配载

由于配送货物品种、特性各异，为提高配送效率，确保货物质量，仓储物流企业在接到订单后，首先按照货物特性进行分类，然后分别选取不同的配送方式和运输工具，如按冷冻食品、冷藏食品、散装货物、箱装货物等分类配载。配送货物有轻重缓急之分，仓储物流企业必须按照先急后缓的原则合理组织运输。

（三）确定配送顺序

在考虑其他影响因素，制定配送方案前，仓储物流企业首先应根据客户订单要求的送货时间预先确定配送的先后作业次序，为后面车辆积载做好准备工作。计划工作的目的是确保达到既定的目标，所以，预先确定基本配送顺序既可以有效地保证送货时间，又可以尽可能地提高运作效率。

（四）车辆安排

车辆安排要解决的问题是安排什么类型、吨位的配送车辆进行最后的送货。一般而言，仓储物流企业拥有的车辆有限，当本企业车辆无法满足要求时，可外雇车辆。在保证配送运输质量的前提下，仓储物流企业是组建自营车队，还是以外雇车为主，则须视经营成本而定。无论是自有车辆还是外雇车辆，仓储物流企业都必须事先掌握有哪些车辆可以供调派并符合要求，即这些车辆的容量和额定载重是否满足要求。安排车辆之前，仓储物流企业还必须分析订单上的货物信息，如体积、重量、数量等对于装卸的特别要求等，综合考虑各方面因素的影响，做出最合适的车辆安排。

（五）选择配送路线

仓储物流企业知道了每辆车负责配送的具体客户后，如何以最快的速度完成对这些货物的配送，即如何选择配送距离短、配送时间短、配送成本低的线路，须根据客户的具体位置、沿途的交通情况等作出优先选择和判断。除此之外，仓储物流企业还必须考虑客户时间或其所在地的交通环境对送货时间、车型等方面的特殊要求，如有些客户要求不在中午或晚上收货，有些道路在高峰期实行交通管制等。

（六）完成车辆积载

做好车辆安排及选择最好的配送线路后，依据各车负责配送的具体客户的先后，仓储物流企业即可确定客户的最终派送顺序。明确了客户的配送顺序后，接下来就是如何将货物装车，以什么次序装车的问题，即车辆的积载问题。原则上，知道了客户的配送顺序先后，仓储物流企业只要将货物依“后送先装”的顺序装车即可。但有时为了有效利用空间，仓储物流企业还要根据货物的性质（怕震、怕压、怕撞、怕湿）、形状、体积及重量等做出弹性调整。此外，对于货物的装卸方法，仓储物流企业也必须依照货物的性质、形状、体积、重量等来做具体决定。

在以上各阶段操作过程中，仓储物流企业需要注意的要点有：

（1）明确订单内容；

（2）掌握货物的性质；

（3）明确具体配送地点；

（4）适当选择配送车辆；

（5）选择最优的派送路线；

（6）充分考虑各作业点的装卸货时间。

二、制订配送计划与实施

配送计划即仓储物流企业根据配送的要求，事先做好全局筹划并对有关职能部门的任务进行安排和布置。全局筹划的内容包括制订重点配送计划，规划配送区域，确定配送服务水平等。

（一）制订配送计划时应考虑的因素

仓储物流企业制订具体的配送计划时，应考虑以下因素：连锁企业各门店的远近及订货要求，如品种、规格、数量及送货时间、地点等；配送的性质和特点以及由此决定的运输方式、车辆种类；现有库存的保证能力；现时的交通条件，从而决定配送时间，选定配送车辆，规定装车货物的比例和最佳配送路线、配送频率。

（二）配送计划的实施

配送计划制订后，仓储物流企业需要进一步组织落实，完成配送任务。

（1）做好准备工作。配送计划确定后，仓储物流企业应将到货时间、到货品种、规格、数量以及车辆型号通知各门店做好接车准备；同时向各职能部门，如仓储、分货包装、运输及财务等部门下达配送任务，各部门做好配送准备。

（2）组织配送发运。理货部门按要求将各门店所需的各种货物进行分货及配货，然后进行适当的包装并详细标明门店名称、地址、送达时间以及货物明细；配送部门按计划将各门店货物组合、装车；运输部门按指定的路线运送各门店，完成配送工作。如果门店有退货、调货的要求，运输部门则应将退调商品随车带回，并完成有关单证手续。

三、选择配送方式

在不同的市场环境下，为了满足不同产品、不同客户、不同流通环境的要求，在配送组织活动过程中，仓储物流企业可以选择不同的配送方式来满足客户的需要。根据配送组织过程的两大要素，即配送的时间和配送货物的数量不同，可将配送活动分为定时配送、定量配送、定时定量配送、定时定线配送和即时配送等。

（一）定时配送

定时配送是按规定时间和时间间隔进行配送的方式。定时配送的时间由配送的供给与需求双方通过协议确认。对于每次配送的品种及数量，双方可预先在协议中确定，实行计划配送；也可以在配送之前以商定的联络方式（如电话、传真、计算机网络等）通知配送品种及数量。

在定时配送方式下，由于时间确定，客户不仅可以根据自己的经营情况，按照理想时间进货，而且便于安排接货力量（如人员、设备等）。对于仓储物流企业而言，这种方式下，便于安排工作计划，有利于对多个客户实行共同配送以减少成本的投入，便于按计划使用车辆和规划路线。如果配送物品种类、数量较大，配货及车辆配装的难度则较大，会使配送运力的安排出现困难。

（二）定量配送

定量配送是按规定的批量进行配送的方式，不规定严格的时间，只规定在一个指定的时间范围内配送。

这种方式由于每次配送的品种、数量固定，备货工作较为简单，仓储物流企业无须经常改变配货备货的数量，可以按托盘、集装箱及车辆的装载能力规定配送的定量，既能有效利用托盘、集装箱等集装方式，也可做到整车配送，因此配送效率较高、成本较低。由于时间不严格限定，仓储物流企业可以将不同客户所需物品凑整装车后配送，提高了车辆利用率。对客户来讲，每次接货时都处理同等数量的货物，有利于准备人力、设备能力。

定量配送方式适用于以下情况：

（1）客户对于库存的控制不十分严格，有一定的仓储能力，不实行零库存。

（2）从配送中心到客户的配送路线保证程度较低，难以实现准时的要求。

（3）难以对多个客户实行共同配送。只有达到一定配送批量，才能使配送成本降低到供需双方都能接受的水平。

（三）定时定量配送

定时定量配送是按照规定的配送时间和配送数量进行配送，兼有定时、定量两种方式的优点，是一种精密的配送方式。

这种方式要求有较高的服务质量水平，组织工作难度很大，通常针对固定客户进行这项服务。由于适合采用的对象不多，很难实行共同配送等配送方式，因而成本较高，通常在客户有特殊要求时采用，不是一种普遍适用的方式。

定时定量配送方式在大量且稳定生产的汽车、家用电器、机电产品的供应物流领域取得了成功。这种方式的管理和运作，一是以配送双方事先拟定的一定时期的协议为依据来执行；二是采用看板方式来决定配送的时间和数量。

（四）定时定线配送

定时定线配送是在确定的运行路线上制定运行时间表，按运行时间表进行配送的方式。客户可在规定地点和时间接货，可按规定路线及时间提出配送要求。

这种方式有利于仓储物流企业按计划安排车辆及驾驶人员，可以依次对多个客户实行共同配送，无须每次决定货物配装、配送路线、配车计划等问题，因此易于管理，配送成本较低。

在配送客户较多的地区，仓储物流企业也可免去因过分复杂的配送要求带来的配送计划、组织工作、配货工作及车辆安排的困难。

对客户来讲，既可在一定路线、一定时间内进行选择，又可有计划地安排接货力量。这种配送方式可以为众多的中小型客户提供极大的方便。但它的应用领域也是有限的，不是一种可普遍采用的方式。

这种方式特别适合对小商业集中区客户的配送。商业集中区域交通较为拥挤、街道比较狭窄，需要将货物统一配送到站点，然后用电瓶三轮车将货物配送到各个客户手中，实现点对点的配送服务。

（五）即时配送

即时配送是完全按照客户突然提出的时间、数量方面的配送要求，随即进行配送的方式。采用这种方式，客户可以将安全储备降低为零，以即时配送代替安全储备，实现零库存经营。

这种方式是以某天的任务为目标，仓储物流企业在充分掌握了这一天货物需要地点、需要数量及种类的前提下，即时安排最优的配送路线，并安排相应的配送车辆实施配送。仓储物流企业可以在初期按预测的结果制订计划，统筹安排一个时期的任务，并准备相应的力量，在配送前一两天根据任务书制订实际的配送实施计划。由于每天配送可实现最优的安排，因此该方式适用于零星商品、临时需要的商品或急需商品的配送。

即时配送可以灵活、高效地满足客户的临时需求，最终解决客户担心断供之忧，大幅提高供应保证能力。即时配送是仓储物流企业快速反应能力的具体化，是仓储物流企业能力的体现。即时配送成本较高，对仓储物流企业的要求比较高，特别对配送速度和配送时间要求比较严格，但它是配送合理化的重要保证手段。

只有配送设施完备，具有较高的管理和服务水平、较高的组织和应变能力的专业化的仓储物流企业才能大规模地开展即时配送业务。

四、共同配送

共同配送，又称共享第三方物流服务，是指多个客户联合起来共同由一个第三方物流服务公司来提供配送服务的方式。它是在配送中心的统一计划、统一调度下展开的。

（一）共同配送的形式

（1）由一家第三方物流服务公司对多家客户进行配送。即由一个第三方物流服务公司综合某一地区内多个客户的要求，统筹安排配送时间、次数、路线和货物数量，全面进行配送。

（2）仅在送货环节将多家客户待运送的货物混载于同一辆车上，然后按照客户的要求分别将货物运送到各个接货点，或者运到多家客户联合设立的配送货物接收点。这种配送方式有利于节省运力和提高运输车辆的货物满载率。

（二）共同配送的原因

（1）从货主的角度来看，共同配送可以降低配送成本。由于共同配送是多个货主企业共享一个第三方物流服务公司的设施和设备，由多个货主共同分担配送成本，因此降低了成本。多个不同货主的零散运输通过整合可以变成成本更低的整车运输，从而使得运输费用大幅降低。共同配送还可以降低每个货主的日常费用支出，降低新产品上市时的初始投资的风险。

（2）从第三方物流服务公司的角度来看，共同配送同样可以降低它们的成本，从而间接地为客户带来费用的节省。正如第三方物流商英运（EXEL）的管理层所言："我们之所以能够降低成本，是因为人工、设备和设施费用分摊到了很多共享的客户身上。这些零散客户共享所带来的生意量就像大客户所带来的生意量一样大，使得我们可以发挥物流的规模效益，从而节约成本，这些成本的节约又反过来可以使公司实施更加优惠的低价政策。"

（三）共同配送的作用与实施难点

1. 共同配送的作用

共同配送理念的实现，对企业来讲，可以得到以下好处：达到配送作业的经济规模，提高物流作业的效率，降低企业营运成本；企业无须投入大量资金、设备、土地、人力等，可以节省资源；企业可以集中精力经营核心业务，促进企业的成长与扩散；扩大市场范围，消除原有封闭性的销售网络，共建共存共荣的环境。

从整个社会的角度来讲，实现共同配送主要有以下好处：减少社会车流总量，减少闹市卸货妨碍交通的现象，改善交通运输状况；通过集中化处理，有效提高车辆的装载率，节省物流处理空间和人力资源，改善商业物流环境，进而提升整体社会生活品质。

总而言之，共同配送可以最大限度地提高人员、物资、金钱、时间等物流资源的使用效率（降低成本），取得最大效益（提高服务），还可以减少多余的交错运输，并取得缓解交通、保护环境等社会效益。

2. 共同配送的实施难点

共同配送是物流配送发展的总体趋势。共同配送涉及很多具体的细节问题，在实施过程中难免会出现难点。首先，各业种经营的商品不同，有日用百货、食品、酒类饮料、药品、服装乃至厨房用品、卫生洁具等，不同的商品特点对配送的要求也不同，共同配送存在一定的难度。其次，各企业的规模、商圈、客户、经营意识等方面也存在差距，往往很难协调一致，企业会有费用分摊、泄露商业机密的担忧等。

相关链接

配送运输中的多点分运

近年来，流通业者纷纷朝水平、垂直、同业、异业等方向整合，有的是渠道共配整合，有的是产品整合。在整合过程中，如何让业者之间建立共识，引导其建立高效的共同配送体系，以落实商业自动化的整体效应，是现阶段推行共同配送的首要任务。在商业自动化即将进入整合阶段的关键时期，探讨现行法律法规、拟订具体奖励办法、推动相关企业向建立共同配送体系的方向努力，有着重要的意义。

具体来说，相关部门在推动配送共同化进程中应采取的措施有以下几个方面：

（1）加强观念宣传及技术辅导，成立共同配送技术辅导专门机构，选取典型企业，建立共同配送示范体系，以点带面，发挥示范作用。

（2）加强相关法律法规的修改与制定，在审批、税收等方面给予一定的优惠措施，以降低企业的土地取得成本。

（3）加快物流行业标准的制定工作，建立统一、科学、规范的标准体系。

（4）为企业提供公平公正的竞争环境，促进共同配送体系的发展。

（5）落实交通法规的执行，以改善交通及停车状况，加速道路工程的建设。

任务实施

背景资料：

2023 年 10 月 27 日，A 公司业务办公室接到客户的订单，A 公司需要将订单中所列产品按指定时间分别配送到该客户的 10 家门店。

（1）包装箱的尺寸、货品的重量等相关信息（见表 7－1）。

表 7－1　包装箱尺寸、货品重量信息

序号	名称	用途	净重（KG）	毛重（KG）	长（mm）	宽（mm）	高（mm）	体积（cm^2）	备注
1	青椒丝	送青岛	1.9	2.1	260	190	158	7 805.2	订单数/10＝箱数
2	葱丝	送青岛	1.0	1.2	260	190	158	7 805.2	订单数/10＝箱数
3	黄瓜段	送青岛	2.9	3.3	323	247	150	11 967.15	订单数/10＝箱数
4	柠檬片	送青岛	1.8	1.9	400	380	50	7 600	订单数/9＝箱数
5	生菜丝	送青岛	10	10.3	413	340	271	38 053.82	订单数/9＝箱数
6	番茄丁	送青岛	0.9	1	400	380	50	7 600	订单数/9＝箱数
7	泡沫箱	送青岛	0.3	0.32	530	400	330	69 960	不定期配货
8	鸡蛋箱	送青岛	5	5.2	310	310	160	15 376	不定期配货

（2）物流公司自有车辆基本信息（见表 7－2）。

表 7－2　车辆基本信息

序号	车牌号	车辆性质	用途	长（cm）	宽（cm）	高（cm）	容积（m^3）	载重量（吨）	备注
1	冀 J523＊＊	外租	送青岛	700	228	196	23.30	5.000	外观尺寸 7.2 米
2	蒙 H164＊＊	外租	送青岛	860	227	225	34.16	7.700	外观尺寸 8.8 米
3	陕 A020＊＊	外租	送青岛	710	230	200	24.50	8.000	外观尺寸 7.2 米
4	蒙 A278＊＊	外租	送青岛	840	225	225	33.08	7.000	外观尺寸 8.6 米
5	冀 J676＊＊	外租	送青岛	700	228	196	23.30	5.000	外观尺寸 7.2 米
合计									

(3) 客户订单信息（见表 7－3）。

表 7－3　肯德基（青岛）订单

日期：2023/12/9　　供应单位：A 公司

序号	发货日期	到货日期	品项	单位	数量	备注
1	2023.12.10	2023.12.11	青椒丝	袋	16 312	
2	2023.12.10	2023.12.11	葱丝	袋	1 414	
3	2023.12.10	2023.12.11	黄瓜段	袋	3 922	
4	2023.12.10	2023.12.11	柠檬片	袋	654	
5	2023.12.10	2023.12.11	生菜丝	袋	4 510	
6	2023.12.10	2023.12.11	番茄丁	袋	1 749	

客户（青岛）负责人签字：　　供应单位负责人签字：

注：经与蛋品厂联系，确定 2023 年 12 月 10 日发货当天，有 200 箱鸡蛋配装到发至青岛的车内。

操作过程：

(1) 学生每 5 人为一个小组，每组选一名学生作为组长。
(2) 以小组为单位制定配送方案。
(3) 教师辅以必要的指导，体现以学生为主体的教学特色。
(4) 纸、笔、计算机、多媒体设备。
(5) 初步制定配送作业方案（见表 7－4）。

表 7－4　配送作业方案制定（学生自用）

配送作业方案：

（6）小组讨论后确定最终配送作业方案（见表 7－5）。

表 7－5　配送作业方案（小组用）

组长：______　　成员：________________________ 配送作业方案调整的内容：   最终配送作业方案：

任务评价：

（1）由教师和学生共同讨论，根据各组的方案设计和实施情况进行评价（见表 7－6），给出成绩（小组互评、学生自评、教师评价相结合）。

表 7－6　任务评价表

项目名称	内容	分值（分）	实际得分
评价标准	工作态度	10	
	沟通、协调能力	10	
	配送作业方案设计的合理性	15	
	小组成员实操分工合理、相互合作	10	
	配送作业完成的规范性	15	
	岗位职责的明确性	10	
	6S 管理、清理现场	10	
	操作规范	10	
	安全意识	10	
合计		100	

测评小组：　　　　　　　　　　　　　　被测评人：

（2）配送作业方案调整与建议：根据小组互评、学生自评以及教师给出的建议改进和调整（具体内容见表 7－7）。

表 7-7 配送作业方案调整与建议

<table>
<tr><td>需要改进和调整的内容</td><td colspan="2"></td></tr>
<tr><td rowspan="3">学习成果提交</td><td>项目</td><td>签字</td></tr>
<tr><td>配送计划</td><td></td></tr>
<tr><td>配送作业方案</td><td></td></tr>
<tr><td colspan="3">学习收获及心得体会：</td></tr>
</table>

任务小结

本任务介绍了配送运输的基本作业流程、配送计划的制定与实施、常见的配送方式。在此基础上，通过实训项目，进一步巩固学生对配送运输计划的制订、配送方式的选择等重点内容的掌握。

任务二
车辆调度

任务导入

2023 年 10 月 27 日，根据任务一中表 7－1、表 7－2、表 7－3 等资料，从网上获取 10 家门店具体位置，A 公司的车辆调度人员应如何安排车辆和确定配送路线？

任务分析

车辆调度人员首先要熟悉客户的配送时间、道路的拥堵情况、各个门店所在区域、允许通行的车辆、自有车辆的情况及外包车辆资源等信息，根据订单信息和客户要求，选择合适的车辆，确定最佳配送路线。

课前预习

1. 简述车辆调度的工作内容。

____

____

2. 车辆运行调度工作的原则有哪些？

____

____

3. 常用的调度方法有哪些？

____

____

4. 节油的措施有哪些？

____

____

相关知识

一、车辆调度的内容

车辆调度是配送运输管理的一项重要职能，是指挥监控配送车辆正常运行、协调配送生产过程以实现车辆运行作业计划的重要手段。

（一）编制配送车辆运行作业计划

调度部门坚持合同运输及临时运输相结合，以完成运输任务为出发点，认真编制、执行及检查车辆运行作业计划。

（二）现场调度

调度部门加强信息沟通，机动、灵活地处理有关部门的问题，准确、及时地发布调度命令，保证生产的连续性。

（三）随时掌握车辆运行信息，进行有效监控

仓储物流企业在执行车辆运行计划的过程中常会遇到一些事前难以预料的问题，如客户需求量变动、装卸机械发生故障、车辆运行途中发生技术障碍、临时性桥路阻碍等，这就需要调度部门有针对性地加以分析和解决，随时掌握货源状况、车辆、路况、气候变化、驾驶员思想状况、行车安全等，确保运行作业计划顺利进行。

（四）检查计划执行情况

在车辆运行组织中，调度部门应经常进行一系列检查，发现薄弱环节，及时采取措施，避免运输中断。

二、车辆调度的原则

（一）局部服从全局

全局是系统整体相对于系统内部各局部而言的。全局性是代表着各个局部共同利益和共同要求的系统本质属性。配送运输中的车辆调度必须一切从全局出发，从整体最优功能出发，使局部服从于全局，而不能凌驾于全局之上。

（二）安全第一、 质量第一

安全第一是从保护生命、财产的角度提出的，而质量第一是从关心配送服务成果的角度强调的。安全为质量服务，质量需要安全保证。在车辆运行调度中，配送管理人员和基层作业人员需要充分认识到交通安全和作业安全的重要性。

（三）计划性原则

为保证车辆调度能最大限度地满足客户的配送需求，配送部门需要根据客户订单信息和现有闲置车辆、司机等配送资源情况，提前制订车辆调度计划。

（四）合理性原则

车辆运行调度要遵循合理性原则，全面考虑客户要求、货物特性、司机、车况、路况、天气条件等诸多因素，在保证安全的前提下顺利完成配送任务。

三、车辆调度的方法

车辆调度的方法有很多种，调度部门可根据客户所需货物、配送中心站点及交通线路的布局不同而选用不同的方法。简单的运输可采用定向专车运行调度法、循环调度法、交叉调度法、经验调度法、运输定额比法。如果运输任务较重、交通网络较为复杂，为合理调度车辆运行，可运用运筹学中线性规划的方法，如最短路径法、表上作业法、图上作业法等。以下介绍常见的几种车辆调度方法。

（一）图上作业法

图上作业法是在运输图上求解线性规划运输模型的方法，即在一张交通图上通过一定步骤的规划和计算来完成物资调运计划的编制工作，以使物资运行的总吨公里数最小，使物资运费降低，缩短运输时间。在一定的条件下，这样的方案被称为最优方案。

运用图上作业法制定物资调运方案的步骤如下：

第一步：编制物资平衡表。

调度部门在编制物资平衡表时需要完成以下事项：

（1）计算出需要调出物资的地点（即发点）及发量。

（2）计算出需要调进物资的地点（即收点）及收量。

保持总发量＝总收量。

第二步：根据物资平衡表和收点、发点间的相互位置绘制交通图（见图 7－1）。交通图是表明收点和发点间的相互位置以及连接这些点之间的交通线路的简要地图。在交通图上，用圆圈“○”表示发点，将该发点的发量填入圆圈“○”内；用方框“□”表示收点，将该收点的收量填入方框“□”内。两点间的距离应记在交通线路的旁边。

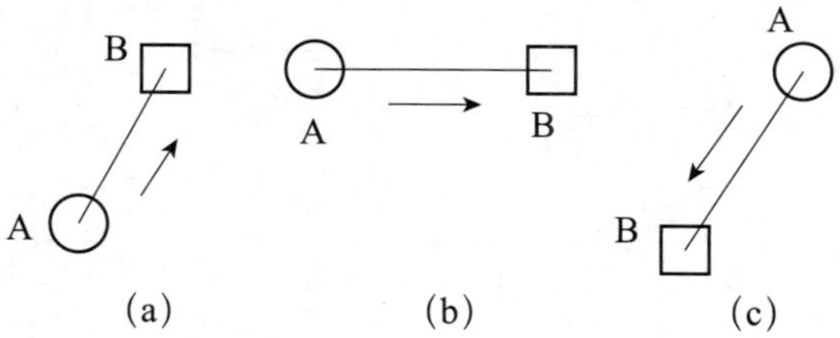

图 7－1　交通图

第三步：交通图绘制好后，即可在上面进行物资调运，制定初始调运方案，编制物资调运流向图。用箭头“→”表示物资调运的方向，即流向，并规定流向“→”必须画在沿着路线前进的右侧。将运送物资的数量记在流向“→”的旁边并加括号（），以区别于两点之间的距离数。为了保持图面的整洁，流向量最好不要通过收、发点以及交叉路口。

（二）经验调度法

在有多种车辆时，车辆使用的经验原则为尽可能使用能满载运输的车辆进行运输。在能够保证满载的情况下，调度部门应优先使用大型车辆，优先载运大批量的货物。一般而言，大型车辆能够保证较高的运输效率和较低的运输成本。

相关链接

减少空驶的措施

（三）运输定额比法

调度部门应根据车辆的运输能力计算每种车辆运输不同货物的定额比，定额比小于1的种类不予考虑，优先安排定额比高的车辆完成运输任务。

任务实施

背景资料：

学生根据任务一中表7-1、表7-2及表7-3信息，并从网上或者地图获取10家门店具体位置。调度部门应按照客户规定和时间和地点将货物送至客户。

操作过程：

（1）学生每4人为一个小组，每组选一名学生作为组长。

（2）以小组为单位，根据背景资料选择合适的方法对车辆进行调度。

（3）教师辅以必要的指导，体现以学生为主体的教学特色。

（4）纸、笔、计算机、多媒体设备。

（5）制定调度作业方案（见表7-8）。

表7-8　调度作业方案（学生自用）

客户名称		送货地点	
简单描述调度作业方案：			
配送路线：			
配送人员			

（6）小组讨论后确定最终调度作业方案（见表 7－9）。

表 7－9　调度作业方案（小组用）

组长：______　成员：________________________ 调度作业方案调整的内容：   最终调度作业方案：

任务评价：

（1）由教师和学生共同讨论，根据各组的方案设计和实施情况进行评价（见表 7－10），给出成绩（小组互评、学生自评、教师评价相结合）。

表 7－10　任务评价表

项目名称	内容	分值（分）	实际得分
评价标准	工作态度	10	
	沟通、协调能力	10	
	调度作业方案设计的合理性	15	
	调度步骤的可操作性	10	
	调度方法选择的合理性	15	
	岗位职责的明确性	10	
	道路安全行驶措施的可操作性	10	
	应急预案	10	
	安全意识	10	
合计		100	

测评小组：　　　　　　　　　　　　被测评人：

（2）调度作业方案调整与建议：根据小组互评、学生自评以及教师给出的建议改进和调整（具体内容见表 7－11）。

表 7-11　调度作业方案调整与建议

需要改进和调整的内容		
学习成果提交	项目	签字
	调度作业方案	
学习收获及心得体会：		

任务小结

本任务介绍了车辆调度的内容、车辆调度的原则、常见的车辆调度方法。在此基础上，通过实训项目，进一步巩固学生对配送车辆运行作业计划的编制、常用的车辆调度方法等重点内容的掌握。

任务三
配送车辆积载

任务导入

2023 年 10 月 27 日，根据任务一中表 7－1、表 7－2 及表 7－3 信息等资料，计算货品体积，根据车辆的相关信息确定需要几辆车才能装得下所有货物，确保既不超重又能满载，提高车辆利用率，降低空驶率。

任务分析

学生要根据车辆信息、货品及包装信息、客户订单信息，采用相关公式计算车辆容积利用率，同时还要根据订货时间、到货时间、产品名称、订单数、箱数、单位体积、合计等信息确定可选择车辆、选派车辆、选派车辆容积，从而正确、熟练地完成配送业务，保证配送工作有条不紊地进行。

课前预习

1. 影响车辆配载的因素有哪些？

____

____

2. 车辆积载的原则是什么？

____

____

3. 计算车辆装载量的公式是什么？

____

____

4. 车辆配载的标准有哪些？

____

____

相关知识

相关链接

货物积载因数

一、车辆配载的影响因素

（一）货物特性

例如，对于轻泡货物，由于车辆容积的限制和运行限制（主要是超高），而无法满足吨位要求，易造成吨位利用率降低。

（二）货物包装情况

如果车厢尺寸不与货物包装容器的尺寸成整倍数关系，则无法装满车厢。如货物宽度为 80cm、车厢宽度为 220cm，将会剩余 60cm。

（三）不能拼装运输

配送部门应尽量选派核定吨位与所配送的货物数量接近的车辆进行运输，或按有关规定减载运行，如有些危险品必须减载运送才能保证安全。

（四）装载技术

由于装载技术的原因，如货物摆放不合理、不规范，堆叠不当，货物尺寸不匹配，人工装载误差等，因此造成不能装足吨位。

二、车辆积载原则

（一）轻重搭配原则

配送部门装货时，必须将重货置于车辆底部，轻货置于上部，避免重货压坏轻货，并使货物重心下移，从而保证运输安全。

（二）大小搭配原则

货物包装的尺寸有大有小，为了充分利用车厢的容积，配送部门可在同一层或上下层合理搭配不同尺寸的货物，以减少箱内的空隙。

（三）货物性质搭配原则

拼装在一个车厢内的货物，其化学性质、物理属性不能互相抵触。如不能将散发臭味的货物与具有吸臭性的食品混装；不将散发粉尘的货物与清洁货物混装。

（四）到达一个地点的货物尽可能一次配载

为了降低配送成本、提高配送效率，到达一个地点的货物尽可能一次配载。在协同物流的条件下，也可以进一步优化配置，以达到提高配送运输效率、降低配送成本的目的。

（五）确定合理的堆码层次和方法

配送部门可以根据车厢的尺寸、容积及货物外包装的尺寸来确定堆码层次和方法，同时也要考虑货物外包装箱的堆码层数要求。

（六）尽量做到先送后装

货物装车时，配送部门需要根据客户的送货要求，考虑卸车顺序，尽量做到先送后装，以保证配送效率。

配送车辆的载重能力和容积能够得到充分利用，与货物本身的包装规格有很大关系。小包装的货物可降低亏箱率，同类货物用纸箱比用木箱包装亏箱率要低一些。但是，亏箱率高低还与采用的积载方法有关。因此，恰当的积载方法能使车厢内部的高度、长度、宽度都得到充分的利用。

三、正确计算装载量

（一）货箱体积（外部尺寸）的计算

单个货箱体积=（货箱）长×宽×高

（二）车厢内容积（内部尺寸）的计算

车厢内容积=（车厢内）长×宽×高

（三）车辆容积利用率的计算

车辆容积利用率=实际装载货物的体积÷车厢有效容积

冷藏运输时，为了实现车厢内温度控制的要求、保证运输质量，车厢内上方须预留出 50cm 的空间。

四、配载时应注意的事项

微课

配送方案编制——节约里程法

（1）重货不能压轻货，大件货物不能压小件货物。
（2）注意运输工具的承重位置，不能偏重或者重心偏向。
（3）注意附加值高的货物的装载位置。
（4）注意食品不能和有异味的、有毒的货物混装。
（5）注意液态物质包装的密封性并采取隔离措施。
（6）装载怕压、易碎、易变形的产品时应采取防护措施。

任务实施

背景资料：

根据任务一中表 7－1、表 7－2 及表 7－3 信息，计算出 16 312 袋青椒丝、1 414 袋葱丝、3 922 袋黄瓜段、654 袋柠檬片、4 510 袋生菜丝、1 749 袋番茄丁，需要装入多少包装箱。应先计算包装箱的体积，然后计算车容积，最终确定需要几辆车。

操作过程：

（1）学生每 3 人为一个小组，一名学生负责录入，其余学生负责信息核对。

（2）根据客户订单资料、配送车辆信息，确定装载量计算涉及的项目。

（3）教师辅以必要的指导，体现以学生为主体的教学特色。

（4）纸、笔、计算机、多媒体设备。

（5）制定车辆配载决策方案（见表 7－12）。

表 7－12　车辆配载决策方案（学生自用）

客户订单信息		送货地点	
送货时间		运输方式	
货箱体积的计算			
车厢内容积的计算			
货品重量的计算			
简单描述车辆配载作业方案：			
配送人员			

制单：

（6）小组讨论后确定最终车辆配载作业方案（见表 7－13）。

表 7－13　车辆配载作业方案（小组用）

组长：______　成员：____________________ 车辆配载作业方案调整的内容： 最终车辆配载作业方案（可另附纸）：

制单：

任务评价：

（1）由教师和学生共同讨论，根据各组的方案设计和实施情况进行评价（见表 7-14），给出成绩（小组互评、学生自评、教师评价相结合）。

表 7-14 任务评价表

项目名称	内容	分值（分）	实际得分
评价标准	工作态度	10	
	沟通、协调能力	10	
	车辆配载作业方案设计的合理性	25	
	车辆配载步骤的可操作性	15	
	岗位职责的明确性	10	
	货品装载安全性	10	
	应急预案	10	
	安全意识	10	
合计		100	

测评小组： 被测评人：

（2）车辆配装作业方案调整与建议：根据小组互评、学生自评以及教师给出的建议改进和调整（具体内容见表 7-15）。

表 7-15 车辆配装作业方案调整与建议

需要改进和调整的内容		
学习成果提交	项目	签字
	车辆配载作业方案	
学习收获及心得体会：		

任务小结

本任务介绍了影响车辆配载的因素、积载原则、车辆装载量计算。在此基础上，通过实训项目，进一步巩固学生对积载原则和注意事项、车辆装载量计算等重点内容的掌握。

任务四 配送路线优化

任务导入

2023 年 10 月 27 日，根据任务一中表 7-1、表 7-2 及表 7-3 信息，按照客户订单需求，需要给 10 家门店进行配送。你作为调度员，应如何选择配送路线？

任务分析

根据上述资料，A 公司需要为 10 家门店配送货物。在设计最佳配送路线时，配送部门须综合考虑 A 公司与 10 家门店之间的运输距离、交通管制、道路拥堵情况，以及 10 家门店需要送货的数量、时间等。

课前预习

1. 直送式配送运输的内涵是什么？

____

____

2. 分送式配送运输的内涵是什么？

____

____

3. 路径选择的原则有哪些？

____

____

4. 制定配送路线的方法有哪些？

____

____

相关知识

配送方法不同，配送运输过程也不尽相同。影响配送运输的因素很多，如车流量的变化、道路状况、客户的分布状况和配送中心的选址、道路交通网、车辆定额载重量以及车辆运行限制等。配送路线设计，即整合影响配送运输的各种因素，适时适当地利用现有的运输工具和道路状况，及时、安全、方便、经济地将客户所需的商品准确地送达客户手中。在配送路线设计中，配送部门须根据不同客户群的特点和要求，选择不同的路线设计方法，最终达到节省时间、减少运输距离和降低配送运输成本的目的。

一、直送式配送运输

直送式配送运输是指由一个供应点对一个客户的专门送货的运输方式。从物流优化的角度看，直送式客户的基本条件是其需求量接近于或大于可用车辆的额定载货量，仓储物流企业须专门派一辆或多辆车一次或多次送货。因此，在直送式配送运输方式下，货物的配送追求的是多装快跑，仓储物流企业宜选择最短配送路线，以节约时间、费用，提高配送效率。该方式的物流优化主要是寻找物流网络中的最短路线问题。

狄克斯特拉算法是由荷兰计算机科学家狄克斯特拉于 1959 年提出的，是从一个顶点到其余各顶点的最短路径算法，解决的是有权图中最短路径问题。其基本原理是：每次新扩展一个距离最短的点，更新与其相邻的点的距离。当所有边权都为正时，由于不会存在一个距离更短的没扩展过的点，因此这个点的距离永远不会再被改变，这样保证了算法的正确性。根据该原理，运用狄克斯特拉算法求最短路径不能有负权边，因为扩展到负权边的时候会产生更短的距离，有可能就破坏了已经更新的点距离不会改变的性质。

微课

两点间直送式配送运输路线选择

二、分送式配送运输

分送式配送运输是指由一个供应点对多个客户的共同送货的运输方式。其基本条件是所有客户的需求量总和不大于一辆车的额定载货量。送货时，由这一辆车装着所有客户的货物，沿着一条精心选择的最佳线路依次将货物送到各个客户手中，这样保证了按时按量将客户需要的货物及时送到，减少了车辆，节省了费用，缓解了交通紧张的压力，并减少了运输对环境造成的污染。

解决这种方式的优化设计问题可以采用节约里程法。节约里程法示意图如图 7－2 所示，假设 P 为配送中心，A 和 B 为客户接货点，各点相互的道路距离分别用 a、b、c 表示。比较两种运输路线方案：一是派两辆车分别为客户往 A、B 点送货，总的运输里程为 $2(a+b)$；二是将 A、B 两地的货物装在同一辆车上，采用巡回配送方式，总的运输里程为 $a+b+c$，若不考虑道路特殊情况等因素的影响，第二种方式与第一种方式之差

为 $2(a+b)-(a+b+c)$。按照三角原理，可以看出，第二种方式比第一种要节约$a+b-c$的里程数。节约里程法就是按照以上原理对配送网络的运输路线进行优化计算的。

采用节约里程法时，仓储物流企业需要考虑的因素有以下几个：

(1) 适用于客户需求稳定的配送中心；

(2) 各配送路线的负荷要尽量均衡；

(3) 充分考虑道路运输状况；

(4) 预测需求的变化以及发展趋势；

(5) 考虑交通状况；

(6) 利用计算机软件求解优化。

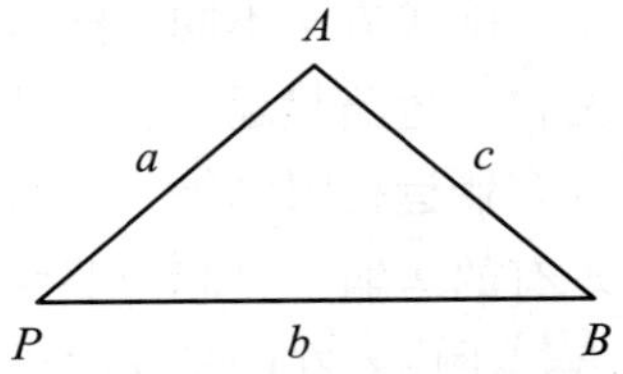

图 7-2 节约里程法示意图

三、配送路线优化的目标

(一) 效益最高

在选择效益为目标时，一般是以企业当前的效益为主要考虑因素，同时兼顾长远的效益。效益是企业整体经营活动的综合体现，也可以用利润来表示，因此，在优化配送路线时企业应以利润的数值最大化为目标值。由于效益是综合反映，在拟定数学模型时，很难与配送路线之间建立函数关系，因此一般很少采用这一目标。

(二) 成本最低

计算成本比较困难，但成本和配送路线之间有密切关系，在成本对最终效益起决定作用时，选择成本最低为目标实际上就是选择了以效益为目标，但有所简化，比较实用，因此是可以采用的。

(三) 路程最短

如果成本和路程相关性较强，而与其他因素是微相关，可以采取路程最短的目标。这不仅可以简化计算，而且可以避免许多不易计算的影响因素。需要注意的是，有时候路程最短并不见得成本最低，如果道路条件、道路收费影响了成本，单以最短路程为最优解则不合适了。

(四) 吨公里最低

在多个发货站和多个收货站的条件下，并且是整车发到的情况下，以吨公里最低为目标是可以取得满意结果的。在配送路线选择中，一般情况下该目标是不适用的，但在采取共同配送方式时，也可用吨公里最低为目标。

(五) 准时性最高

准时性是配送中重要的服务指标，以准时性为目标优化配送路线就是要将各客户的时间要求和路线先后到达的安排协调起来，这样有时难以顾及成本问题，甚至需要牺牲成本来满足准时性要求。当然，在这种情况下，成本不能失控，应有一定限制。

（六）运力利用最合理

在运力非常紧张、运力与成本或效益又有一定关系时，为节约运力、充分运用现有运力，而无须外租车辆或新购车辆，此时配送部门可以运力安排为目标优化配送路线。

（七）劳动消耗最低

以油耗最低、司机人数最少、司机工作时间最短等劳动消耗为目标优化配送路线也有所应用，这主要是在特殊情况（如供油异常紧张、油价非常高、意外事故引起人员减员、某些因素限制了配送司机人数等）下作出的选择。

四、配送路线优化的方法

（一）方案评价法

当对配送路线的影响因素较多，难以用某种确定的数学关系表达时，或难以以某种单项依据评定时，可以采取对配送路线方案进行综合评价的方法。采用方案评价法确定最优配送路线有以下几个步骤：

（1）拟定配送路线方案。首先以某一项较为突出和明确的要求作为依据。例如，以某几个点的配送准时性，或司机习惯行驶路线等拟定几个不同方案，方案要求提出路线发、经地点及车型等具体参数。

（2）对各方案引发的数据进行计算。如计算配送距离、配送成本、配送行车时间等数据，并作为评价依据。

（3）确定评价项目。如动用车辆数、司机数、油耗、总成本、行车难易、准时性及装卸车难易等都可作为评价依据。

（4）对方案进行综合评价。

（二）数学计算法

配送部门可以利用经济数学模型进行数量分析，如可以应用线性规划的数学模型求解最佳方案。

相关链接

协同配送

（三）节约里程法

在实际工作中有时只需求近似解，不一定求得最优解，在这种情况下可采用节约里程法来确定配送方案。

任务实施

背景资料：

根据任务一中表 7-1、表 7-2 及表 7-3 信息，并根据客户订单需求，A 公司需要向 10 家门店配送货物。如果你是调度员，应如何设计最佳配送路线？

操作过程：

（1）学生每 4 人为一个小组，每组选一名学生作为组长。

（2）以小组为单位，根据背景资料确定路线优化的方法，明确小组成员职责和分工。

（3）准备绘图纸、笔、计算机、多媒体设备。

（4）教师辅以必要的指导，体现以学生为主体的教学特色。

（5）制定配送路线设计方案（见表 7-16）。

表 7-16　配送路线设计方案制定（学生自用）

<table>
<tr><td>客户名称</td><td></td><td>送货地点</td><td colspan="3"></td></tr>
<tr><td>规格</td><td></td><td>送货时间</td><td colspan="3"></td></tr>
<tr><td>数量</td><td></td><td>运输方式</td><td></td><td>车辆种类</td><td></td></tr>
<tr><td colspan="6">简单配送路线设计方案：</td></tr>
<tr><td>配送人员</td><td colspan="5"></td></tr>
</table>

制单：

（6）小组讨论后确定配送路线设计方案（见表 7-17）。

表 7-17　配送路线设计方案（小组用）

<table>
<tr><td>组长：______　　成员：______________________________
配送路线设计方案调整内容：

配送路线设计方案：

</td></tr>
</table>

制单：

任务评价：

（1）由教师和学生共同讨论，根据各组的方案设计和实施情况进行评价（见表7-18），给出成绩（小组互评、学生自评、教师评价相结合）。

表7-18　任务评价表

项目名称	内容	分值（分）	实际得分
评价标准	工作态度	10	
	沟通、协调能力	10	
	配送路线方案设计的合理性	15	
	配送路线方案设计的可操作性	10	
	最优配送路线选择的合理性	15	
	岗位职责的明确性	10	
	道路安全行驶措施的可操作性	10	
	应急预案	10	
	安全意识	10	
合计		100	

测评小组：　　　　　　　　　　　　被测评人：

（2）配送路线设计方案调整与建议：根据小组互评、学生自评以及教师给出的建议改进和调整（具体内容见表7-19）。

表7-19　配送路线设计方案调整与建议

需要改进和调整的内容		
学习成果提交	项目	签字
	最优配送路线设计方案	
学习收获及心得体会：		

任务小结

本任务介绍了直送式配送运输、分送式配送运输、配送路线优化的目标和方法等，旨在通过知识拓展和实训，培养和提高学生的仓库货物配送组织能力。在此基础上，通过实训项目，进一步巩固学生对配送路线优化方法等重点内容的掌握。

项目八
特殊货物仓储与配送

学习目标

※ 知识目标

1. 了解特殊货物的含义
2. 熟悉特殊货物的分类
3. 掌握特殊货物装卸的要求
4. 掌握特殊物品出入库作业流程

※ 能力目标

1. 能够编制特殊货物仓储与配送作业方案
2. 能够正确组织特殊货物的仓储与配送
3. 能够具备特殊货物安全防护能力

※ 素养目标

1. 培养爱岗敬业、吃苦耐劳的品质
2. 培养团队合作能力
3. 增强对特殊货物的安全防护意识

学习导图

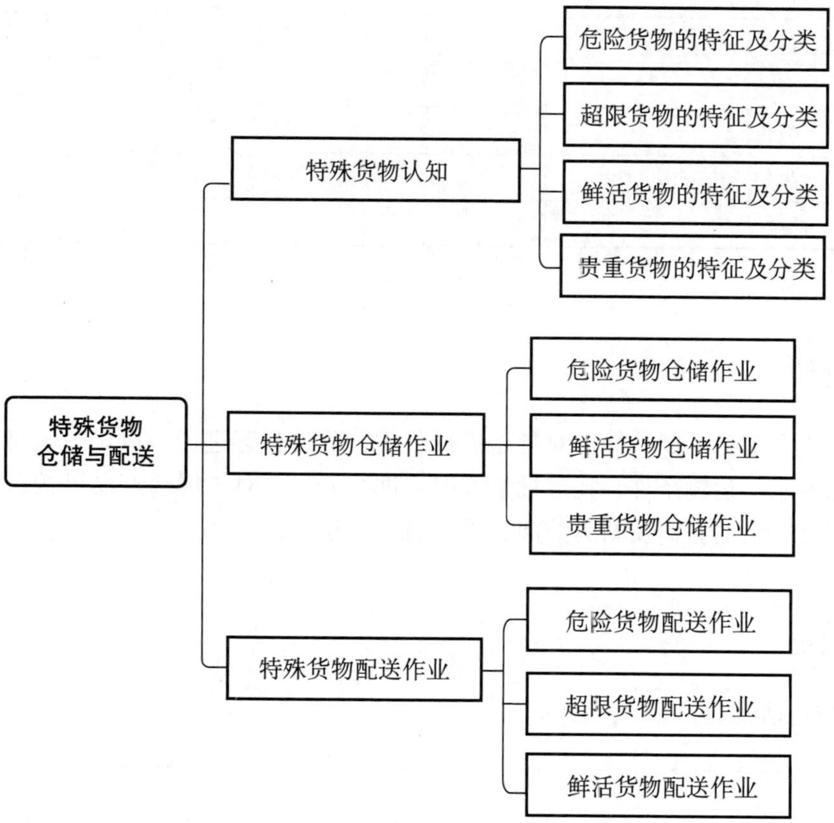

任务一
特殊货物认知

任务导入

2023 年 6 月 10 日，仓库接到通知，6 月 11 日有一批鲜活产品入库，基本信息如表 8-1 所示。库管员接到入库通知后，应该做哪些准备工作？

表 8-1 鲜活产品信息表

品种	数量（斤）
大白菜	1 000
菜花	50
平菇	15
苹果	20
鱼类	10
海参	50
鸭蛋	40
牛奶	100
西兰花	20

任务分析

库管员应首先了解货品的特性，对货品进行分类，分类分区进行存放，一般可按其物理属性、装卸要求、运输条件、托运批量等因素进行分类。对于鲜活产品可按照新鲜果蔬、鲜活水产品、活的畜禽及新鲜的肉、蛋、奶进行分类。

课前预习

1. 特种货物包括哪些？

____

____

2. 特种货物分类标准是什么？

____

____

3. 危险货物的特征有哪些？如何进行分类？

____

____

4. 鲜活货物的特征有哪些？如何进行分类？

____

____

相关知识

特种货物包括危险货物、超限货物、鲜活货物和贵重货物等。凡是由于货物的特殊性质，在运送中需要特定条件、特殊设备来保证完整和安全的，都可称为特种货物。特种货物由于对运输、装卸、保管有特殊的技术、组织和管理要求，因此在储运过程中除了遵守普通货物运输的有关注意事项外，还应该遵守特种货物储运的特别注意事项。

货物是指凡是经由运输部门承运的一切原料、材料、工农业产品、商品以及其他产品。根据不同的标准或者不同的角度可对货物进行分类，如按其物理属性、装卸方法、装卸要求、运输条件、托运批量等因素进行分类。以下介绍其中几种。

按照货物的装卸方法，可以将货物分为件装货物和散装货物，散装货物又分为堆积货物和灌注货物。件装货物是指按件重或体积装运的货物，可以用件计数，每一件都有一定的质量、形状和体积；散装货物是指可以用堆积或灌注等方法进行装卸搬运的货物，通常采用输送、铲抓、倾卸等方法装卸，如煤炭、矿石、砂石、水泥、粮食等。大批量运输或专门运输此类货物，对车辆性能、装卸设施、承载器等均有一定的要求。

按照货物的运输条件，可以将货物分为普通货物和特种货物。普通货物是指在运输、配送、保管及装卸等作业过程中，不必采用特殊方式或手段进行特别防护的货物。特种货物是指在运输、配送、保管及装卸等作业过程中必须采取特别措施、特殊工艺的货物，如危险货物、大件（长大笨重）货物、鲜活及易腐冷藏货物和贵重货物。

需要注意的是，货物分类并非是绝对的，为了适应运输、企业管理或其他方面的要求，还可根据其他标准、因素对货物进行分类。

一、危险货物的特征及分类

危险货物是指具有爆炸、易燃、毒害、感染、腐蚀等危险特性，在生产、经营、运输、储存、使用和处置中，容易造成人身伤亡、财产损毁或者环境污染而需要特别防护的物质和物品。危险货物用途广泛、门类品种多。随着化学工业的发展，冶金工业和机械制造采用新工艺，轻纺工业合成纤维的生产以及农药、化肥的广泛使用，作为特殊生产资料的危险货物的品种和用量在不断增加，危险货物在其生产、运输管理中，会有许多与众不同的特殊性，只有了解和掌握不同危险货物的相应危险特性，方能有的放矢，确保安全。

（一）危险货物的特征

一般来说，危险货物具有以下特征：

（1）具有易燃、易爆炸、腐蚀、毒害、辐射等性质。这是危险货物本身所具有的特殊性质，是造成火灾、灼伤、中毒等事故的先决条件。

（2）能引起人身伤亡和财产毁损。在一定的条件下，危险货物因受热、明火、摩擦、振动、撞击、漏洒、与性质相抵触物品接触等，会发生化学变化，不仅导致货物本身遭到损失，而且危及周围人身及环境的安全。

（3）在运输、装卸、保管过程中需要特别防护。这里所指的特别防护，不只是一般货物的轻拿轻放、谨防明火，而是要针对各种危险货物本身的特性所必须采取的“特别”防护措施。例如，有的爆炸品需要添加抑制剂；有的有机过氧化物需控制环境温度；有的危险品需要特殊包装，且大多数危险品的配载都有禁忌物。

（二）危险货物的分类

《危险货物分类和品名编号》规定，具有爆炸、易燃、毒害、感染、腐蚀、放射性等危险特性，在运输、储存、生产、经营、使用和处置中，容易造成人身伤亡、财产损毁或环境污染而需要特别防护的物质和物品，均属危险货物。

（1）爆炸品。本类货物系指在外界作用下（如受热、撞击等），能发生剧烈的化学反应，瞬时产生大量的气体和热量，使周围压力急剧上升，发生爆炸，对周围环境造成破坏的物品，也包括无整体爆炸危险，但具有燃烧、抛射及较小爆炸危险，或仅产生热、光、音响或烟雾等一种或几种作用的烟火物品。

本类货物按危险性分为六项，具体包括：有整体爆炸危险的物质和物品；有迸射危险，但无整体爆炸危险的物质和物品；有燃烧危险并有局部爆炸危险或局部迸射危险或这两种危险都有，但无整体爆炸危险的物质和物品；不呈现重大危险的物质和物品；有整体爆炸危险的非常不敏感物质；无整体爆炸危险的极端不敏感物品。

（2）气体。本类货物系指压缩、液化或加压溶解的气体，并满足下列条件之一的物质：

1）在50℃时，蒸汽压力大于300kPa的物质；

2）20℃时在101.3kPa标准压力下完全是气态的物质。

本类货物分为三项，具体包括：易燃气体；不燃气体，本项货物系指无毒不燃气体，包括助燃气体；有毒气体。

（3）易燃液体。本类货物包括易燃液体和液态退敏爆炸品。易燃液体是指易燃的液体或液体混合物，或是在溶液或悬浮液中有固体的液体。其闭杯试验闪点不高于60℃，或开杯试验闪点不高于65.6℃。

液态退敏爆炸品是指为抑制爆炸性物质的爆炸性能，将爆炸性物质溶解或悬浮在水中或其他液态物质后而形成的均匀液态混合物。

（4）易燃固体、易于自燃的物质、遇水放出易燃气体的物质。本类货物分为三项，具体包括：易燃固体，本项系指燃点低，对热、撞击、摩擦敏感，易被外部火源点燃，燃烧迅速，并可能散发出有毒烟雾或有毒气体的固体，但不包括已列入爆炸品的物质；易于自燃的物质，本项系指自燃点低，在空气中易于发生氧化反应，放出热量，而自行燃烧的物品；遇水放出易燃气体的物质，本项系指遇水或受潮时，发生剧烈化学反应，放出大量的易燃气体和热量的物品。有些不需明火，即能燃烧或爆炸。

（5）氧化性物质和有机过氧化物。本类货物分为两项，具体包括：氧化性物质，是指处于高氧化态，具有强氧化性，易分解并放出氧和热量的物质；有机过氧化物，是指分子组成中含有过氧基的有机物，其本身易燃易爆，极易分解，对热、振动或摩擦极为敏感。

（6）毒性物质和感染性物质。本类货物分为两项，具体包括：毒性物质，是指进入肌体后，累积达一定的量，能与体液和组织发生生物化学作用或生物物理学变化，扰乱或破坏肌体的正常生理功能，引起暂时性或持久性的病理状态，甚至危及生命的物品；感染性物质，是指含有致病的微生物，能引起病态，甚至死亡的物质。

（7）放射性物质。放射性物质是指任何含有放射性核素并且其活度浓度和放射性总活度都超过 GB 11806 规定限值的物质。

（8）腐蚀性物质。腐蚀性物质是指通过化学作用使生物组织接触时造成严重损伤或在渗漏时会严重损害甚至毁坏其他货物或运载工具的物质。本类货物包括满足下列条件之一的物质：

1）使完好皮肤组织在暴露超过 60min，但不超过 4h 之后开始的最多 14d 观察期内全厚度毁损的物质；

2）被判定不引起完好皮肤组织全厚度毁损，但在 55℃试验温度下，对钢或铝的表面腐蚀率超过 6.25mm/a 的物质。

（9）杂项危险物质和物品，包括危险环境物质。本类货物是指存在危险但不能满足其他类别定义的物质和物品，包括：1）以微细粉尘吸入可危害健康的物质；2）会放出易燃气体的物质；3）锂电池组；4）救生设备；5）一旦发生火灾可形成二噁英的物质和物品；6）危害环境物质；等等。

二、超限货物的特征及分类

超限货物，又称长大笨重货物、大型特型笨重货物、大件或大型物件。这些货物是其外形尺寸和重量超过常规（指超长、超宽、超重、超高）车辆、船舶装载规定的大型货物。

（一）超限货物的特征

一般来说，超限货物具有以下特征：

（1）装载后车货的总重量超过所经过路线桥涵、地下通道的限载标准。

（2）货物宽度超过车辆界限。

（3）载货车辆最小转弯半径大于所经过路线设计弯道半径。

（二）超限货物的分类

超限货物是一个统称，包括超高、超长、超重及超宽货物，这些货物对运输工具和运输组织的要求各不相同。

根据我国公路运输主管部门的现行规定，公路超限货物（即大型物件，简称大件）按其外形尺寸和重量分为四级（见表 8-2）。

表 8-2 大型物件分组

大型物件级别	重量（t）	长度（m）	宽度（m）	高度（m）
一	40～100（不含）	14～20（不含）	3.5～4（不含）	3～3.5（不含）
二	100～180（不含）	20～25（不含）	4～4.5（不含）	3.5～4（不含）
三	180～300（不含）	25～40（不含）	4.5～5.5（不含）	4～5（不含）
四	300 以上	40 以上	5.5 以上	5 以上

注：货物的重量和外廓尺寸中，有一项达到表列参数，即为该级别的超限货物；货物同时在外廓尺寸和重量达到两种以上等级时，按高级别确定超限等级。

三、鲜活货物的特征及分类

鲜活货物是指在运输过程中，需要采取一定措施，以防止死亡和腐烂变质的货物。公路运输的鲜活货物主要有鲜鱼虾、鲜肉、瓜果、蔬菜、牲畜、观赏野生动物、花木秧苗、蜜蜂等。铁路运输的鲜活货物主要有肉及某些肉制品、鱼及某些鱼制品、奶及某些奶制品、蛋及某些蛋制品、油脂、水果和蔬菜、酵母、水、鲜活植物、部分罐头食品等。

（一）鲜活货物的特征

鲜活货物的特征主要体现在以下几个方面：

（1）需有人随车押运照料。如运输兽、畜、蜜蜂、鱼及鱼苗、虾等活动物时，需有人在运输途中添加饲料、上水、换水、注氧气等，可用一般敞式货车（装运耕牛或生猪时，不能使用全铁底板车厢的货车），或经适当改装的专用车、高栏板车等运输。

（2）对温度要求不同。运送肉类的温度要低，蛋类温度要适中，水果、蔬菜或鲜花既怕热又怕冷，如苹果和梨要保持－4℃，香蕉和菠萝要保持 11℃～15℃等。运输此类货物时适宜使用冷藏车、保温车。对于要保持零度以上温度的货物，可采取加盖保温材料和封闭车厢车辆运输。

（3）季节性强、货流波动幅度大。如水果主要产于夏季与秋季，海洋水产有冬汛期和春汛期，鲜蛋的运输旺季在 4—6 月，蔬菜运输旺季在 11 月至次年的 5 月等。各地自然条件不同和气候变化不一样，会对这些物资产量产生不同的影响，使货流产生波动。

（二）鲜活货物的分类

为提高农产品流通效率、降低农产品流通成本、保障城镇鲜活农产品供应，促进农民增收，2022 年 11 月交通运输部办公厅、财政部办公厅、农业农村部办公厅等部门联合发布了《关于进一步提升鲜活农产品运输“绿色通道”政策服务水平的通知》（以下简称《通知》）。享受“绿色通道”政策的鲜活农产品是指新鲜蔬菜、水果，鲜活水产品，活的畜禽（仔猪、转地放蜂），新鲜的肉、蛋、奶。随《通知》下发了《鲜活农产品品种目录》，细分了二级类别，并列出了常见品种示例（见表 8－3）。

表 8－3 鲜活农产品品种目录

类别		常见品种示例
新鲜蔬菜	白菜类	大白菜、普通白菜、菜薹
	甘蓝类	菜花、芥蓝、青花菜、结球甘蓝
	根菜类	萝卜、胡萝卜、芜菁
	绿叶菜类	芹菜、菠菜、莴笋、生菜、空心菜、香菜、茼蒿、茴香、苋菜、木耳菜
	葱蒜类	洋葱、大葱、香葱、蒜苗、蒜薹、韭菜、大蒜、生姜
	茄果类	茄子、青椒、辣椒、番茄、樱桃番茄
	豆类	扁豆、荚豆、豇豆、豌豆、四季豆、毛豆、蚕豆、豆芽、豌豆苗、四棱豆
	瓜类	黄瓜、丝瓜、冬瓜、西葫芦、苦瓜、南瓜、佛手瓜、蛇瓜、节瓜、瓠瓜
	水生蔬菜类	莲藕、荸荠、水芹、茭白
	新鲜食用菌类	香菇（不含干香菇）、平菇、金针菇、滑菇、双孢蘑菇、木耳（不含干木耳）
	多年生和杂类蔬菜	竹笋、芦笋、金针菜、香椿
新鲜水果	仁果类	苹果、梨、海棠、山楂
	核果类	桃、李、杏、杨梅、樱桃
	浆果类	葡萄、草莓、猕猴桃、石榴、桑葚
	柑橘类	橙、桔（橘）、柑、柚、柠檬
	热带及亚热带水果	香蕉、大蕉、金香蕉、粉蕉、菠萝、龙眼、荔枝、橄榄、枇杷、椰子、芒果、杨桃、木瓜、火龙果、番石榴、莲雾
	什果类	枣、柿子、无花果
	瓜果类	西瓜、甜瓜
鲜活水产品（仅指活的或者新鲜的）		鱼类、虾类、贝类、蟹类
	其他水产品	海带、紫菜、海蜇、海参
活的畜禽	家畜	仔猪
	其他	蜜蜂（转地放蜂）
新鲜的肉、蛋、奶		新鲜的鸡蛋、鸭蛋、鹅蛋、鹌鹑蛋、鸽蛋、火鸡蛋、珍珠鸡蛋、雉鸡蛋、鹧鸪蛋、香鸭蛋、绿头鸭蛋、鸵鸟蛋、鸸鹋蛋、新鲜家禽肉和家畜肉、生鲜乳

易腐货物在鲜活货物中占比最大，按其温度状况（即热状态）的不同，又可分为三类：

（1）冻结货物。冻结货物是指经过冷冻加工成为冻结状态的易腐货物，冻结货物的承运温度（除冰外）应在－10℃以下。

（2）冷却货物。冷却货物是指经过预冷处理后货物温度到达承运温度范围之内的易腐货物。冷却货物的原运温度，除香蕉、菠萝为11℃～15℃外，其他冷却货物的承运温度在0℃～7℃。

（3）未冷却货物。未冷却货物是指未经过任何冷冻工艺处理，完全处于自然状态的易腐货物，如采收后以初始状态提交运输的瓜果、鲜蔬菜等。

四、贵重货物的特征及分类

贵重货物是指单件货物价格比较昂贵的货物，如精密仪器、家用电器、手工艺品、珠宝首饰、出土文物等。

（一）贵重货物的特征

（1）货物价格比较昂贵。因为贵重货物的价值较高，所以，一般要根据货物的贵重程度实施不同级别的管理。

（2）安全要求高。由于贵重货物价格昂贵、运输责任重大，因此配送部门在装车时应进行严格的检查，如检查包装是否完整，货物的品名、重量、件数和货单是否相符；在装卸怕震动的贵重货物时要轻拿轻放。运送贵重货物的驾驶人责任心要强，并且要有托运方委派的专门押运人员跟车；交付贵重货物时要做到交接手续齐全、责任明确。

（3）计量准确。以贵重货物航空运输为例，工作人员必须使用相当准确的磅秤或天平逐件称重，实际毛重以0.1kg为单位。

（二）贵重货物的分类

相关链接

国民经济核算体系

在1968年的国民经济核算体系（SNA）中，没有贵重物品这一独立概念，在核算的处理上，贵重物品主要被隐含地作为消费品和生产投入品看待，或者被作为中间消耗、固定资产或存货看待。1993年SNA将贵重物品分为三个亚类型：贵金属与宝石，如非货币黄金、白金、钻石、银等；被视为古董和艺术品的绘画与雕塑等；其他贵重物品，如镶嵌了贵金属或宝石的首饰。

贵重物品的属性界定应包括：（1）金属中介结构持有的非货币金属；（2）企业持有的不是作为中间消耗、存货和固定资本形成的贵重物品；（3）住户持有的贵重物品。

任务实施

背景资料：

根据表 8-1 鲜活产品的信息资料，对于表中产品按照新鲜果蔬、鲜活水产品、活的畜禽、新鲜的肉/蛋/奶等进行分类。同时根据小组讨论，画出特殊货物分类思维导图。

操作过程：

（1）学生每 4 人为一个小组，每组选一名学生作为组长。

（2）以小组为单位，根据特种货物的处理方法，明确小组成员的职责和分工。

（3）准备绘图纸、笔、计算机、多媒体设备。

（4）教师辅以必要的指导，体现以学生为主体的教学特色。

（5）初步确定鲜活产品分类（见表 8-4）。

表 8-4　鲜活产品分类（学生自用）

鲜活产品分类：

（6）结合鲜活产品的特点及分类，提出在日常管理中应该注意的问题。小组讨论后确定特殊货物分类思维导图（见表 8-5）。

表 8-5　特殊货物的分类（小组用）

组长：______　　成员：____________________ 特殊货物分类思维导图：

任务评价：

（1）由教师和学生共同讨论，根据各组的方案设计情况进行评价（见表 8－6），给出成绩（小组互评、学生自评、教师评价相结合）。

表 8－6　任务评价表

项目名称	内容	分值（分）	实际得分
评价标准	工作态度	10	
	沟通、协调能力	10	
	鲜活产品分类的准确性	20	
	特殊货物分类的准确性	20	
	团队合作	20	
	创新能力	10	
	安全意识	10	
合计		100	

测评小组：　　　　　　　　　　　　　被测评人：

（2）方案调整与建议：根据小组互评、学生自评及教师给出的建议改进和调整（具体内容见表 8－7）。

表 8－7　方案调整与建议

<table>
<tr><td>需要改进和调整的内容</td><td colspan="2"></td></tr>
<tr><td rowspan="3">学习成果提交</td><td>项目</td><td>签字</td></tr>
<tr><td>鲜活产品分类</td><td></td></tr>
<tr><td>特殊货物分类思维导图</td><td></td></tr>
<tr><td colspan="3">学习收获及心得体会：</td></tr>
</table>

任务小结

本任务介绍了危险货物、超限货物、鲜活货物、贵重货物等特殊的特征及分类，特殊货物包括不同的种类。在此基础上，通过实训项目，进一步巩固学生对特殊货物分类相关知识的掌握。

任务二
特殊货物仓储作业

任务导入

2023 年 11 月 5 日，仓库接到入库通知，在 11 月 6 日，有一批特殊货物将入库。你作为库管员，应提前做好哪些准备工作？具体入库货品信息如表 8－8 所示。

表 8－8　入库货品信息

类别		品种	数量（斤）
新鲜蔬菜	白菜类	小白菜	50
		大白菜	500
	甘蓝类	菜花	30
		青花菜	20
		芥蓝	10
	根菜类	白萝卜	30
		胡萝卜	25
	绿叶菜类	芹菜	20
		菠菜	15
	葱蒜类	洋葱	20
		蒜薹	10
		大蒜	30
新鲜水果	仁果类	苹果	20
	核果类	樱桃	100
	浆果类	葡萄	50
	柑橘类	橙	20
	热带及亚热带水果	香蕉	15
	什果类	枣	10
	瓜果类	西瓜	15
鲜活水产品	鱼类	鲈鱼	15
新鲜的肉、蛋、奶		生牛乳	100

任务分析

根据表8-8中鲜活农产品的信息，作为库管员，先制订入库作业计划，然后确定入库的场所（库、区、储位），最后根据作业量的大小安排好人员，准备好设备设施，做好入库方案设计。

课前预习

1. 你知道危险货物包装标志有哪些吗？

____

____

2. 常用危险化学品的分类方法有哪些？

____

____

3. 危险品储存场所的要求是什么？

____

____

4. 化学危险品出入库管理内容是什么？

____

____

相关知识

特殊货物包括不同的种类，货物性质的区别决定了其仓储作业在流程、要求等方面存在较大差异。危险货物往往需要用专门仓库进行仓储，如油罐仓库、危险化学品仓库等；贵重货物在仓储时对仓库没有特别的要求，但是它注重的是仓库的防盗设施；鲜活货物存放要注意仓库的通风及温度，鉴于其要求保鲜、保质，因此不宜长时间存储；超限货物由于本身的特性决定了其在运输过程中一般不进行仓储，但有时候出于某种原因，大件货物也要进行临时保管，但并不入库。

一、危险货物仓储作业

危险货物的仓储作业主要涉及包装、储藏、保管、应急处理等方面。

（一）危险货物包装

危险货物对包装、积载、隔离、装卸、管理、运输条件和消防急救措施等都有特殊、严格的要求。包装直接影响危险货物的安全运输，危险货物更需要严格的包装。

1. 危险货物包装的要求

根据危险货物的性质和运输的特点，以及包装应起的作用，危险货物的包装必须具备以下基本要求：

（1）包装所用的材质应与所装的危险货物的性质相适应；

（2）包装应具有抗冲撞、振动、挤压和摩擦的作用。

包装应有一定的强度，以保护包装内的货物不受损失，是一般货物的共同要求。危险货物的包装强度与货物的性质密切相关。

一般而言，货物性质比较危险的、发生事故危害性较大的，其包装强度要高一些。同一种危险货物，单件包装重量越大，包装强度也应越高。同一类包装运距越长、倒载次数越多，包装强度应越高。检验包装强度的方法是根据在运输过程中可能遇到的各种情况，做各种不同的模拟试验，以检验包装构造是否合理，能否经受正常运输条件下所遇到的冲撞、挤压、摩擦等。通常包装模拟试验有气压试验、落体试验、静负荷（堆积）试验、温/湿度试验、水平冲击试验、滚动振动试验、气密水压试验等。但不是每一种包装都要做以上的各种试验，而是根据货物的性质、包装材质和样式选做其中几项。

2. 危险货物包装的类别

包装类别是指根据危险性大小确定的包装级别。根据联合国《关于危险货物运输的建议书》、国际海事组织《国际海运危险货物规则》和我国《铁路危险货物运输安全监督管理规定》的相关规定，爆炸品、气体、有机过氧化物、感染性物质和放射性物质，由于其特殊性，有其专门的包装规定。其他各类物品的包装按其危险性分为三级（多式联运罐体运输除外）：

（1）Ⅰ类包装。货物具有大的危险性，包装强度要求高。

（2）Ⅱ类包装。货物具有中等危险性，包装强度要求较高。

（3）Ⅲ类包装。货物具有小的危险性，包装强度要求一般。

各种化学品的安全规范详见《化学品分类和危险性公示　通则》（GB 13690—2009）。《危险货物运输包装类别划分方法》（GB/T 15098—2008）对不同危险货物的包装类别分别进行了确定。

（二）危险货物储藏的基本要求

危险货物是特殊货物，在储藏中需要特殊照料，一旦发生货物丢失或其他危险事故，就会给人员、财产带来危害和损失。因此，要求担任危险货物仓库管理工作的人员具有高度的责任心和安全意识，具备危险货物储运的有关知识。

为了保证安全、严格管理，仓库管理人员应注意：不准无关人员靠近危险货物包装件；严防明火，禁止在库房内吸烟，而且应经常查看危险货物包装件，及时发现问题，及时处理；搬运货物的机械设备不准停靠在危险货物旁边，以防偶然撞击货物或由于电瓶放电等原因引发危险事故；对货主提出的关于危险货物的特殊存储要求应给予足够地重视，合理采纳，避免事故的发生；对于未按时运出、中转或提取的危险货物，应及时处理，不得在库内长期存放。

在危险货物仓库内应设立防火安全员一职。防火安全员必须受过专门防火与灭火训练，并熟悉各类危险货物的性质及事故的处理办法。

对于已入库可能引起火灾的危险货物，应首先根据其运输专用名称及危险类项确定适宜的灭火方案，准备好必需的消防器材及防护用具，并放置在危险货物附近易拿到的地方，以便在发生事故时及时采取措施。

（三）危险货物保管

危险货物的包装件应在专门设计的库房中堆放。如果在普通货物的库房中储存，必须放在指定区域以便集中管理。

危险货物仓库及普通仓库的指定区域应具备如下条件：通风良好，无阳光直射，远离各种热源，夏季温度不宜过高；消防设施完善，消防器材齐备；远离其他货物，出事故时便于迅速抢运出库。

1. 分区分类储存

易燃、易爆、助燃、毒害、腐蚀、放射等类货物性质各异，互相影响或抵触的，必须分区隔离储存，即使同类货物，其性质互不抵触，也应视其危险性大小和剧缓程度进行分类储存。

2. 堆码苫垫

危险货物应以库房储存为主，堆码不宜过高过大，货垛之间要留出足够宽的走道，墙距也应较宽。一般堆垛高度：液体货物以不超过 2 米、固体货物以不超过 3 米为宜。

3. 安全装运

装卸、搬运危险货物时，相关人员必须轻装轻卸，使用不发生火花的工具（用铜制的或包铜的器具），禁止滚、摔、碰、撞、重压、振动、摩擦和倾斜。

4. 典型危险货物的保管要求

（1）气体钢瓶。气体钢瓶可以直立放在瓶架上，也可以平放在干燥的地面上，但不可倒置。气体钢瓶在卧放时必须用三角木卡牢，以免滚动。钢瓶的首尾朝向要一致，并应避免将瓶口指向人多的地方。库房温度高于 35℃时应采取降温措施。

（2）自反应物质和有机过氧化物的包装件。自反应物质与有机过氧化物的包装件必须避免阳光的直射，应储存在远离热源且通风良好的地方，并且不应与其他货物混在一起存放。

（3）毒性物质和感染性物质的包装件。毒性物质和感染性物质以及要求贴次要危险性“毒性（TOXIC）”标签的物质不能与动物、饲料或食品等货物混在一起存放。

（4）放射性物质的包装件。仓储人员接触的辐射必须严格控制，以保证其接受的辐射剂量不会高于允许公众接触的剂量。特殊情况下，辐射控制主管部门可遵照必要的条款做出安排，把此类人员划作辐射人员。

对存放于一地的Ⅱ级-黄色和Ⅲ级-黄色的包装件、合成包装件及专用集装箱的数量必须进行限制，以使每一组包装件、合成包装件及专用集装箱的运输指数的总和不超过50。这些组的包装件、合成包装件及专用集装箱与其他各组包装件间至少保持6米的间距存放。如果每一单一包装件、合成包装件及专用集装器的运输指数超过50，则应与其他各组的包装件、合成包装件及专用集装箱或其他运载放射性物质的容器之间至少保持6米的间距。

（四）危险货物应急预案

为了加强对危险货物事故的有效控制，最大限度地降低事故危害程度，保障人民生命、财产安全，仓储企业需要制定完善的危险货物应急预案，并严格参照执行。

1. 危险货物事故的定义

危险货物事故是指危险货物生产、经营、储存、运输、使用和废弃危险货物处置过程中由危险货物造成人员伤亡、财产损失或环境污染的事故。

2. 危险货物事故类型的划分

危险货物事故主要有泄漏、火灾、爆炸。

（1）泄漏。危险货物泄漏事故主要是指具有易燃、易爆或有毒有害等危险性的气体或液体大量释放，导致火灾、爆炸、中毒和窒息等事故，造成人员伤亡、财产损失、环境污染等后果。

（2）火灾。火灾是指在时间和空间上失去控制的燃烧所造成的灾害，可分为固体火灾、液体火灾和气体火灾。由于多数危险化学品在燃烧时会放出有毒气体或烟雾，因此危险货物火灾事故中，人员伤亡的原因往往是中毒、窒息和灼伤。此外，危险货物事故火灾同时往往伴随着爆炸。

（3）爆炸。物质由一种状态迅速地转变为另一种状态，并瞬间以机械功的形式放出大量能量的现象，称为爆炸。危险货物爆炸时，导致爆炸源附近的气体以极大的速度向外冲击，造成人员伤亡。另外，有些物质爆炸后会产生大量的有毒气体，造成人员中毒死亡。

3. 危险货物应急预案的主要内容

危险货物应急预案的主要内容包括总则、组织机构及职责、预防与控制、事故处置方案、事故处理及善后等。

二、鲜活货物仓储作业

鲜活货物的仓储要注意仓库的通风及温度。鉴于新鲜和冷藏货物要求保质、保鲜，活体动物要注意保证其生存条件，因此，均不宜长时间存储，要尽可能缩短其滞留时间。

(一) 冷藏仓库的含义及主要参数

1. 冷藏仓库的含义

冷藏仓库是本身具有隔热构造，用冷却装置使仓库内的温度、物品温度达到低温状态，以适应相应货物的保管需求的仓库。一般而言，10℃以下为冷藏仓库，10℃～20℃称恒温仓库。

2. 冷藏仓库的主要参数

冷藏仓库的主要参数包括冷藏仓库的冷冻机和冷藏室参数。冷冻机的主要参数用冷却方式、蒸发方式、冷冻能力、冷冻液种类、压缩机及其他机械设备的种类和能力表示。冷藏室的主要参数包括：冷藏室规模、容纳能力、保管温度、总的耗热、蒸发器等设备的冷却管、隔热装置的种类和能力等。

冷藏仓库冷藏货物的集散需要相应的冷藏车，因此，冷藏车辆与冷藏仓库设施、设备的匹配十分重要。

(二) 鲜活货物的储存条件

采用冷藏方法存储易腐货物时，温度是主要条件，但不是唯一条件。事实上，除温度外，保管环境湿度的高低、通风情况和卫生条件的好坏，也都与冷藏货物的质量直接有关。

1. 温度

从限制微生物繁殖角度考虑，冷藏温度越低越好，但是，对有些食品来说，因冷冻会使其细胞膜破坏，且不能再恢复至原状，因此，并不是温度越低越好。例如，新鲜水果、蔬菜的保藏温度过低时，会因冻结破坏其呼吸机能，使其失去抗病性；因冻结使其组织结构遭到破坏，降低耐藏性；导致色、香、味起变化，被解冻时就会迅速腐烂。又如，鲜蛋的保藏温度过低会导致蛋壳破裂而造成货损，也易使微生物侵入。

因此，不同的食物品种有不同的适宜低温，对不同的食品应分别按照冷藏温度分级采取“冷冻”“冷藏”等不同的冷处理方法。例如，根据上海市地方标准《食品冷链物流技术与管理规范》(DB31/T 388—2007) 中划分的各类商品温度要求，蔬菜、水果中不同品种有不同的贮藏适宜温度：大白菜、土豆为0℃～15℃；番茄分前、中、后期适宜温度；苹果为－1℃～2℃。

(1) 冷却。冷却是将食品的温度降到尚不致使细胞结冰的程度，通常是在0℃～5℃。鲜蛋、乳品、水果、蔬菜等常采用冷却运输。由于冷却处理不影响食品组织，微生物仍有一定的繁殖能力，因此冷却的食品不能久藏。

(2) 冷冻。冷冻是将食品的温度降到0℃以下使之冻结。冻肉、冻鸡、冻鱼、冻蛋等均常采用冷冻运输。由于冷冻时积累大量冷量，因此当外界温度波动时或在装卸过程中，也不会使食品的温度很快升高。但是，如果冻结速度较慢，细胞膜的内层会形成较大的冰晶，使细胞膜破裂、细胞汁遭受损失，这会使食品失去或减少原有的营养价值。

（3）速冻。为了消除上述冷冻缺点，可采用速冻。速冻是指在很短的时间内使食品冻结。速冻过程中所形成的冰晶颗粒比较均匀、细小，不致造成细胞膜的破裂，因而能保持食品原有的鲜味和营养价值。

由于在食品内部含有各种盐类的水溶液，因此随着冷冻温度的降低，溶液中的水分将会不断析出，浓度不断增大，食品的冰点也就不断降低，因此，若要使食品内的液体全部冻结，就需要将温度降到约－60℃，但当降到－20℃时，大约仅有10%的未冻结水，所以，一般情况下，食品的冷冻温度大多不低于－20℃。

除要求一定的保藏环境温度外，还要求保持温度的稳定，因为温度忽高忽低，不但使微生物有隙可乘，还会引起冻结食品内部重新结晶、冰晶进一步扩大，导致食品失去原有的鲜味和营养价值。

2. 湿度

冷藏空间空气湿度对食品质量影响很大。湿度过小会增加食品的干耗，破坏果蔬的正常呼吸，破坏维生素和其他营养物质，削弱食品的抗病能力。湿度过大又会使微生物迅速繁殖。因此，湿度过大或过小都不利于保持食品的质量。

在冷藏技术上常用的是相对湿度。空气的相对湿度是指湿空气的绝对湿度与同温同压时湿空气在饱和状态下的绝对湿度之比，可利用仪器测定。测温人员可利用干湿度计，根据所示的干球温度和湿球温度，查阅图或表，即可得相对湿度。

3. 通风

有些冷却的食品如水果和蔬菜，在贮运过程中会不断挥发出水分和二氧化碳等气体。为了保持适宜的相对湿度和CO_2含量（果蔬的CO_2最高含量为2%，这个限度也可保证工作人员进库操作的安全），在贮运冷却的食品时，还需要用通风机对库房进行循环通风和换气通风。但是，通风对温、湿度都有直接影响，如外界气温较高，则通风后的库内温、湿度也会提高。因此，果蔬食品在夜间通风方能起到降温作用，并且通风时要掌握适当的时间，过短不起作用，过长又会对库内的温、湿度及货物质量产生不利的影响。通风换气量常以24小时内通风换气次数来表示。

当贮运已经冷冻的食品时，因温度很低，微生物活动已受到很大的抑制，因此也可不必换气。

（三）鲜活货物的仓储保管

1. 鲜活货物仓储保管的原则

为缩短鲜活货物入库前后滞留时间，减少仓库存放时间，仓储保管中均要遵循以下原则：

（1）入库前准备工作。仓储或装载冷藏货物前必须进行检查、清扫和必要的修复工作。

(2) 出入库。冷藏货物出入库时间应尽量选在气温较低的早晚或夜间进行，避免在炎热的中午或雨天进行。

2. 果蔬贮藏技术

目前我国水果和蔬菜的贮藏方式多种多样，有不少行之有效的贮藏方式，现代化冷藏和气调贮藏也在不断发展。贮藏方式和设施有的比较简单，有的则比较复杂，产地和销地可以因地制宜，根据具体条件和要求灵活选择采用。

要做到“旺季不烂，淡季不淡”，仓储企业需要通过应用贮藏保鲜技术创造适合果蔬保鲜的外界环境，以抑制微生物的活动和繁殖、调节果蔬本身的生理活动，从而减少腐烂，延缓成熟，保持果蔬的鲜度和品质。

(1) 果蔬的简易贮藏方式。果蔬的简易贮藏方式有：堆藏（堆高 0.5～2 米）、沟藏、窖藏、窑洞和山洞藏、冻藏和假植贮藏。

(2) 气调贮藏技术。气调贮藏技术是先进的果蔬保鲜贮藏方法之一。它是在冷藏的基础上，增加气体成分调节，通过对贮藏环境中温度、湿度、二氧化碳、氧气浓度和乙烯浓度等条件的控制，抑制果蔬呼吸作用，延缓其新陈代谢过程，更好地保持果蔬新鲜度和商品性，延长果蔬贮藏期和保鲜期（销售货架期）。通常气调贮藏比普通冷藏可延长贮藏期 0.5～1 倍；气调库内储藏的果蔬，出库后先从“休眠”状态“苏醒”，这使果蔬出库后保鲜期（销售货架期）可延长 21～28 天，是普通冷藏库的 3～4 倍。

气调贮藏有简易气调贮藏（包括小包装袋贮藏和塑料大帐气调贮藏）和气调库贮藏两种。

(3) 新型乙烯气体抑制剂（1-MCP）的使用。乙烯抑制剂是一种作用效果突出的保鲜剂。实验表明：在果实内源乙烯大量合成之前使用乙烯抑制剂，能抢先与这些乙烯受体结合，不会引起成熟、衰老的生理生化反应，从而延迟果实的成熟与衰老以达到保鲜的效果。经过严格的测试，应用乙烯抑制剂后的果实，检测不到残留物，因此对人体无害，也不会对环境产生污染。

乙烯抑制剂的使用剂量很小，它是以微克来计算的，方式是熏蒸。只要把空间密封 6～12 小时然后通风换气，就可以达到贮藏保鲜的效果。尤其是对于呼吸跃变型水果、蔬菜，在采摘后 1～14 天对其进行熏蒸处理，可以延长保鲜期至少一倍的时间，以苹果、梨为例，其保鲜期可以从原来的正常贮藏 3～5 个月，延长到 8～9 个月。

(四) 活动物仓储

活动物仓储要根据动物的习性进行合理管理，有些动物有可能因地理位置和气温变化造成疾病或者死亡，仓储企业应当注意根据托运人的要求做好仓储工作，不可在高温、寒冷、降雨等恶劣天气时露天存放活体动物。

1. 根据动物习性进行合理管理

野生动物包括哺乳动物和爬行动物，喜欢黑暗或者光线暗淡的环境，一般应将其放置在安静阴凉处；而家畜或鸟类一般放置在敞亮的地方。如果当地有动物专用库，应当存放在动物专用库里。

对怕冷、怕风的动物，应当放置在避风处或者保暖的地方；对怕光、怕晒、怕热的动物，应当放置在阴凉处。

2. 通风要求

装载活体动物的容器要与其他货物有一定的隔离距离，以保证通风。

3. 不能一起存放的要求

互为天敌的动物、来自不同地区的动物、发情期的动物不能一起存放。动物不能与食品、放射性物质、毒性物质、感染性物质、灵柩、干冰等放在一起。实验动物应与其他动物分开存放，避免交叉感染。

4. 不能随意喂食的要求

仓储过程中，禁止对动物围观、惊扰、戏逗、喂食，以免发生事故。未经托运人同意，禁止给动物喂食、喂水；对于存放时间较长的动物，需要喂食、喂水时，必须严格按照托运人的指示操作。

5. 避免与动物直接接触

操作人员应避免与动物直接接触，防止被动物抓伤和感染疾病。操作人员应戴防护手套，若被动物抓伤、咬伤，应立即就医。

6. 存放区域、装载容器、工具等须定期清洁、消毒

用于存放动物的区域应定期清扫、消毒，保持清洁。装载过动物的容器、设备、防护材料、工具等应要求检疫部门进行消毒处理后方可继续使用。发现动物生病或死亡，应立即将之移开，以免影响健康动物。

此外，活体动物的仓储还要尽可能避免仓储期过长，以便于提供适合动物生存的环境，保证其存活。

三、贵重货物仓储作业

（一）贵重货物的存放要求

（1）贵重货物应存放在有防盗设施的贵重货物仓库内，并随时记录出、入库情况。货物交接时必须有书面凭证并双方签字。

（2）保证始发站、中转站和目的站机场都设有贵重货物仓库。

（3）总重量在 45 千克以下、单件体积不超过 0.453 02 立方米的贵重货物，应放在专门指定的位置，有保险箱的尽量放在保险箱内，超过上述体积和重量的，尤其是价值更高的，应存放在防护措施更为严密的地方，并由专人负责。

（二）贵重货物的管理方法

1. 保险柜管理法

保险柜管理法主要适合于保管金、银、水银等贵重货物。保管时实行二人管理制，

具体方法如下：

（1）将保险柜放置在规定的仓库内。

（2）保险柜由二人（保管员和监督员）掌管密码，只有二人同时在场时方可开启。

（3）建立保管货物的清单，实施记账和过磅管理。

（4）仓库主任每月点检确认一次。

2. 专用仓库管理法

专用仓库管理法主要适合于保管焊锡条、羊绒等价值比较高，且数量又大的货物。保管时实行专人专管的管理制度，具体方法如下：

（1）将专用仓库设置成防盗型，配置自动报警和监视系统，安装防盗门、密码保险柜等。

（2）指定专职仓管员进行货物管理。

（3）一般至少需要每周盘点一次。

（4）仓管人员须每周向上级报告工作主要内容。

（5）仓库主任每月重点检查确认一次。

相关链接

危险物品肇事罪

任务实施

背景资料：

根据表 8－8 鲜活产品的信息资料，以小组为单位，完成入库作业计划的制订；设计存储方案（入库需要设备设施、人员安排、入库作业流程、入库单据设计、入库信息处理、办理入库手续、保管保养、盘点等内容）。

操作过程：

（1）学生每 4 人为一个小组，每组选一名学生作为组长。

（2）以小组为单位，根据特殊货物存储的方法，明确小组成员职责和分工。

（3）准备绘图纸、笔、计算机、多媒体设备。

（4）教师辅以必要的指导，体现以学生为主体的教学特色。

（5）制定特殊货物存储方案（见表 8－9）。

表 8－9　设计特殊货物存储方案的思路（学生自用）

特殊货物入库作业计划：
特殊货物存储方案设计：

（6）小组讨论后确定特殊货物最终存储方案（见表 8－10）。

表 8-10　特殊货物存储方案（小组用）

组长：______　　成员：________________________________ 特殊货物最终存储方案：

任务评价：

（1）教师和学生共同讨论，根据各组的方案设计情况进行评价（见表 8-11），给出成绩（小组互评、学生自评、教师评价相结合）。

表 8-11　任务评价表

项目名称	内容	分值（分）	实际得分
评价标准	工作态度	10	
	沟通、协调能力	10	
	特殊货物存储方案设计的合理性	30	
	入库计划制订的可行性	20	
	团队合作意识	20	
	分析问题、解决问题的能力	10	
合计		100	

测评小组：　　　　　　　　　　　　被测评人：

（2）特殊货物存储方案调整与建议：根据小组互评、学生自评及教师给出的建议改进和调整（具体内容见表 8-12）。

表 8-12　特殊货物存储方案调整与建议

需要改进和调整的内容		
学习成果提交	项目	签字
	设计特殊货物存储方案	
学习收获及心得体会：		

任务小结

本任务介绍了危险货物、鲜活货物以及贵重货物的仓储条件及要求。危险货物往往需要用专门仓库进行仓储，如油罐仓库、危险化学品仓库等；贵重货物在仓储时对仓库没有特别的要求，但是它注重的是仓库的防盗设施；鲜活货物存放要注意仓库的通风及温度，鉴于其要求保鲜、保质，因此不宜长时间存储。

任务三

特殊货物配送作业

任务导入

2023 年 11 月 20 日，仓库接到客户 1、客户 2、客户 3、客户 4、客户 5 的订单，在 11 月 21 日，配送一批鲜活商品。你作为配送员，应提前做好哪些准备工作？客户订单信息汇总如表 8 - 13 所示。

表 8 - 13　客户订单汇总表

类别		品种	数量（斤）
新鲜蔬菜	白菜类	大白菜	200
	甘蓝类	菜花	20
		芥蓝	5
	根菜类	萝卜	20
	绿叶菜类	芹菜	10
	葱蒜类	洋葱	10
		大蒜	20
新鲜水果	核果类	樱桃	20
	热带及亚热带水果	香蕉	10
	瓜果类	西瓜	10
鲜活水产品	鱼类	鲈鱼	5

任务分析

根据上述资料，仓储企业需要向客户 1、客户 2、客户 3、客户 4、客户 5 共 5 家客户配送货物。确定仓库与 5 个客户之间的运输距离，考虑交通管制、道路拥堵等情况，以及 5 家客户分别需要送货的数量、时间，对于配送工作人员设计最佳配送路线尤为重要。

课前预习

1. 你知道鲜活农产品配送标准有哪些吗？

2. 配送危险货物对车辆有哪些要求？

3. 我国危险货物道路运输有哪些主要标准？

相关知识

特殊货物配送作业主要涉及危险货物、超限货物、鲜活货物和贵重货物的配送作业。本文主要介绍前三者。

一、危险货物配送作业

配送危险货物时，仓储企业首先要确定危险品的类型，然后根据配送特点和流程要求，组织配送作业，保证配送质量和安全。

（一）危险货物的确认

确认某一货物是否为危险货物，是危险货物运输管理的前提，也是保证客运和普通货物运输安全的前提。仅凭危险货物的定义和危险品的分类标准来确认某一货物是否为危险货物，在具体操作上常有困难。《中华人民共和国道路运输条例》《道路危险货物运输管理规定》《危险货物道路运输安全管理办法》等相关法律法规均对特定种类危险货物的道路运输作出了规定。

（二）危险货物配送的特点

1. 业务专营

只有符合规定资质并办理相关手续的经营者才能从事道路危险货物运输经营业务。国务院及交通运输部对道路危险货物运输的经营者作了不同于普通货物运输经营者的特别规定。

《道路危险货物运输管理规定》规定，申请从事道路危险货物运输经营的企业，应当依法向市场监督管理部门办理有关登记手续后，向所在地设区的市级交通运输主管部门提出申请，并提交相关材料；从事非经营性道路危险货物运输的单位，向所在地设区的市级交通运输主管部门提出申请时，除按规定提交上述材料外，还应当提交以下材料：《道路危险货物运输申请表》、单位基本情况证明、特殊运输需求的说明材料、经办人的身份证明及其复印件以及书面委托书。

设区的市级交通运输主管部门应当按照《中华人民共和国道路运输条例》和《交通行政许可实施程序规定》，以及本规定所明确的程序和时限实施道路危险货物运输行政许可，并进行实地核查。

决定准予许可的，应当向被许可人出具《道路危险货物运输行政许可决定书》，注明许可事项，具体内容应当包括运输危险货物的范围（类别、项别或品名，如果为剧毒化学品应当标注“剧毒”），专用车辆数量、要求以及运输性质，并在 10 日内向道路危险货物运输经营申请人发放《道路运输经营许可证》，向非经营性道路危险货物运输申请人发放《道路危险货物运输许可证》。

2. 车辆专用

装运危险货物的车辆不同于普通货物运输的车辆，不准使用货车列车（经特许，具有特殊装置的大型物件运输专用车辆除外）装运危险货物。倾卸式车辆只准装运散装硫黄、萘饼、粗蒽、煤焦沥青等危险货物。自卸汽车除二级固体危险货物外不得装运其他危险货物。微型栏板货车，除运输民用液化气外不得运输其他危险货物。运输危险货物车辆的车况必须达到一级车况的标准，凡不符合一级车况标准的车辆，不得运输危险货物。

3. 人员专业

危险货物运输业是一个特殊的行业，从事道路危险货物运输的相关人员必须掌握危险货物运输的有关专业知识和技能，并做到持证上岗。危险货物运输企业应当对其驾驶员、船员、装卸管理人员、押运人员进行有关安全知识培训；驾驶员、船员、装卸管理人员、押运人员必须掌握危险货物运输的安全知识，并经所在地设区的市级人民政府交管部门考核合格，取得上岗资格证，方可上岗作业。

4. 安全运输

鉴于危险货物运输的特殊性，安全管理工作对危险货物运输管理显得更为重要和关键。安全运输包含两层含义：一是在危险货物运输管理中，一定要把安全工作放在首位，一切以安全为重，一切工作都必须在安全的前提条件下进行，严格实行“安全一票否决制”；二是必须合法、规范地进行危险货物运输和管理，否则，安全就没有保证，效益也就成了“空中楼阁”。

（三）危险货物配送过程管理及事故应急措施

1. 危险货物配送过程管理

（1）危险货物应当严格按照国家有关规定包装，并向配送人说明危险货物的品名、数量、危害、应急措施等情况。

(2) 道路危险货物配送企业或者单位不得运输法律、法规禁止运输的货物。

(3) 危险货物配送应当采取必要措施，防止危险货物脱落、扬散、丢失、燃烧、爆炸、辐射、泄漏等。

(4) 专用车辆驾驶人员应当随车携带《道路运输经营许可证》，驾驶人员、装卸管理人员和押运人员上岗时应当随身携带从业资格证。

(5) 危险货物的装卸作业，应当在装卸管理人员的现场指挥下进行，要按《汽车运输危险货物规则》规定的包装要求进行严格检查，凡不符合规定要求的不得装运。

(6) 道路危险货物配送从业人员必须熟悉有关安全生产的法律法规、技术标准和安全生产规章制度、安全操作规程。

(7) 道路危险货物配送企业或者单位应当对从业人员经常进行安全、职业道德教育和业务知识、操作规程培训。

(8) 在危险货物运输过程中发生燃烧、爆炸、污染、中毒或者被盗、丢失、流散、泄漏等事故时，驾驶人员、押运人员应当立即向当地公安部门和本单位报告，说明事故情况、危险货物品名、危害和应急措施，并在现场采取一切可能的警示措施。

2. 危险货物配送事故应急措施

危险货物配送事故应急措施须针对不同的危险货物类别制定，包括爆炸品、易燃液体、易燃固体、易于自燃的物质、遇水放出易燃气体的物质、毒害性物质和感染性物质、压缩/液化或加压溶解的气体、氧化性物质和有机过氧化物、放射性物质等。应急措施涉及人员急救应急处理措施、火灾应急处理措施、污染应急处理措施等。

为落实“安全第一，预防为主”方针，货物配送企业及人员应及时、有效地处置危险货物配送事故，迅速控制危险源，最大限度地减少事故造成的人员伤亡、财产损失，减少对事故现场周边环境及社会正常生活秩序的负面影响；此外，还须制定完善的应急措施预案，预案可包括总则、组织机构与职责、预警预报措施、应急响应机制、事故发生后的应急措施、善后处理措施、保障措施、附则等。

二、超限货物配送作业

(一) 超限货物配送的特殊性

与普通公路货物配送相比，超限货物配送具有以下特殊性：

1. 配送车辆安全性能要求高

配送使用的超重型货车和牵引车都是用高强度钢材和大负荷轮胎制成的，价格昂贵，而且要求行驶平稳、安全可靠。

2. 配送道路条件要求高

运载大件货物的超重型车组要求通过的道路有足够的宽度和净空、良好的道路线形，桥涵要有足够的承载能力，有时还须分段封闭道路，让超重型车组单独通过。

3. 配送难度大、涉及面广

大件货物配送必须确保安全、万无一失。大件货物配送由于要求严、责任重，所运大件价值高、配送难度大，牵涉面广，因此受到各级政府和领导、有关部门、有关单位和企业的高度重视。

（二）超限货物配送组织

1. 理货

理货是配送企业对货物的几何形状、重量和重心位等事项预先进行了解，取得可靠数据和图纸资料的工作过程。

2. 验道

验道工作的主要内容包括查验运输沿线全部道路的路面、路基、纵向坡度、横向坡度及弯道超高处的横坡坡度、道路的竖曲线半径、通道宽度及弯道半径，查验沿线桥梁涵洞、高空障碍，查看装卸货现场、倒载转运现场，了解沿线地理环境及气候情况。

根据上述查验结果预测作业时间，编制运行路线图，完成验道报告。验道会产生验道费，包括验道选线费用、组织运输（配送）及标志制作费用。

3. 制定配送方案

配送企业应在充分研究、分析理货报告及验道报告基础上，制定安全可靠、可行的运输方案。其内容可包括：配备牵引车、挂车组及附件，配备动力机组及压载块，确定最高车速限定，制定运行技术措施，配备辅助车辆，制定货物装卸与捆扎加固方案，制定和验算运输技术方案，完成运输方案书面文件。

4. 路线配送工作组织

路线配送工作组织包括：建立临时性的大件运输（配送）工作领导小组负责制定实施方案，执行运输合同和相应对外联系。领导小组下设行车、机务、安全、后勤生活、材料供应等工作小组及工作岗位，并组织相关工作岗位落实岗位责任制，组织大型物件运输工作所需牵引车驾驶员、挂车操作员、修理工、装卸工、工具材料员、技术人员及安全员等，依照运输工作岗位责任及整体要求认真操作、协调工作，保证大件运输工作全面、准确的完成。

5. 配送统计和结算

配送统计是指完成大型物件运输（配送）工作各项技术经济指标统计；配送结算是指完成运输（配送）工作后按运输合同有关规定结算运费及相关费用。

（三）超限货物配送的注意事项

（1）超限货物的装卸应尽可能选用适宜的装卸机械。装车时应使货物的全部支重面着地、平稳地放置在车辆底板上，以免损坏大梁。

（2）载运货物的车辆，应尽可能选用大型平板车等专用车辆。除有特殊规定外，装载货物的质量不得超过车辆的核定吨位，其装载的长度、高度、宽度不能超过规定的装载界限。

（3）支重面不大的笨重货物安置在纵横垫木上。为使其质量能均匀地分布在车辆底板上，必须将货物安置在纵横垫木上，或相当于垫木的设备上。

（4）货物的重心应尽量置于车底板纵、横中心线交叉点的垂直线上。如无可能，则对其横向位移应严格限制。纵向位移在任何情况下必须保证负荷较重一端轮对或转向架的承载重量不超过车辆设计标准。

（5）重车重心高度应有一定限制。重车重心如偏高，除应认真进行装载加固外，还应采取配重措施以降低其重心高度，同时车辆应限速行驶。

三、鲜活货物配送作业

近年来，生鲜商品的物流配送备受关注。一方面，随着零售市场竞争加剧，居民生活水平提高，人们对快速食品、生鲜半成品和冷冻食品的需求增加，要求大型零售企业设立食品加工中心和配送中心；另一方面，由于生鲜加工配送不同于常温干货配送，要求有相应保鲜条件并有较大的投入，配送半径有限，相对经营风险较大，使得多数连锁超市不敢贸然介入。

（一）生鲜货物宅配的特征

生鲜是指未经烹调、制作等深加工过程，只做必要保鲜和简单整理上架而出售的初级产品，以及面包、熟食等现场加工品类的商品的统称。生鲜商品的特点、保存条件基本相同，需要保鲜、冷藏、冷冻；属于散装商品并需要用称重打条码方式售卖；保质期比较短；同时顾客在消费习惯上有很大的关联性。目前，生鲜商品主要有水果、蔬菜、肉品、水产、干货及日配、熟食和糕点。

近年来，随着电商和快递业的发展，我国生鲜农产品宅配（以下简称生鲜宅配）形成一个新的产业。生鲜宅配的商品主要集中在高端食品、进口食品，即高价值、高附加值的食品，以及具有特殊功效的食品或有机食品。生鲜宅配的特征包括：

（1）生鲜宅配的成本高于普通货物快递。生鲜宅配是一种生活方式的改变。由于它的宅配成本高于自购和普通快递，因此，采用生鲜宅配方式购买农产品必须采购一定的金额、数量等，才能与快递方式配送普通商品的成本一样。如同样重量的商品，如果是冷链宅配，需要附加干冰或冰块或保温处理，其费用比普通快递成本高25％～50％。

（2）生鲜宅配的市场规模与消费能力和高收入人群聚集化的程度成正相关。生鲜宅配的客户群体主要集中在经济发达的一线城市和二线城市。这些城市约占生鲜宅配市场份额的80％。

(3) 生鲜宅配时限要求更高。冷链食品进入家庭完全依赖于宅配方式，否则，冷链食品难于实现全过程的安全保障。同时，生鲜宅配对快递时限的要求较高，配送时间越长成本越高。

(4) 生鲜宅配需求向组合型、礼品化发展，如不同蔬菜品种的组合、不同水果的组合、不同海鲜的组合、不同肉类的组合、不同禽蛋的组合、不同鲜果饮料的组合等。随着家庭消费的日趋时尚化，礼品化包装生鲜宅配将成为家庭之间礼尚往来的新潮流。

(5) 目前，我国生鲜宅配企业主要是第三方快递企业、冷链食品厂商、零售商自建宅配物流。

(6) 生鲜宅配同城化、区域化特征明显。生鲜宅配呈现以同城化、区域化为主，跨区域为辅的特征。由于生鲜宅配成本本身高于快递，因此跨区域成本更高。

(二) 鲜活货物配送的原则

1. 优质服务

配送提供的是物流服务，因此满足顾客对物流服务的需求是配送的前提。对于鲜活货物而言，由于其保质期短，容易发生腐坏，因此提供优质服务的重点在于降低损耗，保证“鲜活”。

2. 迅速及时

由于鲜活货物对时效性要求高，因此须将其在“鲜活”期内迅速送达。以顺丰生鲜速配订单处理时间为例：当日 16 时前提交的有效现货及在线支付成功订单，次日送达；当日 17 时后提交的有效现货及在线支付成功订单，第三天送达。

3. 规模适当

配送企业应在配送范围内优化生鲜商品物流配送设施的布局，实现配送设施的合理规模以及鲜活农产品配送的自动化和机械化。

4. 合理库存

合理库存不仅在于控制鲜活农产品的库存量，而且将生鲜商品的物流纳入供应链体系中，优化生鲜商品的供应、配送、销售结构。

(三) 鲜活货物配送管理

1. 鲜活货物的保藏

鲜活货物在整个配送中，除了一部分活动植物确因途中照料不当或车辆不适造成死亡外，还有相当一部分变质都是腐烂所致。腐烂的原因，对于动物性食品来说，主要是微生物的作用。对于植物性食物来说，腐烂的原因主要是呼吸作用。因此，凡能抑制微生物的滋长、减缓呼吸作用的方法，均可达到延长鲜活货物保藏时间的目的。

冷藏的方法比较有效并常被采用。它的优点是：能很好地保持食物原有的品质，包括色、味、香、营养物质；保藏的时间长，能大量保藏及运输。货物要求低温运输的目的主要是维持货物的呼吸以保持货物的鲜度。

2. 鲜活货物包装及装卸搬运

(1) 鲜活货物的包装。鲜活货物包装对鲜活货物在配送中的保质、保鲜、保形、方便储存、装卸、运输等方面起着重要的作用，即物流配送中心的系统构成要素均与包装有关，都会受到包装的制约。所以，物流配送中心应根据不同类型鲜活货物的特点，通过采用优质适用的包装材料、先进的包装设备、技术和方法保障农产品尤其是鲜活农产品，使其便于储存、运输、装卸和销售。鲜活货物包装应力求轻薄化、单纯化、机械化，符合集装单元化和标准化的要求。

(2) 鲜活货物的装卸搬运。配送中心各子系统的功能如果不均匀，配送系统的整体优化效果将会在一定程度受到影响，如储存能力强，但运输装卸环节薄弱，大量库存鲜活货物无法及时配送，会带来巨大的经济损失；反之，运输装卸能力强但储存力量不足，鲜活货物的质量和鲜活等特性也会受到一定的破坏。因此，在鲜活货物运输装卸方面，物流配送中心要合理利用机械，推广各式叉车，推广集装单元化装载，消除无效搬运，提高配送综合效果等。

3. 鲜活货物的装载

装运的鲜活货物在车或箱内须按一定要求堆垛，以在货物之间形成通风通道。通风通道的形式与货物的种类、货物的运输包装、车辆或集装箱的调温技术条件等密切相关。配送中心装运易腐货物的装载方法一般有 4 种，即品字形、井字形、“一二三、三二一”、筐口对装等。

任务实施

背景资料：

根据表 8-13 客户订单信息，计算仓库与 5 个客户之间的运输距离，结合客户订单数量、客户要求到货时间，熟悉特殊货物对车辆要求，了解路况信息。配送工作人员根据这些相关信息设计配送方案。

操作过程：

(1) 学生每 4 人为一个小组，每组选一名学生作为组长。

(2) 以小组为单位，根据背景设计特殊货物配送方案，明确小组成员职责和分工。

(3) 准备绘图纸、笔、计算机、多媒体设备。

(4) 教师辅以必要的指导，体现以学生为主体的教学特色。

(5) 初步设计配送方案（见表 8-14）。

表 8-14　特殊货物配送方案设计（学生自用）

特殊货物配送方案设计：

（6）小组讨论后确定最终配送方案（见表 8-15）。

表 8-15　特殊货物最终配送方案的设计

组长：______　　成员：________________________ 特殊货物最终配送方案：

任务评价：

（1）教师和学生共同讨论，根据各组的方案设计情况进行评价（见表 8-16），给出成绩（小组互评、学生自评、教师评价相结合）。

表 8-16　任务评价表

项目名称	内容	分值（分）	实际得分
评价标准	工作态度	10	
	沟通、协调能力	10	
	特殊货物配送方案设计的合理性	30	
	特殊货物配送方案创新能力	20	
	岗位职责的明确性	20	
	安全意识	10	
合计		100	

测评小组：　　　　　　　　　　　　　　　被测评人：

（2）特殊货物配送方案调整与建议：根据小组互评、学生自评以及教师给出的建议改进和调整（具体内容见表 8-17）。

表 8-17　特殊货物配送方案调整与建议

<table>
<tr><td>需要改进和调整的内容</td><td colspan="2"></td></tr>
<tr><td rowspan="2">学习成果提交</td><td>项目</td><td>签字</td></tr>
<tr><td>特殊货物配送方案</td><td></td></tr>
<tr><td colspan="3">学习收获及心得体会：</td></tr>
</table>

任务小结

本任务介绍了特殊货物配送，包括危险货物、超限货物、鲜活货物的配送，培养和提高学生的特殊货物的配送组织能力，让学生能够设计特殊货物配送作业方案，正确完成作业流程。

参考文献

[1] 翟光明．仓储管理［M］．北京：中国财富出版社，2009.

[2] 李志英．仓储与配送［M］．北京：机械工业出版社，2009.

[3] 卢桂芬，王海兰．仓储与配送实务［M］．2 版．北京：中国人民大学出版社，2018.

[4] 王俭廷．仓储物流运营实务［M］．北京：中国财富出版社，2009.

[5] 林贤福．仓储与配送管理［M］．北京：北京理工大学出版社，2009.

[6] 苗云飞．我国仓储物流业发展现状及趋势［J］．铁路采购与物流，2009（8）.

[7] 覃逢，康元华，胡卫东．物流市场调研［M］．北京：北京大学出版社，中国农业大学出版社，2009.

[8] 曾剑，邹敏，曾玉霞，等．物流管理基础［M］．4 版．北京：机械工业出版社，2022.

[9] 张旭凤．仓储与库存管理［M］．北京：北京大学出版社，2022.

[10] 张荣，张帆．仓储与配送管理［M］．北京：电子工业出版社，2020.

[11] 李滢棠．仓储管理与库存控制［M］．北京：机械工业出版社，2022.

[12] 袁瑗瑗．仓储作业实务［M］．成都：西南交通大学出版社，2021.

[13] 柳荣．智能仓储物流、配送精细化管理实务［M］．北京：人民邮电出版社，2020.

[14]《危险化学品仓库储存通则》（GB 15603—2022）

[15]《农产品产地冷链物流服务规范》（GB/T 42503—2023）